Antisemitismus

Von religiöser Judenfeindschaft
zur Rassenideologie

Herausgegeben von
Günter Brakelmann und *Martin Rosowski*

V&R

VANDENHOECK & RUPRECHT
GÖTTINGEN

CIP–Titelaufnahme der Deutschen Bibliothek

Antisemitismus:
von religiöser Judenfeindschaft zur Rassenideologie /
hrsg. von Günter Brakelmann u. Martin Rosowski. –
Göttingen : Vandenhoeck u. Ruprecht, 1989
(Kleine Vandenhoeck-Reihe ; 1547)
ISBN 3-525-33560-1
NE: Brakelmann, Günter [Hrsg.]; GT

Kleine Vandenhoeck-Reihe 1547

Umschlag: Hans-Dieter Ullrich
Schrift: 9/11 Punkt Times auf System 2/Linotronic 300
Gesamtherstellung: Verlagsdruckerei E. Rieder, Schrobenhausen

Inhalt

III. Funktionen

Vorwort

»Kristallnacht im Ruhrgebiet« – so lautete der Titel einer Ausstellung des »Vereins zur Erforschung der Kirchen- und Religionsgeschichte des Ruhrgebiets« in den Herbstmonaten des Jahres 1988 aus Anlaß der Erinnerung an den 9. November 1938. Ergebnisse und offene Fragen der wissenschaftlichen Geschichtsschreibung zum Problem des Antisemitismus in Deutschland einer größeren Öffentlichkeit zu vermitteln, war die Absicht der Ausstellung und eines sie begleitenden Vortragszyklus.

Die Vorträge hatten die Aufgabe, einer isolierten Konzentration auf die nationalsozialistische Judenpolitik entgegenzuarbeiten. Die religiös-konfessionellen, die politisch-gesellschaftlichen und die ökonomisch-sozialen Voraussetzungen für die Entstehung, Entwicklung und für die Auswirkungen des modernen Antisemitismus herauszuarbeiten, war eine notwendige Aufgabe. Den Zusammenhang von traditioneller jahrhundertealter Juden- und Judentumsfeindschaft mit der im zweiten deutschen Kaiserreich sich entwickelnden antisemitischen Bewegung wie aber auch den entscheidenden Unterschied zur kirchlich-religiösen Judenfeindschaft der Antike, des Mittelalters und der Reformation aufzuzeigen, war ein nächstes Anliegen.

Für den Bereich des Protestantismus lag es nahe, eine Epochenfigur wie Adolf Stoecker ins Zentrum des Interesses zu rücken. Er zeigt die Variante eines christlich-konservativen Antisemitismus mit klaren politischen und sozialen Funktionszuweisungen. Dieser Antisemitismus macht die emanzipierten bürgerlichen Juden für die Krisen des politischen, des ökonomischen und des sozialen Systems wie für den kulturell-geistigen Zerfall der christlich-germanischen Kultur verantwortlich. Ohne sich der Ideologie des in seiner Zeit aufkommenden radikalen Rassenantisemitismus zu verschreiben, wird unter der Parole der Zurückdrängung des Einflusses des jüdischen Geistes in Wirtschaft, Politik und Kultur ein antimodernistischer Kampf gegen die »Prinzipien von 1789« und deren staats- und gesellschaftsverändernde Tendenzen geführt. Die Phase der Judenemanzipation zwischen französischer Revolution und deutscher Reichsgründung wird entsprechend als ein rechtlicher Irrweg interpretiert, der den Juden nur die Möglichkeit gegeben habe, ihre säkularen Emanzipationstendenzen auf allen Gebieten des politischen und gesellschaftlichen Lebens durchzusetzen. Diese Phase weitgehender Assimilierung jüdischer Eliten in die deutschen Führungsschichten habe nicht zur »Verdeutschung der Juden«, sondern zur »Verjudung der Deutschen« geführt. Aufklärung und Liberalismus werden als philosophisch-politische Aggression gegen deutsches und christliches Wesen interpretiert. Antiaufklärerisch und antiliberal zu sein, wird somit zum ideologischen Kern dieses christlich-konservativen Antisemitismus. Und da man den proletarischen Sozialismus und Kommunismus als die radikalste Konsequenz der neuzeitlichen Irrwege der Emanzipation begriff, kam das antisozialistische Element hinzu. Emanzipierte Juden waren in diesem Denken sowohl Repräsentanten des liberal-kapitalistischen Systems und eines ganz auf Lebensgenuß ausgerichteten Kulturbetriebs wie auch die Führer einer atheistisch-materialistischen Revolutionsbewegung. War das Judentum als die Führungsschicht einer Minderheit identifiziert, die die totale Desorganisation eines christlichen Ordnungs- und Kulturverständnisses betrieb, so war der konsequente Kampf gegen sie die Gewissenspflicht eines Christen. Die traditionellen stereotypen kirchlich-christlichen Verurteilungen und Verdammungen des Judentums als religiöser Konfession konnten mit dieser politisch-gesellschaftlichen Instrumentalisierung eines modernen Antisemitismus auf vielfältige Weise emotional verschmelzen.

Der konservativ-christliche Antisemitismus der Kaiserzeit und der Weimarer Zeit war ein Gemisch aus traditionellem Antijudaismus – immer wieder in Predigt und Unterricht aktualisiert – und neuerem politisch-kulturellem Antisemitismus. Letzterer formulierte ein weithin vorhandenes gemeinprotestantisches Unbehagen an Liberalismus und Säkularismus, an Kapitalismus und Sozialismus und richtete sich mit den Mitteln moderner Massenagitation gegen das Emanzipationsjudentum als Inbegriff nihilistischer Kräfte. Stoecker und sein zeitgenössischer wie späterer Anhang setzten die Diffamierung der Juden als Zerstörer christlicher Ordnung und Kultur als politisches Kampfinstrument ein, um Deutschland aus dem Umgriff eines fremden Geistes zu befreien. Gegen den sog. Internationalismus des jüdischen Geistes setzte man zudem den Geist deutschen Volkstums und deutschen Staatsverständnisses. Die politisch-ideologische Speerspitze dieses Antisemitismus richtete sich im Gewande von Judenfeindschaft gegen jene »Prinzipien von 1789«, die sich in Liberalismus und Sozialismus Weltanschauungs- und Aktionsformen gegeben hatten. Jedenfalls hat der deutsche nationalkonservative Protestantismus in seinem Kampf gegen das säkularisierte Judentum immer zugleich einen Glaubenskampf gegen die Emanzipationsbewegungen der Neuzeit gesehen.

Daß es auch einen anderen Typ des Umgangs mit dem Phänomen Antisemitismus gegeben hat, zeigt die Geschichte der deutschen Arbeiterbewegung.

Es war für den vorliegenden Vortragszyklus wichtig, Rolle und Funktion des Antisemitismus in der deutschen Gesellschaft des Kaiserreiches, der Weimarer Republik und des NS-Staates zu vergegenwärtigen. Dabei konnte deutlich werden, daß die religiösen Hintergründe des Alltagsantisemitismus zugunsten einer offenen aktualistisch-politischen und geistig-kulturellen Diffamierung jüdischer Bürger zurücktraten. Das antisemitische literarische Feld wurde immer mehr von fast sektenhaften Einzeldenkern und Gruppen bestimmt. Auch wenn eine systematische Auflistung dieser ganz verschiedenen Antisemitismen nur schwer möglich ist, so haben sie auf den emotional ungeordneten Zeitgeist einen entscheidenden Einfluß ausgeübt.

Hitler konnte beerben, was an verschiedenen Formen dieses Antisemitismus längst formuliert und weithin bewußtseinsmäßig-politisch aktiviert war. Und er konnte den latenten Antisemitismus großer Teile des deutschen Bürgertums ausnutzen, um die Atmosphäre einer größeren Bereitschaft zu konsequenteren praktischen Maßnahmen gegen Juden zu schaffen. Sein Rassenantisemitismus allerdings – zentral für seine Weltanschauung – fand im protestantisch geprägten Bürgertum und in der evangelischen Theologie kaum Resonanz. Um so wichtiger allerdings wird dadurch die Frage, wieweit der traditionelle kirchlich-christliche Antijudaismus und der politisch-kulturelle Antisemitismus des konservativen Nationalprotestantismus dazu beigetragen haben, Kritik und Widerstand gegenüber dem biologistisch-materialistischen Antisemitismus und seiner Praxis abzubauen. Jedenfalls dürfte die Tatsache unbestritten sein, daß eine jahrhunderte- und jahrzehntelange Sozialisation von Christen im Geiste einer dogmatisch-religiösen Diffamierung der Juden in theologischer Wissenschaft und kirchlicher Verkündigung und im Geiste einer radikalen Kritik des neuzeitlichen Emanzipationsjudentums, das immer wieder als politisch-gesellschaftliche Führungsschicht für Dekadenz und Auflösung christlicher Kultur verantwortlich gemacht wurde, dazu beigetragen hat, die Judenpolitik der Nationalsozialisten zumindest zu tolerieren, wenn nicht trotz ihrer Härte als legitim zu unterstützen. Als dann aus der Verdrängung der Juden ihre systematische Entrechtung, Verfolgung und Vernichtung wurde, war bis auf wenige Ausnahmen kein Widerstandspotential vorhanden.

Zudem blieb den Zeitgenossen die innere Textur der praktischen Judenpolitik der NS-Führungsgruppen in ihrer Verwobenheit mit aktuellen wirtschaftlichen, innen- und außenpolitischen Situationen und der aus ihnen entspringenden Interessen zumeist verschlossen. Den 9. November 1938 interpretierte man zumeist als Konsequenz weltanschaulicher Vorentscheidungen, ohne die politische Funktion dieser Inszenierung erkennen zu können.

Der kirchliche Protestantismus, der zu einer theologisch-kirchlichen Selbstbesinnung fähig gewesen ist, hat es in der sog. Judenfrage nicht vermocht, sich zu einem eindeutigen Bekenntnis durchzuringen. Der bewußte Bruch mit einer langen Tradition von Antijudaismus und Antisemitismus war ihm nicht möglich.

Das Verhalten der evangelischen und katholischen Kirchen zeigt Ähnlichkeiten und Verschiedenheiten. Verschieden sind vor allem bis heute die Urteile der Historiker über das Verhalten der Kirche zum 9. November 1938. Es wird auf absehbare Zeit schwierig sein, hier zu einer wertenden Annäherung oder Übereinstimmung zu kommen. Wie man im einzelnen auch votieren mag: Pogrome und »Auschwitz« nicht verhindert zu haben, bleibt eine Schuld der ganzen deutschen Christenheit. Die theologisch-religiösen und politisch-gesellschaftlichen Voraussetzungen für diese Schuld offenzulegen, ist ebenso geboten, wie die Folgen dieses schuldhaften Versagens zu bedenken. Am Ende noch so differenzierender Forschungsarbeiten muß die fundamentale Frage nach der unverwechselbaren Aufgabe des christlichen Glaubens für die Würde des Menschen in historischer Zeit stehen. Nicht um unsere Vorderen billig-moralistisch zu verdammen, lassen wir uns auf die Todesgeschichte in unserer Geschichte ein, sondern um uns selbst im Gewissen sensibler zu machen, menschenverachtender Praxis zu wehren.

Allen Vortragenden sei gedankt, daß sie uns bei einem Thema geholfen haben, das nie zur Ruhe kommen wird, solange man über eines der dunkelsten Kapitel deutscher Geschichte nachdenkt.

Bochum, im Juni 1989   Günter Brakelmann/Martin Rosowski

I. Wurzeln

Dieter Vetter

Hebräische Bibel – antisemitischer Mißbrauch

I

Acht Jahre nach dem Mordgeschehen am jüdischen Volk in Europa überwand Martin Buber seine Zurückhaltung, öffentlich wieder zu Deutschen zu sprechen. Als ihm der Friedenspreis des Deutschen Buchhandels am 27. 9. 1953 verliehen wurde, hielt er in der Frankfurter Paulskirche seinen Vortrag: »Das echte Gespräch und die Möglichkeiten des Friedens«.[1] Im Briefwechsel Bubers fehlten die nichtjüdischen deutschen Adressaten und Absender schon lange nicht mehr.[2] Auch dem Vertreter einer höchst eigenwilligen Auffassung vom Judentum antwortete Buber mit hillelitischer Geduld und Friedensbereitschaft:[3] Hans Blüher (1888–1955), ein kulturphilosophischer, nationalistischer Schriftsteller, hatte in der Zeit der Weimarer Republik und der Hakenkreuz-Ära mit seinen Schriften[4] »die Sache des allervulgärsten Antisemitismus faktisch gefördert«.[5] Er sandte 1953 Martin Buber Glückwünsche zum Geburtstag.[6] Buber dankte ihm postwendend aus Jerusalem;[7] er benutzte diesen Anlaß, Blüher in knapper, sachlicher Form auf falsche Zitate und auf die Verwendung gefälschter Dokumente in seinem Buch aus dem Jahr 1931[8] hinzuweisen; er fügte abschließend hinzu:»Wohlgemerkt, ich trage persönlich Ihnen nichts nach, das ist meine Art nicht; aber ich wüßte gern, wie Sie heute zu dem auf solchem Material aufgebauten Buch stehen, das Sie in kritischster Zeit in die deutsche Leserschaft geworfen haben. Es geht hier um die große und allgemein bedeutsame Frage, wie der Sprecher wirkender Worte zu der Verantwortung für die gesprochenen steht«.[9] In Robert Weltsch, dem Publizisten aus dem Prager Kreis, hatte die Kenntnis jenes Werks im Dezember 1931 geradezu eine Ahnung der furchtbaren Zukunft ausgelöst: »Es ist grauenerregend, was hier heraufzieht. Man wird sich nicht wundern können, wenn nächstens wieder mal die Scheiterhaufen brennen«, schrieb er damals an Buber.[10] Blühers Reaktion auf Bubers Antwortbrief ist um so bemerkenswerter, als er selbst sich nicht als Antisemit begriff. Er fühlte sich durch Bubers Richtigstellungen verletzt. Doch Buber hatte nicht nur Kritik geübt, und zwar nachweislich an Fehlern, nicht an Blühers Überzeugungen, sondern vor allem das weiterführende Gespräch mit jenem Autor gesucht; denn er selbst lebte von der dem Menschen möglichen Fähigkeit zur Veränderung, zu verantworteter Umkehr. Blüher aber konnte oder wollte nicht verstehen; er entgegnete Buber wutentbrannt: »Ich war, muß ich gestehen, erstaunt über diese nachhaltige Zornesfülle, über die Sie da als 75jähriger Mann verfügen, und mußte mir sagen: das ist der alte Jehova-Zorn, der sich auf den armseligen Adam bei der Austreibung aus dem Paradies wegen eines wahrhaft minimalen peccatum ergießt und der schier nicht enden will. Ich habe die Stelle noch einmal – sogar auf hebräisch – recapituliert, wie das da losdonnert, unversöhnlich, rachsüchtig, unaustilgbar, Auge um Auge, Zahn um Zahn. Donnerwetter, dachte ich, der Mann kann was. Jetzt meine ich Sie damit. Wir können das nämlich nicht. Unter ›Wir‹ verstehe ich alle dezidierten Nicht-Juden – keineswegs ›Antisemiten‹. Wenn sich bei uns jemand vor 20 Jahren gegen uns versündigt hat und er ruft eines Tages an und fragt, ob wir nicht zusammen eine Flasche Wein trinken wollen, so sagen wir – wenn er sonst ein anständiger Kerl ist: ›Aber natürlich ... !‹ Das liegt wahrscheinlich an der ›Vergebung der Sünden‹ ... «.[11] Es ist deutlich geworden: Nicht der verunglimpfte, entehrte, in ein Zerrbild gepreßte jüdische Mensch, nein, der Schmäher ist das Opfer des rachsüchtigen Juden, der nicht vergessen und vergeben kann! Und das Opfer muß sich wehren.

Diesen dokumentierten Fall habe ich beispielhaft ausgewählt; er belegt ein in der Geschichte der Judenfeindschaft ständig wiederholtes religiöses Vorurteil und seine Einordnung in das jüdische Stereotyp: Der Gott der Juden ist ein »Rache-Gott«, in ihrer Bibel kann man es lesen; die Juden sind auf Grund ihrer traditionellen Prägung »unversöhnlich, rachsüchtig«.[12] Die negative Einstellung, in der sich die verdrängte Feindseligkeit aus der eigenen Herkunft und Entwicklung äußert, verwehrt der »antisemitischen Persönlichkeit«,[13] das konkrete Handeln und Reden eines Menschen zu erfahren und zu prüfen, zwingt sie dagegen, den Angehörigen einer sogenannten Fremdgruppe, hier der jüdischen Gruppe, zu verachten und zu fürchten. Der Widerwille gegenüber einer jüdischen Person bzw. einer jüdischen Gruppe, das antisemitische Vorurteil, erzeugt Stereotypen, die von ganzen Gruppen akzeptierten Vorstellungsbilder.[14] Die Judenfeindschaft spiegelt folglich die Problematik der Hassenden; die Gründe für den Antisemitismus liegen weder in der jüdischen Überlieferung noch im Verhalten von Juden, sondern in der inneren und äußeren Situation der Antisemiten selbst.

Nichtsdestoweniger bietet die hebräische Bibel eine Fülle von Anstößen, die der präjudizierte Leser leicht in ein Belastungsmaterial gegen das jüdische Volk und seine Religion verwandeln kann. Tatsächlich handelt es sich bei diesen Anstößen oft um bewußt eingesetzte Elemente und Stilmittel einer dem Gedächtnis der Generationen anvertrauten lebendigen Rede; ihre Bedeutung erschließt sich freilich nur dem ernsthaften kontinuierlichen Bemühen. Dabei wollen die sprachlichen Werkzeuge der besonderen bibelartigen Struktur[15] und die durch sie gestifteten Bezüge beachtet sein. In ihnen nämlich, nicht im Gedanklichen, drückt sich die Einheit der hebräischen Bibel aus, die ich so – im Blick auf ihre Überlieferungsgestalt – wertfrei und nicht als »Altes Testament« bezeichne. Von dieser Einheit des hebräischen Bibelkanons her aber erhält ein einzelner Text oder ein Wort erst seinen bibelgemäßen Sinn. Der vom antisemitischen Vorurteil bestimmte Umgang mit der hebräischen Bibel zielt jedoch nicht auf Verstehen. Er will Schwierigkeiten nicht auf den Grund gehen; er stürzt sich auf sie als vermeintliche Schwächen, die er seinem jüdischen Feindbild anheftet, wie Hans Blüher seine Schreckgestalt vom rächenden »Jehova« Martin Buber auflud.

II

Doch nun einige Bemerkungen zu der von Blüher inkriminierten »Paradies-Geschichte« in Genesis 1–2. Das Gebot, das Gott dem Menschen gibt: »Von allen Bäumen des Gartens magst essen du, essen, aber vom Baum der Erkenntnis von Gut und Böse, von dem sollst du nicht essen« (Genesis 2, 6f; vgl. 3, 2f),[16] und Gottes Frage: »Wo bist du?« (3, 9) nach der Tat des Menschen markieren die beiden Grundpfeiler menschlicher Existenz: Wort und Antwort. Mit dem Gebot traut Gott dem Menschen zu, im Vertrauen auf den Gebietenden auch bewerkstelligen zu können, was er von ihm fordert. Aber dem Menschen ist die Entscheidung überlassen, wie er sich dem Willen Gottes gegenüber verhält, ob er ihn zu erfüllen oder sich ihm zu entziehen sucht. Einstehen, die Folgen auf sich nehmen für seine Tat aber muß der Mensch; denn »in Weltzeit leben« (3, 22) ist nicht sein, sondern allein Gottes Teil. Die Ant-wort des Menschen auf Gottes Wort ist Ver-ant-wortung des sterblichen Geschöpfs vor dem Schöpfer für sein Tun und Unterlassen. Die Erde, die bebaubare, die adama, aus deren Staub der adam, der Mensch, gebildet worden ist (2, 7), wartet nach dem Willen des Schöpfers auf den Menschen, daß er sie »bediene« und »hüte« (2, 15). Insofern ist die Erde vom Menschen abhängig: Seine Anmaßung, niemandem gegenüber rechenschaftspflichtig zu sein – nicht den eigenen Nachkommen, Gott nicht –, Rede und Ant-wort verweigern zu wollen auf die Frage nach seinem Standort auf der Erde: »Wo bist du?«, dieses Autonomiestreben bringt den Fluch über den Ackerboden. Wir beginnen heute allmählich etwas von dem Zusammenhang von menschlichem Tun und Lassen einerseits und seiner Auswirkung andererseits zu begreifen, den die Bibel kurz und bündig formuliert: »sei verflucht der Acker um deinetwillen« (3, 17). In der fortschreitenden Erzählung vom Anfang heißt es: Wenn der Mensch »seinen Weg verderbt« (6, 12), »verdirbt« die Erde; wegen der Schuld des Menschen »verderbt« Gott Erde und Menschen (9, 11). Kein bemitleidenswertes Objekt der Willkür einer Gottheit ist der Mensch, die ihn, wie Blüher meint, wegen eines »minimalen peccatum« mit ihrer Rachsucht verfolgt. Vom Lebensverhältnis des Menschen zu Gott hängt die eigene und die Geschichte der Erde ab. Das lehrt der biblische Erzähler: Das Schicksal der ganzen Menschheit und der Erde entscheidet sich von der Wechselbeziehung zwischen Gott und Mensch aus, zwischen seinem Wort und des

Menschen Antwort. Dieses Wechselgeschehen soll das Leben des Menschen ausfüllen, soll der Mensch als seine lebenausfüllende Wirklichkeit bejahen.

Von dem anderen unter Blühers Anklage gestellten biblischen Satz »Auge um Auge, Zahn um Zahn« hat nicht nur der Vulgärantisemitismus eine stereotypisierte Meinung abgeleitet; eine unter Christen verbreitete Sicht, die sich im öffentlichen Bewußtsein bei uns festgesetzt hat, erkennt in dem »Auge um Auge, Zahn um Zahn« das fundamentale Prinzip israelitisch-jüdischen Rechtsdenkens. Gelehrte christliche Theologen lieferten die Argumente zu der scheinbar gesicherten wissenschaftlichen Annahme, die Israeliten hätten ebenso wie die Babylonier das grausame »Recht der Wiedervergeltung« (jus talionis) geübt.[17] Zwar habe das Talionsrecht die Blutrache begrenzt, jedoch gefordert, daß dem Täter die gleiche Verletzung zugefügt wurde, die er am Körper eines anderen verursacht hatte.[18] Diese Auffassung regt nach wie vor christliche Bibelleser und Bibelausleger an, in dem behaupteten Grundsatz streng gleichheitlicher Ersatzforderung den entscheidenden Gegensatz zwischen »Altem« und »Neuem« Testament zu sehen und die »Wiedervergeltungs«-Religion des jüdischen Volkes von dem christlichen Glauben abzuheben,[19] den das Gebot der Nächstenliebe und des Vergeltungsverzichts kennzeichne.

Die Beachtung des Befundes in der hebräischen Bibel entlarvt den Mißbrauch mit einem Bibelwort. Er beginnt bereits, wenn Interpreten des Textes von Exodus 21, 23–25 nicht auf die Verwendung jener hebräischen Partikel hinweisen, die sie hier durch »um« oder »für« wiedergeben, korrekt dagegen in der Erzählung von Isaaks Bindung (Genesis 22, 13): »nahm den Widder und brachte ihn statt seines Sohnes als Brandopfer dar«, oder in der Josephsgeschichte (44, 33): »Darum soll jetzt dein Knecht an Stelle des Knaben dableiben als Sklave für meinen Herrn«. Nirgends wird das hebräische Wort im Sinn einer austauschbaren Gleichwertigkeit gebraucht;[20] es drückt vielmehr stets »an Stelle eines anderen« aus. Damit entfällt aber die Grundlage für eine Deutung von Exodus 21, 23–25 als »Talionsgesetz«. Ein anderes Verständis liegt nahe, auf das die jüdischen Bibelausleger aufmerksam gemacht haben, seit dem talmudischen Schrifttum[21] bis in die Gegenwart:[22] Der Schädiger mußte dem Geschädigten etwas geben, das an die Stelle des Gliedes oder Organs tritt, das nicht mehr seine Aufgabe wie vor dem Schlag erfüllen kann. Daher mußte jemand, der seinem Mitmenschen eine Verletzung schlug, nicht selbst eine erhalten, sondern ihm an Stelle der Verletzung eine entsprechende Ersatzzahlung leisten.[23] Das ist der Sinn des immer wieder mißdeuteten biblischen Grundsatzes: Augersatzleistung an Stelle des ausgeschlagenen Auges!

Vor seiner Aufnahme in das israelitische Bundesbuch (Exodus 20, 22–23, 19) mag der Text eine Vorgeschichte als »Talionsformel« erlebt haben. Ihre Absicht wäre dann gewesen, das Dasein von Nomaden vor der gegenseitigen Ausrottung durch die sich steigernden Vergeltungsakte (vgl. Genesis 4, 23 f) zu bewahren: Nur ein Leben für ein Leben, nur ein Auge für ein Auge . . . . Schon als Regel in nomadischer Lebensform mit ihrem gruppenbezogenen Recht[24] hätte sich die »Talionsformel« nicht an Einzelpersonen gewandt und das zwischenmenschliche Verhalten nicht in der Art eines »wie du mir, so ich dir« bestimmt. Der Ort, an dem der Text in die hebräische Bibel eingefügt worden ist – unter der Überschrift Exodus 21, 1: »Dies sind die Rechtsvorschriften« –, zeigt, daß er als ein Rechtssatz für den Richter begriffen und gebraucht wurde: Dem Richter ist die Verhängung und der Vollzug der Strafe überwiesen und damit der Privatsache entzogen worden. Der engere Kontext handelt von Körperverletzungen mit oder ohne Todesfolge (21, 18–36). Wenn nach 21, 18 f derjenige, der einen anderen zum Krüppel geschlagen hat, lediglich eine entsprechende Geldstrafe zahlen muß, dann kann auch 21, 23–25 keinen anderen Gehalt haben als den, daß der Schädiger zu einer entsprechenden Geldstrafe an den Geschädigten zu verurteilen ist. Einzige Ausnahme: Bei Mord wurde keine Abgeltung durch ein »Bedeckungsgeld« gestattet (Numeri 35, 31). Das unmittelbar folgende Sklavenrecht (Exodus 21, 26 f) unterstreicht das Verständnis einer finanziellen Ersatzleistung, die der Täter gemäß der richterlichen Festsetzung seinem Opfer zu zahlen hat: Die geringste Beschädigung – Verletzung des Auges oder des Zahns – gibt dem Sklaven die Freiheit! Diese Bedeutung mußte bei dem freien Israeliten entsprechende Anwendung finden.

Der zweite Beleg des Rechtswortes in Leviticus 24, 20 interpretiert es speziell in seinem eigentlichen Sinn als Ausdruck für die Rechtsgleichheit aller. Die Richter sollten durch den Grundsatz: »Einerlei Recht sei euch« (V. 22) ermahnt werden, daß »Bruchersatzleistung an Stelle des Bruchs, Augersatzleistung an Stelle des Auges« für den Einheimischen wie für den Fremden in gleicher Weise galt. Nur für den Sklaven machte das israelische Recht eine Ausnahme: Er war dem freien Israeliten nicht nur gleichgestellt; im Fall der Beschädigung wurde er ihm sogar vorgezogen durch den höheren Ersatz: Freiheit anstelle eines ausgeschlagenen Zahns!

Im letzten Beleg, Deuteronomium 19, 21, hat die Formel normierenden Charakter für die Anwendung. Der Zusammenhang schließt die Annahme aus, daß der Geschädigte sich selbst auf solche Weise rächen dürfe. Es geht hier nicht um die beteiligten Personen, vielmehr um den Richter, von dem ein Urteil nach dem Grundsatz der Gerechtigkeit gefordert wird: »Dein Auge soll nicht schonen« (V. 21).

Immer wieder stellt die hebräische Bibel den auf Beistand Angewiesenen in das Blickfeld seines Mitmenschen (Deuteronium 15, 7–11) und verlangt in der Lebenswirklichkeit die Beziehung zwischen Mensch und Mensch (Jesaja 58, 7; Ezechiel 18, 5–9; Ijob 31, 15–22.32). Wie die hebräische Bibel das Morden verbietet (Exodus 20, 13; Deuteronium 5, 17), so untersagt sie jede andere Beschädigung des Leibes. Die Regel »Auge um Auge, Zahn um Zahn« lehrt keineswegs das behauptete starre Vergeltungsrecht, sondern hält zur Achtung vor dem Leib des Mitmenschen an!

Nicht allein die grobe antisemitische Propaganda lastet der hebräischen Bibel die Vorstellungen vom »Gott der Rache« und von seinem nach »Rache dürstenden« Volk an. Auch im Denken von vielen Christen und besonders ihrer Theologen haben sich diese virulenten Anschuldigungen eingefressen. Darum will ich diesen Mißbrauch der Bibel nicht nur mit den bisherigen Textauslegungen begegnen. Eine andere immer wieder als Rechtfertigung des judenfeindlichen Zerrbilds herangezogene biblische Aussage findet sich in verwandter Sprachform an verschiedenen Stellen.[25] Sie läßt den Gott Israels von sich als den Eiferer sprechen; ich zitiere aus dem Dekalog: »ICH dein Gott bin ein eifernder Gottherr, zuordnend Fehl von Vätern ihnen an Söhnen, am dritten und vierten Glied, denen die mich hassen, aber Huld tuend ins tausendste denen die mich lieben, denen die meine Gebote wahren« (Exodus 20, 5 f)! Die durch menschliche Schuld gestörte Ordnung zwischen Himmel und Erde, die Störung des Gott-Mensch-Verhältnisses, wird durch Gottes Eingreifen wiederhergestellt. Dies geschieht aber nur da, wo Gott gehaßt wird, aus welchem Gotthaß auch immer der »Fehl«, diese Störung von seiten des Menschen, hervorgeht. »Ins dritte und vierte Glied«[26] bedeutet nicht Willkür, sondern: so viel Geschlechter von Nachkommen ein Mensch in seinem vollen Lebensalter um sich versammeln kann. Der Schuldige soll sehen, wie sich die Folgen seiner Schuld an seinen Enkeln und Urenkeln auswirken, und die lebenden Nachkommen werden durch seine Bestrafung betroffen. Die hebräische Bibel bringt hier Israels Gotteserfahrung in seiner Geschichte zur Sprache: Die Nachfolge Gottes[27] entführt die Menschen nicht in eine andere, höhere Welt, in der sie sich von jener voller Schmerzen erholen könnten; vielmehr fordert sie von ihnen, dem Himmel auf Erden gerecht zu werden. Die zur »Heiligung« Aufgerufenen (Leviticus 19, 2) sollen am Bau des Schöpfungswerkes arbeiten (vgl. Genesis 1, 26–28 mit Exodus 25, 9.40); denn wenn die Menschen nicht selbst an der Wohnung des heiligen Gottes in dieser Welt bauen (Exodus 35–38), dann wird sie auch nicht gebaut. Die Geschichte trifft den Menschen nicht als ein unabänderliches Verhängnis; die hebräische Bibel beschreibt sie als die reale Wirkungskraft der Wechselbeziehung zwischen dem freien Gott und dem nach Seinem Willen freien Menschen; denn das zwischen Gott und dem in die Verantwortung gerufenen Israel geführte Gespräch in der Geschichte setzt die Selbstbestimmung des Angeredeten in seinem Gott antwortenden Tun und Lassen, seine freie Wahl voraus, das Gute, das Gott will, auch zu wollen und zu verwirklichen, das Böse, das Gott verabscheut, im Planen und Tun zu meiden: »Das Leben und den Tod habe ich vor dich hingegeben, die Segnung und die Verwünschung, wähle das Leben« (Deuteronomium 30, 19). Deutlich sagt die Bibel, daß Gott nicht sklavischen Gehorsam wünscht, der aus Furcht vor Strafe handelt, sondern freie Unterordnung unter seinen Willen: »Liebe denn IHN deinen Gott mit all deinem Herzen, mit all deiner Seele, mit all deiner Macht. Es seien diese Reden, die ich dir heuttags gebiete, auf deinem Herzen« (6, 5). Die Freiheit legt Gott als eine sittliche Aufgabe in jedes Menschendasein hinein, damit der Mensch sie vollbringt: »IHN deinen Gott zu lieben, auf seine Stimme zu hören, an ihm zu haften, denn das ist dein Leben und Länge deiner Tage« (30, 20). Die hebräische Bibel hat das Verhältnis zum Mitmenschen, insbesondere zum sozial Schwächeren, als unverrückbares Maß der Liebe zu Gott erklärt: »Pfändest du, pfändest das Tuch deines Genossen, eh die Sonne einging, erstatte es ihm zurück, denn es allein ist seine Hülle, es sein Tuch für seine Haut, worin soll er sich schlafen legen? so wirds sein, wenn er zu mir schreit, will ichs erhören, denn ein Gönnender bin ich« (Exodus 22, 25 f). Die als Verantwortung dem Menschen aufgegebene Freiheit der Entscheidung ist der hebräischen Bibel so wichtig, daß sie Gott sich nicht damit begnügen läßt, den Gerichten die der Verschuldung angemessene Strafe vorzuschreiben, sondern ihn seinen eigenen ahndenden – soll ich sagen »rächenden« – Eingriff in Aussicht stellen läßt. Die Bibel verknüpft dieses Eifern Gottes, das ihm bei der judenfeindlichen Kirche den Vorwurf des »Rachegottes« eingetragen hat, mit Verfehlungen »sozialer Art«, bezieht dieses Eifern Gottes auf ein dem Mitmenschen zugefügtes Unrecht, das so geartet ist, daß es der menschlichen Rechtsprechung sich entzieht: »Eine Witwe oder Waise sollt ihr allweil nicht bedrücken. Weh, bedrückst du, bedrückst du sie! Denn schreit sie, schreit auf zu mir, höre ich, hör ihren Schrei, mein Zorn entflammt und ich bringe euch um durch das Schwert, dann sind eure Frauen Witwen, eure Kinder Waisen!« (22, 21–23).

Hier ist nicht – wie einer der großen Alttestamentler meint[28] – ein »despotischer Gottesbegriff vorausgesetzt«, sondern dem Menschen seine Verantwortung für den anderen ins Bewußtsein gerückt. Indem die Bibel das von einer Tat ausgelöste Geschehen unmittelbar auf Gott selbst zurückführt (1 Könige 8, 32), deckt sie den Zusammenhang zwischen begangenem Unrecht und seinen leidvollen Konsequenzen für Menschen auf. Sie hämmert in ihren sozialen Geboten die Notwendigkeit zur Ursachenerforschung und die Möglichkeit zur aktiven Verantwortung ein.[29] Behebbare Übel in der Welt muß der Mensch unter allen Umständen vermeiden; denn das Betätigungsfeld seiner (begrenzten)[30] Freiheit sind die abwendbaren Übel in der Welt. »Diese Provinz«, schrieb Max Brod,[31] »ist von Gott dem Menschen überlassen worden. Gott hat gleichsam für diesen Bereich abgedankt und den Menschen mit voller Freiheit, nach Gutdünken zu verfahren, als seinen Stellvertreter eingesetzt. So ist also der Mensch verantwortlich für all jenes Übel, das trotz Behebbarkeit und trotz menschlicher Freiheit, es zu beheben, nicht behoben wird.« Solche Freiheit nicht recht gebrauchen, begründet vielleicht nicht immer einen Tatbestand nach dem staatlichen Strafgesetz; wohl aber zieht der Mensch damit Gottes ahndendes Eingreifen auf sich.

Die angebliche «Rachsucht» des jüdischen Volkes[32] belegen noch heute gern christliche Prediger mit biblischen Zitaten, vornehmlich aus dem Psalter.[33] Dabei können sie sich auf bedeutende Lehrer des »Alten Testaments« berufen: »Die grausige Leidenschaft der Worte (Ps 137, 9) atmet den glühenden Hauch des alten Judentums, das sich auf Haß und Rache versteht, und ist von dem edlen und reinen Geist des Neuen Testaments weit entfernt!«[34] Die kirchliche judenfeindliche Voreingenommenheit läßt hierbei die vielen »Rachewünsche«, die auch das Neue Testament kennt,[35] außer acht und hält an dem Stereotyp der »jüdischen Rachsucht« fest. Der biblische Befund aber zeigt das Gegenteil: Angemessene Ahndung gilt für den Menschen nur in dem eingeschränkten Sinn dispensierter Gerechtigkeit für ein strafbares Verbrechen – niemals jedoch um persönliche Feindschaft zu befriedigen.[36] Ahndung – immer wieder übersetzen unsere Bibelausgaben das hebräische Wort mit »Rache« – ist Gottes Recht.[37] Menschliche »Rache« als Ausdruck persönlicher Feindseligkeit wird in der hebräischen Bibel ausdrücklich und ohne jede Einschränkung[38] verboten: »Heimzahle nicht und grolle nicht den Söhnen deines Volkes ... Halte lieb deinen Genossen, dir gleich, ICH bins« (Leviticus 19, 17 f). Im unmittelbaren Kontext des Gebots der Nächstenliebe dehnt die Bibel die Nächstenliebe auf den persönlichen Feind aus! Auch wenn mein Widersacher sich sträubt, mir Mitmensch zu sein, darf ich es ihm nicht gleich tun. Selbst der Feind bleibt in die Beziehung von Mensch und Mitmensch eingebunden: »Hasse nicht deinen Bruder ... Heimzahle nicht ... « (V.17 f); an ihm soll sich die Kraft der gebotenen Menschlichkeit in meinem Leben bewähren. Das gleiche Wort- und Satzgefüge von V.17 f kehrt in V.33 f wieder und prägt dem jüdischen Volk ein, daß dem Fremden im Land das Lebensangebot uneingeschränkt gilt. Diese Wiederholung des Gebots in Leviticus 19 erlaubt keine Begrenzung des Sinns auf den Volksangehörigen, wie es die judenfeindliche Exegese immer behauptet:[39] Die Israel gebotene Nächstenliebe umfaßt selbstverständlich den Nichtjuden, der dem Juden begegnet. Auch im ägyptischen Sklavendienst blieben dem Israeliten Ägypterin und Ägypter »Nächste« und »Nächster« (Exodus 11, 2). Der andere Mensch, auf den er im Alltag stößt, ist der jeweils Nächste; seine konkrete Lage setzt das Maß für seine soziale Verantwortung.[40] Dabei lenkt die Bibel den auf Beistand Angewiesenen in das Blickfeld des Mitmenschen: »Wenn unter dir ein Dürftiger sein wird, ... verfestige nicht dein Herz, verschließe nicht deine Hand deinem dürftigen Bruder, nein, öffnen sollst, öffnen du ihm deine Hand ... « (Deuteronomium 15, 7–11); sie sagt ihm, wem er im Hungernden, Heimatlosen, Frierenden begegnet: » ... vor deinem Fleisch verstecke dich nicht!« (Jesaja 58, 7, vgl. Ijob 31, 15) und verlangt in der Lebenswirklichkeit die Beziehung zwischen Mensch und Mensch,[41] die selbst den Feind nicht ausgrenzt: »Hungert deinen Hasser, speise ihn mit Brot, dürstet ihn, tränke ihn mit Wasser!« (Proverbien 25, 21); die in der Bibel verordnete unbedingte Pflicht zur Gerechtigkeit (Leviticus 24, 22: »Einerlei Recht sei euch!«) nötigt den Juden, sogar in dem in Not geratenen Feind den Hilfe bedürftigen Menschenbruder zu erkennen.[42] Das Anliegen, das Leben der menschlichen Gemeinschaft vor zerstörendem Haß zu bewahren, erreicht dann seinen klarsten Ausdruck in dem Wort: »Halte lieb deinen Genossen, dir gleich«. Es ist in die Geschichte des jüdischen Volkes als der Inbegriff aller Gebote eingegangen. Wo aber die Existenz des erwählten Volkes durch äußere oder innere Feinde bedroht ist und einzelne um ihre Zugehörigkeit zum jüdischen Volk willen verfolgt werden, erlaubt den um ihr Leben Ringenden, den Gedemütigten und Verzweifelten Gott selbst, daß sie ihre Not, ihr Leid, ihre Angst in flehentlichen Bitten um Ahndung und Bestrafung der Verfolger zu Ihm hin schreien. Worüber haben sich die Feinde des Judentums aller Zeiten empört? Nicht, daß Juden zur Waffe griffen, wie es die Christenheit in ihrer Geschichte immer wieder tat, sondern daß sie Gott anriefen: »Gott der Ahndungen, erscheine!« (Psalm 94!).

Eine alte judenfeindliche Polemik richtet sich gegen die strenge Beobachtung der Schabbatruhe: sie erschien der Umwelt als ein Beweis für die den Juden eingefleischte Faulheit.[43] Nach den biblischen Satzungen aber soll der Mensch den Schabbat als den Tag der Ruhe und der Freiheit von der Arbeit genießen, als den Tag auskosten, an dem er frei wird, sich unmittelbar Gott und seinen Mitmenschen zuzuwenden, an dem ihn nichts Werktägliches davon abhält.[44] Die Zeit des Menschen soll nicht unterschiedslos in Arbeit und Mühe um den Unterhalt aufgehen; alles Streben und Ringen soll für einen Tag unterbrochen werden (Exodus 16, 23), damit der Mensch ungetrennt Gott angehören und sein geistig-seelisches Leben pflegen kann. Die rhythmische Wiederholung des Ruhetages mit dem freiwillig übernommenen Verzicht auf den Gebrauch jener Gaben, mit denen Gott unter allen Lebewesen einzig ihn ausgerüstet hat, soll den Menschen an seine Sonderheit als an seine Verantwortungspflicht in der Schöpfung erinnern. Wie Gott mit seinem Schaffen innehielt und darum »am siebten Tag« der Schabbat der Schöpfung begann (Genesis 2, 2f), so soll der Mensch alle sieben Tage mit den Anstrengungen von Geist und Händen aufhören und seine Arbeit – das ist ja seine aktive Teilhabe am Schöpfungswerk (1, 26–28; Exodus 35, 1ff) – vor Gott ruhen lassen in dem Bewußtsein: Er ist der Schöpfer, der Mensch nur

Sein Mitarbeiter an der Schöpfung. So wird der siebente Tag als Schabbat zum Gedenktag an das »Werk des Anfangs«, das Gott »in seiner Güte täglich stets erneuert«.[45] Sieben ausdrückliche Gebote in der hebräischen Bibel unterstreichen die Bedeutung des Schabbat,[46] dessen sozialen Charakter Heiden wie Christen verkannten; denn sie verknüpfen das »religiöse« mit dem »sozialen« Anliegen zu einer Begründung des Gebots: sie setzen nämlich die Gottesruhe mit dem Bedürfnis und Anspruch des abhängigen und arbeitsmüden Menschen in Beziehung, damit er feiern und »eratmen/verschnaufen« kann, wie Gott bei seinem Schöpfungswerk feierte und »eratmete/verschnaufte« (vgl. Exodus 23, 12 mit 31, 17). Die Fülle der Vorschriften, die dem Schabbat gelten,[47] verfolgen nur das eine Ziel, das Leben des Menschen zu behüten und zu festigen, nicht aber, es zu verengen und zu belasten.

III

Wenden wir uns einer weiteren Ausgeburt antisemitischen Vorurteils zu, der stereotypen Vorstellung in der antisemitischen Populärliteratur vom »lügenhaften« und »betrügerischen« Charakter der Juden.[48] Erzählt nicht die hebräische Bibel selbst von Jakobs betrügerischem Handeln an seinem Bruder? Und beruft sich nicht auf Jakob als einen seiner drei Stammväter das betende Judentum dreimal täglich in seinem Hauptgebet?[49]

Der offensichtliche Schwachpunkt jenes Abschnitts aus der Patriarchengeschichte (Genesis 27) scheint der Umstand zu sein, daß Lüge und Betrug hier nicht ausdrücklich als Unrecht verurteilt werden. Aber dies erwartet nur der bibelunkundige Leser; und der mit einer negativen Einstellung ausgestattete Hörer findet sich wieder einmal bestätigt. Die biblische Erzählung aber will gerade den hörenden Leser als selbständigen Partner in das Gespräch einbeziehen, das in ihr mit ihm anekdotisch-gegenwärtig geführt wird. Darum muß sich der Erzähler strikt des eigenen Kommentars über Schuld und Strafe enthalten, um die beabsichtigte Beteiligung des Lesenden nicht zu gefährden und seine eigene Urteilsbildung nicht zu verhindern. Der bibelgemäße Hörer weiß um den Willen Gottes in der Formung der Gebote und sinnt nach »über seiner Weisung« (Psalm 1, 2). Er vernimmt die Erzählung, um über Lebenssituationen und menschenmögliches Verhalten in ihnen nachzudenken mit dem Ziel selbstkritischer Reflexion und Prüfung, um tiefere Einsichten in das Handeln Gottes, dessen Erfahrung im Leben von Menschen sich hier niedergeschlagen hat, um des eigenen Lebens willen zu gewinnen. Die Gestaltungsweise des Erzählers leistet dabei wesentliche Verstehenshilfe: Indem er sich mit seiner unmittelbaren Stellungnahme zurückhält, bedeutet er, daß Gottes Handeln die menschliche Handlung freiläßt – wir Gottlosen rufen deshalb angesichts der Untaten von Menschen: Wie konnte Gott das zulassen?! –, jedoch dem Menschen die Ver-antwortung für seine Handlung abverlangt. Zu dieser Erkenntnis leitet der Erzähler seinen Hörer. Sein Wortgleichungsstil[50] erhellt ihm den Zusammenhang zwischen der Tat Jakobs und ihren Folgen, die er zu spüren bekommt. »Mit Trug kam dein Bruder und hat deinen Segen genommen« (27, 35). Der Betrogene gibt das Stichwort. Der Betrüger, inzwischen selbst zum Betrogenen im Exil in Mesopotamien geworden (27, 43–29, 30), nimmt es gegenüber Laban auf: »Warum hast du mich betrogen?« (29, 25). Der Oheim hatte dem Neffen statt der jüngeren Tochter Rachel die erstgeborene Lea durch Verstellung zur Frau gegeben. Sein »Trug« glich dem Jakobs; er, der Jüngere, hatte sich seinem Vater Isaak durch Verstellung als den Erstgeborenen ausgegeben. Die Wortentsprechung macht uns darauf aufmerksam: »Genommen hat er einst mein Erstlingtum« (27, 36), klagte Esau. Laban antwortete auf Jakobs Vorwurf: »So tut man nicht an unserem Orte, die Jüngere fortzugeben vor der Ersten« (29, 26). Jakob muß weitere Schläge einstecken, um durch Erfahrung klug zu werden; er gesteht Lea und Rachel: »und euer Vater hat mich genarrt und meinen Lohn zehnmal geändert, Gott aber hat nicht zugegeben, daß er mir Böses erweise« (31, 7). Auch der gottferne Betrüger kann sich nicht aus der Gegenseitigkeit der Gott-Mensch-Beziehung herausschneiden; auch ihm wird in immer neuen Situationen geboten und angeboten, seine Bestimmung zu verwirklichen. Die erzählte Geschichte von Jakob ist auf die Wirklichkeit des hörenden Lesers eingestellt. Nicht der »Trug«, die erlangte Erfahrung des Betrügers ist ihre Wegweisung für ihn. Mit dem Gleichklang der Leitwörter schwingt Bedeutung mit: »und jetzt eben hat er noch meinen Segen genommen« (27, 36), empörte sich Esau. Bevor Jakob nach vielen Jahren dem Bruder wieder unter die Augen treten kann, muß er die letzte Prüfung bestehen. Den einst vom Vater erschlichenen Segen soll der in einem nächtlichen Ringkampf mit dem »Mann«, wie die Bibel einfach sagt (32, 23–33), errungene Segen zudecken: »Ich entlasse dich nicht, du hast mich denn gesegnet« (32, 27), dringt Jakob in den »Mann«. Aber damit dieser Segen wirksam werden kann (35, 9), bedarf es der Versöhnung des betrogenen Esau: »Nimm doch meinen Segen, der dir gebracht worden ist« (33, 11), bittet der einstige Betrüger den Bruder. Nun erst ist auch zwischen Mensch und Mitmensch »Segen« durch »Segen« ausgeglichen. Nun kann auch Gott selbst den Schuldnamen von ihm nehmen, den ihm Esau nach erlittenem Unrecht vorhielt: »Rief man drum seinen Namen Jaakob, Fersenschleicher? beschlichen hat er mich« (27, 36). Im Ringkampf in jener Nacht am Jabbok hatte der Betrüger von einst das Namensbekenntnis der Schuld noch eingestehen müssen: »Jaakob, Fersenschleicher« (32, 27). Nach dieser langen Strecke des Lernens und der Bewährung erneuert Gott selbst die Lebensbeziehung mit dem, der an seinem Bruder schuldig geworden war: »Jaakob, Fersenschleicher, ist dein Name, Jaakob werde nicht fürder dein Name gerufen, sondern Jisrael, Fechter Gottes, soll dein Name sein« (35, 10).

Das antisemitische Lügengewebe vom charakterprägenden Einfluß des betrügerischen Ahnherrn sollte nicht unseren Blick verstellen für die beabsichtigte Wirkung der Erzählung: Unrecht bleibt Unrecht. Der dafür Verantwortliche kann sich nicht davonstehlen. Aber die Chancen, seinen Weg zu korrigieren, werden ihm nicht entzogen. Sie aufzuspüren und zu ergreifen, werden ihn Mühe, ja, alle Anstrengungen nach seinen Kräften, Geduld und Selbstüberwindung kosten. Jakob hat sie nicht gescheut und schließlich die Erneuerung seines Lebens von Gott her erfahren: »und segnete ihn« (35, 9). Aber auch dieser endgültige Vollzug konnte die jüdischen Tradenten nicht dazu bewegen, die Erinnerung an die Vergangenheit des Stammvaters auszulöschen. Sie gehört zu jener Geschichte, die das Handeln Gottes besiegelt: »Und er rief seinen Namen: Jisrael!« (35, 10). Ohne ihren Anfang hätte die Jisrael-Erwählung mißverstanden werden können als bloße Auszeichnung.[51] Nun aber wird die Aufgabe sichtbar, die zu nie endender selbstkritischer Prüfung und zu verantwortlichem Handeln verpflichtet – das jüdische Volk, aber auch jeden willigen Leser dieser Geschichte, keine blutleeren Idealfiguren, sondern wirkliche, gefährdete und befähigte Menschen.

Personen mit einer negativen Prädisposition, die ihre eigenen unerwünschten Charakterzüge auf jüdische Menschen projizieren, erreichen Widerlegungen, und seien es die stärksten sachlichen Argumente, nicht. Aber vielleicht – und hoffentlich! – lassen sich andere, die nicht präjudiziert sind, zu einem neuen, unvoreingenommenen Hören auf die hebräische Bibel reizen, wenn wir ihre alten Texte vom antisemitischen Überzug befreien!

Was am Vorabend der judenhassenden Rasseherrschaft in Deutschland der Alttestamentler Paul Volz schrieb, hat seine Aktualität für den theologischen Lehrer noch nicht verloren: »Woher kam es eigentlich, daß das Alte Testament in der heutigen Zeit in solchen Mißkredit geriet? Schuld sind einmal wir Alttestamentler selbst. Lange Jahrzehnte hindurch haben wir der Mitwelt nichts besseres zu bieten gewußt als Literarkritik im Pentateuch und in den Propheten, Streit darüber, was echt oder unecht in der alttestamentlichen Literatur sei. Darüber wurde fast ganz vernachlässigt, zu zeigen, was an religiösem Gehalt in den Propheten und Psalmen, in der Genesis, im Deuteronomium und in Hiob steckt ... So müssen wir Alttestamentler zunächst selbst in die Tiefe unserer Wissenschaft hinabsteigen, um andere dafür zu gewinnen.«[52] Der antisemitische Mißbrauch im Umgang mit der hebräischen Bibel hatte viele Christen für die NS-Propaganda aufnahmebereit gemacht.[53] Die Diskriminierungen, die Entrechtungsmaßnahmen und schließlich die Deportationen, die jüdische Nachbarn und Landsleute trafen, schreckten auch sie nicht auf; eine lange judenfeindliche Auslegung der hebräischen Bibel in Kirche und Schule hatte in allen Bereichen des öffentlichen und privaten Lebens ihre Wirkung getan.

Anmerkungen

1 Vgl. M. Buber, Eine Bibliographie seiner Schriften 1897–1978, zusammengestellt von M. Cohn/R. Buber, Jerusalem/München/New York/London/Paris 1980, 68, Nr. 913.
2 M. Buber, Briefwechsel aus sieben Jahrzehnten, I-III, hrsg. von G. Schaeder, Heidelberg 1972–1975, Bd. III, z. B. Nr. 88, 97, 98, 104, 170, 176.
3 Vgl. babylonischer Talmud, Schabbat 31a–b; Abot I, 12.
4 Besonders ³1922, Secessio Judaica, 1933. Dazu, sowie zu anderen Veröffentlichungen Blühers vgl. A. Bein, Die Judenfrage. Biographie eines Weltproblems, Stuttgart 1980, I, S. 324 ff; II, S. 316 f.
5 M. Buber an Hans Blüher vom 3. 4. 1954, Briefwechsel III, a. a. O. 374, Nr. 308.
6 Ebd., S. 335, Nr. 271.

7 Ebd., S. 337-340, Nr. 275.

8 H. Blüher, Die Erhebung Israel gegen die christlichen Güter, Hamburg/ Berlin 1931.

9 M. Buber, Briefwechsel III, a. a. O., S. 339 f, Nr. 275.

10 ders., Briefwechsel II, a. a. O., S. 423, Nr. 372.

11 ders., Briefwechsel III, a. a. O., S. 369–373, bes. S. 370, Nr. 307.

12 Dieser stereotypisierten Vorstellung verliehen eindrucksvolle Wortgestalt z. B. William Shakespeare, Der Kaufmann von Venedig, Dritter Aufzug, Erste Szene; Gotthold Ephraim Lessing, Die Juden, Zweiter Auftritt; Heinrich Heine, Shakespeare's Mädchen und Frauen: Porzia; ders., Romanzero: Disputation. Vgl. auch L. Poliakov, Geschichte des Antisemitismus, VI. Emanzipation und Rassenwahn, Worms 1987, bes. S. 120–135, S. 204–215; ders., Geschichte des Antisemitismus, VII. Zwischen Assimilation und »Jüdischer Weltverschwörung«, Frankfurt/M. 1988, S. 13–26, S. 94–104; A. Bein, Die Judenfrage, a. a. O., I, S. 214, II, S. 151 ff.

13 Diesen Begriff bezieht der Soziologe auf die Gesamtheit von Verhaltensweisen und Ideen einer Person; dazu A. Silbermann, Der ungeliebte Jude. Die Soziologie des Antisemitismus, Zürich 1981, S. 32–50; vgl. auch J. P. Sartre, Betrachtungen zur Judenfrage. Psychoanalyse des Antisemitismus, in: ders., Drei Essays, Frankfurt/M./Berlin 1986, S. 108–190.

14 Siehe A. Silbermann, a. a. O., S. 50 ff.

15 Dazu M. Buber/F. Rosenzweig, Die Schrift und ihre Verdeutschung, Berlin 1936, S. 55 ff, S. 135 ff, S. 211 ff, S. 239 ff, S. 262 ff.

16 Die biblischen Zitate entnehme ich der Verdeutschung von M. Buber und F. Rosenzweig, Die fünf Bücher der Weisung, Heidelberg ⁹1976. Sie zeichnet eine besondere Nähe zum Wortlaut des hebräischen Textes aus.

17 So H. Greßmann, Die älteste Geschichtsschreibung und Prophetie Israels, in: H. Greßmann/H. Gunkel u. a., Die Schriften des Alten Testaments, II, 1, Göttingen 1910, S. 230.

18 Mit unterschiedlichen Begründungen: A. Alt, Zur Talionsformel (1934), in: ders., Kleine Schriften zur Geschichte des Volkes Israel, I, München 1953, S. 341–344; M. Noth, Das zweite Buch Mose (Das alte Testament Deutsch 5), Göttingen ⁴1968, S. 147; F. Horst, Recht und Religion im Bereich des Alten Testaments (1956), in: ders., Gottes Recht, München 1961, S. 260–291, S. 288 f.

19 Vgl. H. L. Strack/P. Billerbeck, Kommentar zum Neuen Testament aus Talmud und Midrasch, I, München (1926) ⁷1978, S. 337, S. 340. Dieses Werk stellt für viele Neutestamentler noch immer die unbestrittene Autorität dar.

20 Vgl. ferner z. B. Exodus 21, 27; Josua 2, 14; 1 Könige 11, 43, 14, 20; Ijob 28, 15.

21 Dazu D. Vetter, Recht 1. Jüdisch, in: A. Th. Khoury (Hg.), Lexikon religiöser Grundbegriffe. Judentum, Christentum, Islam, Graz/Wien/Köln 1987, S. 876–881, S. 877 ff.

22 J. Horovitz, Auge um Auge, Zahn um Zahn, in: Judaica, Berlin 1912, S. 609–658; B. Jacob, Aug' um Aug', Zahn um Zahn. Talion und Juden-

24

tum, Berlin 1929; N. Leibowitz, Studies in Vayikra, Jerusalem 1980, S. 251–257.

23 Zu dem Ergebnis, daß die Talionsformel von Anfang an dem Sachbereich angehört habe und darum im Bundesbuch auch dem Bereich des Schadensausgleichs zugeordnet wurde, gelangten auch V. Wagner, Rechtssätze in gebundener Sprache und Rechtssatzreihen im israelitischen Recht, Berlin/New York 1972, S. 3–15; H. J. Boecker, Recht und Gesetz im Alten Testament und im Alten Orient, Neukirchen-Vluyn 1976, S. 149–153.

24 Vgl. V. Wagner, a. a. O., S. 14.

25 Exodus 20, 5 f; Deuteronomium 5, 9 f; Richter 5, 31; Exodus 34, 14; Josua 24, 19.

26 Dazu M. Buber, Moses, Heidelberg ³1966, S. 167–173.

27 Deuteronomium 8, 6; 10, 12 u. a. Vgl. M. Buber, Reden über das Judentum, Berlin ²1932, S. 109 ff.

28 H. Gunkel/J. Begrich, Einleitung in die Psalmen, Göttingen (1933) ³1975, S. 75.

29 Dazu D. Vetter, Leiden in der Bibel. Herausforderung zur Verantwortung, in: Buch Magazin 8. Biblische Texte und Literatur in der Gegenwart, Frankfurt/M. 1988, S. 18–19.

30 Der Mensch ist trotz seiner Freiheit aus biblischer Sicht Gott nicht ebenbürtig, vielmehr auf Gottes Barmherzigkeit angewiesen. Vgl. Exodus 34, 6; Psalm 103, 8; Klagelieder 3, 22.

31 M. Brod, Heidentum, Christentum, Judentum. Ein Bekenntnisbuch, I–II, München 1921, I, S. 62.

32 Siehe die »Christenangst« bei H. A. Oberman, Wurzeln des Antisemitismus, Berlin ²1981, S. 34 ff, S. 48 ff, S. 125 ff.

33 Der kirchliche Antijudaismus bevorzugte seit jeher die sogenannten Rachepsalmen als Anknüpfungspunkt für seine Angriffe gegen das Judentum. Mit ihnen rechtfertigte seine Herabsetzung der ganzen israelitischen Literatur Delitzsch, Babel und Bibel, II, Stuttgart 1904, S. 19; ders., Die große Täuschung, Zweiter Teil, Stuttgart/Berlin 1921, S. 41.

34 So H. Gunkel, Die Psalmen, Göttingen ⁵1968, S. 580. Vgl. W. Stärk, Lyrik, in: H. Greßmann/H. Gunkel u. a., Die Schriften des Alten Testaments, III, 1, Göttingen 1911, S. 230.

35 Z. B. Offenbarung des Johannes 2, 23 zitiert Psalm 137, 9; 14, 9–11 zitiert Psalm 75, 9; vgl. 6, 10; Evangelium des Matthäus 21, 44; des Lukas 19, 27; 1. Korintherbrief 16, 22; Galaterbrief 1, 9; 1. Thessalonicherbrief 4, 6 etc.

36 Vgl. Exodus 21, 20; Numeri 31, 1 f.

37 Vgl. Deuteronomium 32, 35. 43; Leviticus 26, 25; Psalm 94, 1.

38 Im einzelnen D. Vetter, Toleranz, Solidarität, Liebe – Stimmen aus dem jüdischen Volk, in: A. Th. Khoury/P. Hünermann, (Hg.), Wer ist mein Nächster? Die Antwort der Weltreligionen, Freiburg 1988, S. 83–112.

39 Vgl. H. L. Strack/P. Billerbeck, Kommentar zum NT, a. a. O., S. 223 ff.

40 Leveticus 19, 13. 16, vgl. Exodus 21, 14. 18. 35; 22, 6 ff; Deuteronomium 19, 14; 23, 25 f; 24, 10.

41 Jesaja 58, 7; Ezechiel 18, 5–9; Ijob 31, 15 –22. 32.

42 Ijob 31, 29 f; vgl. Exodus 23, 4 f mit Deuteronomium 22, 4.

43 Tactius, Historiam Libri, V, 4, 10–12: »septimo die otium placuisse ferunt, quia is finem laborum tulerit, dein blandiente inertia septimum quoque annum ignaviae datum«.
44 Jesaja 58, 13; 56, 6 f; Deuteronomium 5, 14 f.; vgl. D. Vetter, Fest 1. Jüdisch, in: Lexikon religiöser Grundbegriffe, a. a. O., S. 253–256.
45 Erste Benediktion vor der Lesung der »Höre Jisrael«-Texte im Morgengebet; vgl. babylonischer Talmud, Chagiga 12 b.
46 Exodus 20, 8–11; 23, 12; 31, 12–17; 34, 21; 35, 2; Leviticus 23, 3; Deuteronomium 5, 12–15.
47 Mischna, Chagiga I, 8; Schabbat I–XXIV. Jedoch gilt der Grundsatz Joma VIII, 6: »Schon die Möglichkeit einer Lebensgefahr läßt den Schabbat zurücktreten.«
48 Dieses Bild vom Juden verbalisieren die antisemitischen Figuren in Lessings Lustspiel »Die Juden«. Martin Krumm: »So viel als ihrer sind, keinen ausgenommen, sind Betrüger, Diebe und Straßenräuber« (Zweiter Auftritt); der Baron: »Wie er sie beschreibt, haben sie Spitzbuben ähnlicher als ehrlichen Leuten gesehen. Und warum sollte ich auch daran zweifeln? Ein Volk, das auf den Gewinnst so erpicht ist, fragt wenig danach, ob es ihn mit Recht oder Unrecht, mit List oder Gewaltsamkeit erhält« (Sechster Auftritt).
49 Erste Benediktion des Achtzehngebets.
50 Zum Leitwortstil vgl. M. Buber/F. Rosenzweig, Die Schrift und ihre Verdeutschung, a. a. O., S. 223 ff.
51 Dazu A. Silbermann, Was ist jüdischer Geist? Zur Identität der Juden, Zürich 1984, S. 15 ff; D. Vetter, Erwählung 1. Jüdisch, in: Lexikon religiöser Grundbegriffe, a. a. O., S. 204–208.
52 P. Volz, Der Kampf um das Alte Testament, Stuttgart 1932, S. 34 f.
53 Dazu F. Heer, Gottes erste Liebe. Die Juden im Spannungsfeld der Geschichte, München (1967) 1981, bes. S. 331–441, S. 443 ff.

Martin Greschat

Protestantischer Antisemitismus in Wilhelminischer Zeit

Das Beispiel des Hofpredigers Adolf Stoecker

I

Der Antisemitismus im Zweiten deutschen Kaiserreich speiste sich aus sehr unterschiedlichen Quellen und hatte dementsprechend recht verschiedene Gesichter. Diese Feststellung gilt auch im Blick auf die konservativen Gruppen und Kreise, von denen im folgenden die Rede sein soll. Geboten ist also die möglichst präzise Herausarbeitung der divergenten antisemitischen Traditionen, um sich der Erfassung des Gesamtphänomens exakter als bislang üblich annähern zu können. Denn die Subsumierung unterschiedlicher Positionen unter einen allgemeinen Antisemitismusbegriff ist nicht geeignet, die notwendigen Unterscheidungen in den Blick zu bekommen. Verzichtet man jedoch darauf, sind einlinige Ableitungen – bis hin zur Behauptung einer durchgängigen Kontinuität und sogar der zunehmenden Steigerung des Antisemitismus in Deutschland – die Folge. Brechungen dieses Ungeistes, bis hin zu seiner partiellen Überwindung in bestimmten historischen Ausprägungen, können dann kaum mehr gesehen und angemessen gewürdigt werden. Diese Feststellung gilt auch für Stoeckers Antisemitismus und seine Nachwirkungen. Es gab vielfältige Übergänge und mannigfache Möglichkeiten der Anknüpfung an das Stoeckersche Erbe. Aber dabei handelte es sich doch stets um die Fortsetzung von einer Tradition, lediglich um eine Variante des antisemitischen Denkens im konservativen Lager. Niemals repräsentierte also das Konzept Stoeckers das Ganze der in diesen Kreisen herrschenden Aversionen gegenüber »den Juden«.

Um irgendeine Apologie geht es bei dieser Forderung der möglichst exakten und insofern differenzierten Erhellung der historischen Fakten wahrhaftig nicht; wohl aber um die Abweisung jenes christlichen Totalanspruches, der alle die entsetzlichen Folgen jenes Antisemitismus als eigene Schuld auf sich nehmen möchte. Zugleich ist es mir, wiederum im Interesse der Erhellung des historischen Sachverhalts, um die Kritik an einer einlinigen teleologischen Betrachtungsweise zu tun. Auch diese Auffassung vereinfacht nicht nur eine komplizierte und komplexe Geschichte, sondern sie läuft – was wesentlicher ist – Gefahr, durch die Ausschließlichkeit des Blicks auf die religiös-kirchliche Ausprägung des Antisemitismus zentrale politische, gesellschaftliche und mentale Faktoren zu übersehen, deren Ausdruck und Aufgipfelung sich in der Feindschaft gegenüber dem Judentum darstellte. Niemals war der Antisemitismus in dieser Epoche ja Selbstzweck. Durchweg stellte er vielmehr die Negativfolie dar für das, was man gesellschaftlich und politisch durchsetzen wollte. Erst wenn man diesen Zusammenhang sieht und reflektiert, wird es möglich, die einzelnen Einflüsse im breiten Strom des konservativen Antisemitismus in jenen Jahren genauer zu bestimmen.

II

Daß bei alledem Stoeckers Antisemitismus eine wichtige und in mancher Hinsicht entscheidende Rolle spielte, ist bekannt. Freilich umfaßt bereits diese simple Feststellung ein ganzes Bündel methodologischer und definitorischer Probleme. Was ist exakt gemeint – und was nicht –, wenn im Blick auf Stoecker von Antisemitismus gesprochen wird? Welche Funktion hatte dieser Antisemitismus in seinem Denken und Handeln? Und wie ordnete sich schließlich der von Stoecker vertretene Antisemitismus in die geistige, religiöse und politische Landschaft des Zweiten Kaiserreichs ein? Diese Feststellungen lassen sich sicherlich nicht säuberlich voneinander trennen. Sie überlagern sich. Nichtsdestoweniger zielen sie auf unterschiedliche Zusammenhänge, die sowohl einzeln als auch insgesamt reflektiert werden müssen, um die Eigenart dieses Antisemitismus exakter, als es bislang der Fall war, erfassen zu können.

Meine These ist, daß Stoeckers Antisemitismus sich einer einlinigen Ableitung und Definition entzieht. Daß seine engsten Mitarbeiter und Gefolgsleute ihn sowohl als einen engagierten Antisemiten feiern[1] als auch eifrig gegen den Vorwurf in Schutz nehmen konnten, er sei ein

Antisemit gewesen,[2] spiegelt – auch wenn man jeweils bestimmte apologetische Tendenzen in Rechnung stellt – doch im Grunde genau das Problem. Unübersehbar meinte »Antisemitismus« hier wie da etwas Verschiedenes. Darauf wird zurückzukommen sein. Wichtiger ist zunächst die Feststellung, daß Stoeckers Einstellung gegenüber dem Judentum ausgesprochen schillernd, wenn nicht sogar ambivalent war. Daß dieses Faktum in neueren Untersuchungen nur begrenzt zum Ausdruck kommt, hängt wohl nicht zuletzt mit der reduzierten Nutzung der vorhandenen Quellen zusammen: Man konzentrierte sich auf den politischen Agitator Stoecker und vernachlässigte den ungemein breitenwirksamen Kirchenmann, dessen sonntägliche Predigten nicht nur zu Tausenden in ganz Deutschland verteilt wurden, sondern die auch als Predigtbände eine außerordentliche Resonanz fanden.[3]

1. Welche Stellung nahm Stoecker hier gegenüber dem Judentum ein?[4] Einige Andeutungen müssen genügen. Zunächst fällt auf, wie selten und wie zurückhaltend Stoecker auf dieses Thema eingeht. Die breite Kritik an der Zeit und den Zeitgenossen wird nicht antijüdisch zugespitzt.[5] Biblische Texte, die eine solche Interpretation nahelegen könnten – etwa aus dem Johannesevangelium – werden nicht in diesem Sinn genutzt.[6] Wo Stoecker konkret wird, greift er die Sozialdemokratie an.[7] Über die Juden heißt es eher beiläufig, daß sie Christus gekreuzigt haben – aber dasselbe tun, heißt es sogleich weiter, alle Ungläubigen.[8] Nachdrücklicher wird unterstrichen, daß der alte Bund abgelaufen ist, daß Gottes Heilszusagen im neuen Bund den Juden mithin nicht mehr gelten, ihre Geschichte in einem »großen Bankrott endete«[9] und sie seitdem »ein Volk des Mammons, in die Welt zerstreut, von Gott entfremdet« sind.[10] Die Folge des fehlenden Glaubens an Christus ist eine geringere Sittlichkeit – wobei die Juden auf dieselbe Ebene wie die Heiden gerückt werden: sie haben angeblich eine wenig moralische Einstellung zur Ehe und sind unfähig zur Nächstenliebe.[11] Insgesamt urteilt Stoecker: »Daß die Juden nicht glaubten, war ihr Elend. Dadurch wurden sie aus dem Volk der göttlichen Offenbarung eine Rotte Korah, welche Christum kreuzigte und zu einem Werkzeug des Welt- und Geldverkehrs entartete.«[12] Hier wie auch an anderen Stellen dienen die Hinweise auf die Juden den Christen als Warnung: So straft Gott diejenigen, die ihm nicht gehorchen wollen. Die Existenz der Juden veranschaulicht somit, welche verheerenden Folgen der Unglaube hat.

Es fällt nicht schwer, in diesen Aussagen die alten Stereotypen des christlichen Antijudaismus zu erkennen.[13] Stoecker entfaltete sie nicht weiter. Er konnte offenbar damit rechnen, daß sie seinen Hörern und Lesern wohlbekannt waren. Aber Stoecker ging auch nicht darüber hinaus. Zwar klingt einmal an, daß Menschen es nicht wagen, sich zu Christus zu bekennen aus Angst »vor Juden und Judengenossen«.[14] Und an einer anderen Stelle heißt es: »die Juden sitzen mitten unter uns und arbeiten an der Zerstörung der Kirche«.[15] Aber auch solche Äußerungen überschritten nicht grundsätzlich die Vorstellungen des traditionellen christlichen Antijudaismus, wo man im Judentum eine andauernde Bedrohung der Kirche und des christlichen Glaubens sah. Wer nur auf diese Quellen, diese Predigtbände also blickte und blickt, konnte und kann wohl behaupten, daß Stoecker keineswegs ein besonders militanter Antisemit war.

2. Mit einem erheblich anderen Bild werden wir allerdings konfrontiert, wenn wir auf den publikumswirksamen Agitator Stoecker blicken. Am 19. September 1879 eröffnete er mit der Rede »Unsere Forderungen an das moderne Judentum«, die er auf einer öffentlichen Versammlung seiner Christlich-sozialen Arbeiterpartei in Berlin hielt, den Kampf.[16] Von da an hatte die antisemitische Propagandatätigkeit für ihn zentrale Bedeutung.[17] Denn im »modernen Judentum«, wie Stoecker sagte, gipfelten nach seiner Überzeugung die Kräfte, die er schon immer bekämpft hatte: der wirtschaftliche Liberalismus und Kapitalismus; der Geist des auf politische Emanzipation drängenden Linksliberalismus; schließlich die revolutionäre Sozialdemokratie. »Das aber glaube ich«, erklärte Stoecker 1883, »daß die Existenz von einer halben Million Juden, welche den Kapitalismus in seiner schneidensten Gestalt auf die Spitze treiben, der ständig kreißende Mutterschoß ist für die Unzufriedenheit, für die gährenden Mächte, welche aus den unteren Volksklassen, aus den bedrängten Arbeiterkreisen, aus dem um sein Dasein kämpfenden Handwerkerstande zum Licht empordrängen«.[18] Dieses Judentum behinderte – nach Stoeckers Überzeugung – mithin nicht nur, sondern bekämpfte aktiv die Vorherrschaft der entscheidenden Grundlagen und Werte, auf denen das Kaiserreich basierte und sich harmonisch weiterentwickeln sollte: die innere Einheit des Vaterlandes, seine christlich-protestantische Prägung und die konservative Gesellschaftsordnung. Stoeckers Antisemitismus umriß deshalb das exakte Gegenbild zu der von ihm ersehnten und erstrebten nationalen und christlichen Gesellschaft.[19] Um sie

zu verwirklichen, mußten sich die Deutschen innerlich und äußerlich von allem »Jüdischen« abwenden. In diesem Sinn zeichnete er sodann ein ideales Bild des deutschen Wesens, formulierte die Eigenart und Bestimmung der deutschen Identität für die weitere Entwicklung des Zweiten Kaiserreichs und proklamierte schließlich den geistigen und kulturellen Führungsanspruch des Protestantismus bzw. der evangelischen Kirche, weil diese allein in der Lage sei, jene Zielsetzung zu verwirklichen.

Unbedingt geboten erschien Stoecker also die Selbstbesinnung der Deutschen auf ihr eigenes Wesen und die neuerliche Orientierung an diesen traditionellen nationalen und christlichen Werten – »dann ist die Judenübermacht mit einem Male aus«.[20] Deutsch sein, das hieß für ihn: anständig sein, sittlich, vaterlandsliebend und fromm; deutsch zu denken und zu fühlen, bedeutete, sich für alles einzusetzen und zu begeistern, was groß, gut, edel und göttlich ist.[21] Damit war bereits der Zusammenhang mit dem großen Ganzen, mit der Nation und dem Vaterland angesprochen. Das Judentum kenne die Freude am Vaterland nicht und nicht die emotionale Hochschätzung der eigenen Nation, behauptete Stoecker.[22] Es sei individualistisch und international zugleich,[23] deshalb darauf aus, »das nationale Leben der Völker zu untergraben, sie materiell und geistig zu beugen, sie zu beherrschen«.[24] Leidenschaftlich warb Stoecker für ein Nationalbewußtsein, das eine integrierende Funktion ausüben sollte. Der innere Zusammenschluß aller Deutschen im neuen Reich, über die föderalistischen, konfessionellen und nicht zuletzt die sozialen Gegensätze hinweg, war sein großes Ziel. Das aber ließ sich nach seiner Überzeugung nur erreichen, wenn man wieder und wieder auf die Riesengefahr der jüdischen Überfremdung Deutschlands hinwies und auf den unverkennbaren Willen dieses »Volkes«, die Deutschen zu beherrschen.[25] Abgrenzung gegenüber dem Judentum und möglichst auch dessen Ausgrenzung aus der deutschen Gesellschaft erschienen daher zwingend geboten.

Stoeckers nationale Zielsetzung war innenpolitischer Art, gerichtet auf die mentale Integration der Deutschen in das neue Reich. Imperialistisch war dieser Nationalismus noch nicht. Das kommt auch in der massiv konservativen und vor allem christlichen Prägung seines nationalen Empfindens zum Ausdruck. »Ich will keine Kultur ohne Deutschtum und Christentum; deshalb bekämpfe ich die jüdische Übermacht«, erklärte Stoecker 1881 auf einer Wahlversammlung in

Berlin.[26] Wieder und wieder beschwor er die innige Verbindung von deutsch und christlich, die festgehalten bzw. zurückgewonnen werden müsse.[27] Unentwegt erinnerte er an die tausendjährige Symbiose von nationaler und christlicher Kultur in Deutschland.[28] Von entscheidender Bedeutung für die Zukunft Deutschlands sei die Durchsetzung der christlichen Weltanschauung in sämtlichen Bereichen des Lebens, erfuhren, ebenfalls 1881, die Teilnehmer einer Versammlung in Gera.[29] »Christliche Staatsidee, christlich-soziale Reformen, christlich-national-germanische Bestrebungen, christliche Kultur, das sind Schlagwörter, Kriegsparolen und Friedensrufe geworden, die in den Versammlungen nicht bloß der Hauptstadt, sondern im ganzen Deutschen Reiche hin- und herfliegen.«[30] – Es waren ebensoviele Kampfansagen an die Juden! Und auch die mit diesem Gedankengut aufs engste verflochtenen konservativen Wertvorstellungen und Leitbilder wurden durchgängig polemisch im antisemitischen Sinn zugespitzt. »Es ist doch jedem Einsichtigen klar genug, daß die Herrschaft des semitischen Geistes über uns nicht bloß unsere geistige, sondern auch unsere wirtschaftliche Verarmung bedeutet«, hieß es bereits 1879.[31] Dagegen galt es dann, die echten alten deutschen und christlichen Tugenden[32] zu verteidigen und neu in der Familie, Erziehung und Gesetzgebung zur Durchsetzung zu bringen: Gewissenhaftigkeit, Ernst und Zucht, Gemüt, Frömmigkeit und Redlichkeit,[33] deutsches Arbeitsethos, germanisches Rechtsdenken und Wirtschaftsgebaren.[34] Verleumderisch behauptete Stoecker: »Für mich gipfelt die Judenfrage in der Frage, ob die Juden, welche unter uns leben, lernen werden, sich an der gesamten deutschen Arbeit, auch an der harten und sauren Arbeit des Handwerks, der Fabrik, des Landbaues zu beteiligen. Weiter sollen wir von ihnen nichts verlangen.«[35]

Stoecker sprach in diesen Zusammenhängen stets von christlichem Geist und christlicher Weltanschauung, nicht vom Geist des Protestantismus oder der evangelischen Kirche. Nichtsdestoweniger waren diese zuerst und vor allem gemeint, war Stoecker doch von der geistigen und geistlichen Überlegenheit seiner Konfession zutiefst durchdrungen.[36] Aber hier, wo es ihm vor allem um die Integration aller Deutschen in eine gemeinsame national-konservative christliche Bewußtseinshaltung zu tun war, konnte von konfessionellen Besonderheiten verständlicherweise nicht gesprochen werden.

3. Stoecker behauptete mehrfach, er kämpfe nur gegen ein entartetes, vom Glauben der Väter abgefallenes »modernes« Judentum und

wolle die Anhänger der jüdischen Religion nicht angreifen.[37] Trotzdem verband er wieder und wieder den traditionellen kirchlichen Antijudaismus mit seinem national-konservativen christlichen Antisemitismus und behauptete damit eine wesenhafte Identität von religiösem und emanzipiertem Judentum.[38] Er unterstrich mehrfach, daß es natürlich auch anständige Juden gebe,[39] daß mit ein wenig mehr Zurückhaltung und Bescheidenheit des »modernen Judentums« die Probleme leicht gelöst werden könnten,[40] zumal wenn sie nicht länger das deutsche Volk schädigten.[41] Aber dann wurden nicht nur alle Juden in Deutschland als gefährliche Gegner bezeichnet,[42] sondern sie galten auch als eine bedrohlich andere Rasse. »Denn man täusche sich nicht,« verkündete Stoecker 1879; »auf diesem Boden steht Rasse gegen Rasse und führt, nicht im Sinne des Hasses, aber im Sinne des Wettbewerbes, einen Rassestreit.«[43]

Aber selbst die hier ausgesprochene vorsichtige Eingrenzung des Rassenantisemitismus hat Stoecker dann nur sehr begrenzt durchgehalten.[44] Er distanzierte sich nie eindeutig und öffentlich von den russischen Pogromen im Jahre 1881. Er arbeitete mit dezidiert antichristlichen Antisemiten wie Henrici, Förster und Liebermann von Sonnenberg zusammen, suchte Ahlwardt zu fördern und war tief betroffen, als Marr ihn 1886 angriff. Daß dieser sich nicht auf seine christlich-nationale und konservative antisemitische Linie einschwören ließ, nahm Stoecker hin. Aber, fragte er zurück, habe Marr sich auch überlegt, was dieser Streit für die Durchsetzung der gemeinsamen »Sache« bedeute? »Haben Sie auch recht bedacht, was die Fortsetzung dieser Fehde, die nicht von mir begonnen ist, für Folgen hat? Nichts als eine Schwächung der Bewegung!«[45] Dabei ging es keineswegs allein um private Kontakte, sondern auch um inhaltliche Übereinstimmungen. Marr war bereits zu Beginn der siebziger Jahre zu dem Ergebnis gekommen, daß die Juden eine unheimliche Weltmacht darstellten, weshalb die Zukunftsfrage für Deutschland nur lauten könnte: wir – oder sie.[46] Stoecker nahm das auf, wenn er in seiner Rede am 3. Februar 1882 in Berlin über »Das Judentum im öffentlichen Leben, eine Gefahr für das Deutsche Reich«, erklärte:[47] »Besonders hier in Berlin, denn hier gilt es: Sein oder Nichtsein! (Sehr wahr) Es war die höchste Zeit, der deutsche Geist schien bereits überwunden, die Ketten waren schon geschmiedet, und die Hände streckten sich aus, sie uns anzulegen. Dagegen mußten wir uns wehren.«[48]

4. Der von Stoecker proklamierte und durch seine Aktivitäten im kirchlichen Protestantismus sich ausbreitende und durchsetzende Antisemitismus läßt sich nach dem Gesagten in seiner Besonderheit nur begrenzt exakt definieren. Unverkennbar ist zum einen, daß im Mittelpunkt von Stoeckers Denken und Handeln ein Antisemitismus stand, der auf einem aus christlich-konservativem Geist gespeisten integralen Nationalismus basierte. Unübersehbar ist zum anderen, daß dieses Konzept keine klare Alternative zum traditionellen kirchlichen Antijudaismus darstellte, sondern – wie in der Forschung mehrfach vermutet worden ist[49] – dessen modernisierte Umsetzung, Neubegründung, aber auch Erweiterung darstellt. Man kann deshalb diese beiden feindlichen Einstellungen gegenüber den Juden weder identifizieren noch exakt voneinander trennen – zumindest nicht in dieser Zeit. Deutlich wurde schließlich, daß diese Position zumindest am Rande offen war für das Eindringen des Rassenantisemitismus.

Freilich erschließt sich die Eigenart des Stoeckerschen Antisemitismus nur sehr begrenzt aufgrund solcher Differenzierungen. Ihm ging es stets weniger um ein theoretisches Konzept, durchgängig dagegen um praktisch-politische Handlungsmodelle.[50] Wirklich verständlich werden Stoeckers wechselnde und durchaus auch widersprüchliche antisemitische Stellungnahmen deshalb erst, wenn man sie im Kontext des von ihm vertretenen politischen Protestantismus betrachtet.

Stoecker hat den modernen Antisemitismus natürlich nicht erfunden.[51] Er hat ihn, nach dem Börsenkrach und der Krise des Liberalismus in den späten siebziger Jahren, auch nicht als erster politisch zu nutzen versucht.[52] Stoecker wandte sich diesem Thema vielmehr erst nach der »konservativen Kehre« Bismarcks in der deutschen Innenpolitik zu, nun freilich ebenso intensiv wie dauerhaft.[53] Die politische, wirtschaftliche und nicht zuletzt ideologische Krise des Liberalismus begriff Stoecker als die Bestätigung langgehegter Überzeugungen, war für ihn jedoch jetzt eindeutig und vor aller Augen bewiesen, daß dieses Modell in die Katastrophe führen mußte. Daß erhebliche Teile der Bevölkerung jetzt genauso dachten, belegt sicherlich die sehr begrenzte Verankerung des liberalen Gedankengutes in Deutschland. Freilich ist daran zu erinnern, daß auch dieser Liberalismus keinen ideologischen Pluralismus kannte.[54] Mit demselben Anspruch, alle politischen und gesellschaftlichen Probleme lösen zu können, ging nun der Konservatismus dauerhaft – und bis zum Ende des Kaiserreichs erfolgreich – zum Angriff über.

Dabei wandelte sich allerdings auch dieser Konservatismus. Der kleine Mittelstand bis hinunter zu den Bauern war durch die Industrialisierung und vollends die Wirtschaftskrise in Unruhe und Bewegung geraten.[55] Not und soziales Elend, Unzufriedenheit und Orientierungslosigkeit, Angst und Wut, gespeist nicht zuletzt von der Auflösung tradierter Normen und Autoritäten, hatten eine bis dahin unbekannte Politisierung dieser Schichten zur Folge.[56] Diese Menschen suchten nach Führergestalten, deren Autorität und Weisungen sie sich überlassen konnten. Und sie fanden diese nicht zufällig in den antisemitischen Agitatoren, schienen sie doch begreifbar zu machen, woher alles das kam, worunter man litt. Der Antisemitismus gewann so in diesen Bevölkerungskreisen den Rang einer Gesellschaftstheorie, anhand derer man sich schlicht orientieren konnte über das, was gut und was böse war.

Der politische Konservatismus verstand es, diese Bewegung an sich zu binden und zu benutzen.[57] Dabei veränderte er sich, wie gesagt, selbst. Weil die beginnende Politisierung der Bauern und des unteren Mittelstands die Auflösung oder zumindest Erweichung der traditionellen Gesellschaftsordnung und der damit verbundenen Mentalität zur Voraussetzung hatte, genügte die altkonservative Politik, die auf die Verteidigung der eigenen elitär-aristokratischen Vorrechte konzentriert war, allein nicht mehr. Man mußte nun Massen gewinnen und insofern mit partiell revolutionären Kräften kooperieren. Die antisozialistischen, antiindustriellen und insgesamt vormodernen ideologischen Leitbilder und politischen Zielsetzungen galt es, breitenwirksam darzustellen.[58] Dazu diente einerseits ein massiver integraler Nationalismus und andererseits, aufs engste hiermit verkoppelt, ein demagogisch genutzter Antisemitismus.[59] Die wirtschaftliche und soziale Situation der Schichten, die sich in den achtziger Jahren in Deutschland zu artikulieren und zu sammeln versuchten, war viel zu heterogen und insofern zu widersprüchlich, als daß sie sich mit einigen einfachen Maßnahmen hätte bessern lassen. Vorzüglich bündeln ließ sich diese auseinanderstrebende Vielfalt dagegen durch antisemitische Demagogie. So ist es denn auch kein Zufall, daß dieser Antisemitismus gegen Ende des 19. Jahrhunderts – keineswegs nur in Deutschland, sondern ebenso etwa auch in Frankreich – geradezu »ein kultureller Code«, ein Zeichen der Zugehörigkeit zur politischen Rechten geworden war.[60]

In diesem Kontext agierte Stoecker. Auch er wollte die in Bewe-

gung geratenen Massen an sich ziehen, indem er ihnen eine Orientierung offerierte, in der sich konservative und moderne, christliche,
nationale und antisemitische Elemente mischten. So proklamierte er
einen politischen Protestantismus, der auf die Einheit und Geschlossenheit und gleichzeitig die Rechristianisierung der Gesellschaft zielte, die er im Bunde mit dem politischen Konservatismus dahingehend
durchzusetzen hoffte, daß die geistige und kulturelle Führungsposi-
tion des Protestantismus unter der Leitung der evangelischen Kirche
erneut stabilisiert würde.

Die Konservativen vermochte Stoecker jedoch nicht wirklich zu
gewinnen. Und noch weniger ließen sich die radikalen Antisemiten
auf diesen Kurs festlegen. Sie drängten, trotz Stoeckers Werben,[61]
über dieses Konzept hinaus und attackierten bald nicht nur die
Konservativen, sondern auch das Christentum.[62] Dagegen mußte
Stoecker Front machen. Insofern trägt sein Antisemitismus betont
konservative Züge.[63] Er blieb eingebunden in die politischen und
sozialen Ordnungen des Kaiserreichs. Diese Gesellschaft durchdrang
er allerdings in hohem Maße, zusammen mit dem von Treitschke
verkündeten Antisemitismus,[64] bei dem Christentum und Kirche
freilich bezeichnenderweise eine erheblich geringere Rolle spielten als
bei Stoecker.

III

Die Wirkungen des »Hofpredigers aller Deutschen« – wie seine
Freunde die Bezeichnung »Hofprediger a.D.« aufzulösen liebten – auf
die nachfolgende Generation waren enorm, außerhalb und vor allem
innerhalb der evangelischen Kirche.[65] Berücksichtigt man, daß die
jungen Menschen, die durch Stoecker in den neunziger Jahren entscheidende Anstöße und nicht selten eine lebenslange Prägung erhielten, in der Zeit der Weimarer Republik nicht nur im besten Mannesal-
ter, sondern häufig auch in führenden Positionen standen, erhöht sich
das Gewicht seines Einflusses.

Freilich, dieser darf auch nicht übertrieben werden. Blickt man
zunächst einmal über den kirchlichen Bereich hinaus, wird das
sogleich deutlich: An der Entwicklung der konservativen Partei, des
Vereins deutscher Studenten (VdSt) sowie des Deutschnationalen
Handlungsgehilfen-Verbandes (DHV) läßt sich gut ablesen, daß

Stoecker zwar in der Lage war, der Durchsetzung des Antisemitismus in diesen mittelständischen Kreisen Tor und Tür zu öffnen, daß er aber nicht fähig war, seine damit verbundenen konservativ-christlichen Vorstellungen dauerhaft durchzusetzen. Konnte Hellmut von Gerlach im Blick auf die Anfangsjahre des Vereins noch urteilen:»Hofprediger Stoecker und Professor von Treitschke waren die beiden Götter des V. d. St.«,[66] trat Treitschke bald zunehmend in den Vordergrund, und seit den neunziger Jahren deckte ein imperialistischer Nationalismus alle anderen Zielsetzungen fast völlig zu.[67] Dasselbe Bild bietet die Geschichte des DHV.[68] Zu seinen Gründungsvätern in Hamburg gehörte ein Stadtmissionar, der zunächst unabhängig von Stoecker, aber im gleichen Geist wie dieser ein religiös-soziales Engagement mit einer massiven antisemitischen Frontstellung verband. Die neue Generation, darunter der Sohn jenes Stadtmissionars Irwahn, konnte bald mit der christlich-konservativen Zielsetzung nichts mehr anfangen. Deutsch und christlich gehörten für sie nicht länger selbstverständlich zusammen. Infolgedessen dominierte um die Jahrhundertwende auch in diesem Verband ein imperialistischer Nationalismus mit betont antisemitischen Zügen. Systematisch wurden die Handlungsgehilfen durch die umfassende Bildungsarbeit des DHV in diesem Sinn informiert und eindeutig auch geprägt.

2. So aktiv und breitenwirksam Stoecker aber auch als Politiker und Agitator war: in erster Linie hat er sich doch als Prediger und Mann der Kirche verstanden – und dementsprechend gewirkt.[69] Auf ihre innere und äußere Erneuerung zielte sein Rechristianisierungsprogramm. Aber auch die Eigenart seiner Verbindung von nationalen und antisemitischen Elementen, von protestantisch-christlichen und konservativen läßt vermuten, daß Stoecker im kirchlichen Raum den breitesten Widerhall und die ungebrochenste Fortsetzung seines Konzepts mitsamt seinem Antisemitismus gefunden hat. So war es in der Tat.

In einem Vortrag vor der Christlich-sozialen Partei hat Stoecker 1881 einmal hoffnungsvoll auf die heranwachsende Generation verwiesen und ausgerufen:»Lassen Sie uns nur zehn Jahre arbeiten, und diese Männer stehen im Amte, auf der Tribüne der Volksversammlung und des Parlaments!«[70] Unser Überblick hat gezeigt, das Stoeckers Gedankengut, trotz der Begeisterung, mit der es gerade junge Menschen aufnahmen, doch nicht einfach ungebrochen in seinem Sinn weitergetragen wurde. Wohl aber war das weithin der Fall in der jungen Pfarrerschaft. »Niemand hat so nachhaltig wie er den theologischen Nachwuchs beeinflußt und auf Jahrzehnte hinaus geprägt«, urteilte unmittelbar nach Stoeckers Tod der Greifswalder Theologieprofessor Johannes Haußleiter;[71] und der angesehene und einflußreiche Berliner Theologe Reinhold Seeberg schrieb 1891 im Rahmen einer Würdigung der Verdienste Stoeckers: »Er ist der mächtigste kirchliche Führer für die Pastoren«.[72] Das war weder übertrieben noch ein Zufall. Denn zum einen sind die Wirkungen des Hofpredigers a. D. nicht nur auf die Zielsetzungen führender kirchlicher Gestalten in der Zeit der Weimarer Republik oder auch die kirchliche Presse jener Jahre unübersehbar, sondern ebenso auf die Arbeit evangelischer Jugendvereine,[73] der Inneren Mission,[74] sowie mancher Pfarrvereine.[75] Um diesen breiten Erfolg zu verstehen, genügt der Hinweis auf den Volkstribunen und antisemitischen Agitator nicht. Vielmehr muß man sich vor Augen führen – und das ist das Andere – , daß Stoecker dem deutschen kirchlichen Protestantismus ein Konzept offerierte, das auf die Zusammenfassung und Integration aller wahrhaft deutschen, nationalen und konservativen Kräfte unter der Führung der evangelischen Kirche zielte. Die Bereitschaft zu sozialen Reformen auf christlicher Grundlage gehörte ebenso dazu wie dann auch die Frontstellung gegenüber allen denen, die dieses Wertesystem nicht akzeptierten oder sogar attackierten.

Dieses kirchliche Integrationsmodell erwies sich als so stabil, daß es nicht nur die Krise des Verbots des sozialen Engagements junger Pfarrer durch den EOK in Berlin und in anderen deutschen Landeskirchen nach 1895 überdauerte,[76] sondern auch den Schock des nationalen Zusammenbruchs 1918 mitsamt dem Ausscheiden des Staates aus dieser Kooperation mit der Kirche; ja in gewisser Weise überdauerte Stoeckers volkskirchliches Modell sogar die Katastrophe des Jahres 1945. Das ist alles andere als ein Zufall. Denn es waren eben weithin von Stoecker geprägte Männer, die die Geschicke der Kirche auch nach 1945 noch leiteten! – Das soll abschließend an drei Gestalten exemplarisch aufgewiesen werden: Theophil Wurm, Hans Meiser und Otto Dibelius – die nicht zufällig dann alle Bischöfe wurden!

3. Wurm hat sich sein Leben lang als Anhänger Stoeckers verstanden und selbst nach 1945 wiederholt auf dessen große Bedeutung für die Kirche hingewiesen.[77] Die Verbindung von protestantischem Konservatismus und Nationalismus war für Wurm ebenso kennzeichnend wie das Drängen auf eine gesellschaftlich aktive und vor allem in

sozialer Hinsicht engagierte Kirche.[78] Getragen von der Überzeugung, daß das deutsche Volk nur dann eine Zukunft habe, wenn es diese Werte bewahre, wandte er sich vehement gegen die Juden, in denen er – zusammen mit den Marxisten – die gefährlichen Gegner Deutschlands und des Christentums sah. So konnte er 1938 schreiben: »Ich bestreite mit keinem Wort dem Staat das Recht, das Judentum als ein gefährliches Element zu bekämpfen. Ich habe von Jugend auf das Urteil von Männern wie Heinrich von Treitschke und Adolf Stoecker über die zersetzende Wirkung des Judentums auf religiösem, sittlichem, literarischem, wirtschaftlichem und politischem Gebiet für zutreffend gehalten und vor dreißig Jahren als Leiter der Stadtmission in Stuttgart gegen das Eindringen des Judentums in die Wohlfahrtspflege einen öffentlichen und nicht erfolglosen Kampf gekämpft.«[79] In einem anderen Zusammenhang wies Wurm darauf hin – und deutete darin die Verknüpfung auch seines Antisemitismus mit dem alten christlichen Antijudaismus an – , daß Aufklärung und Freisinn die Verantwortung für die »unerträgliche Vorherrschaft des Judentums« trügen, nicht die »gläubigen kirchlichen Kreise«, die vielmehr im Gefolge des »evangelischen Theologen Adolf Stoecker« bereits seit Jahrzehnten entschlossen dagegen angekämpft hätten.[80] Wurm reproduzierte mit alledem eindeutig Stoeckers Konzept. Das Ziel war auch für ihn die Rechristianisierung der Gesellschaft,[81] deren negative Folie der Antisemitismus bildete.

Meiser war nicht so unmittelbar von Stoecker beeinflußt, ihn hatte vielmehr die Arbeit als Vereinsgeistlicher der Inneren Mission in Bayern und damit diese gesamte Tradition, von Wichern an, geprägt. Aber dazu gehörte natürlich die Zielsetzung des Berliner Hofpredigers, im Negativen wie im Positiven, in besonderer Weise. Meiser war ein bewußter konfessioneller Lutheraner, entschieden national gesinnt, betont konservativ, und selbstverständlich stand er politisch rechts. Was ihn jedoch von vielen ähnlich gestimmten Zeitgenossen, auch in der Kirche, unterschied und ihn prinzipiell an die Seite Wurms und dann vor allem von Dibelius rückte, war seine Überzeugung, daß die Kirche mitsamt den von ihr vertretenen Ordnungen und Werten wieder eine öffentliche Macht in Deutschland werden müsse, weil das Volk nur dadurch gesunden könne. Von Dibelius[82] hatte Meiser die Auffassung übernommen, daß die Kirche nach dem Ende des »christlichen Staates« genötigt sei, für die Geltung und Durchsetzung der christlichen Gesellschaftsordnung einzutreten und notfalls zu kämpfen. Ganz im Sinne und sogar in der Diktion von Dibelius hieß das: »Das Leben unseres ganzen Volkes ist an seiner Wurzel bedroht. Die Mächte, die bisher dem Verderben steuerten, sind machtlos geworden. Der christliche Staat, der von Chlodwig bis 1918 reicht, ist zu Ende. Der Staat ist jetzt grundsätzlich religiös neutral und rein weltlich orientiert ... Er ist ein Spielball herrschender Majoritäten geworden. Es gibt heute nur noch einen Halt im Chaos aller sittlichen Begriffe, das ist die Kirche. Und sie hat ihre Aufgabe erkannt.« Diese Gedanken äußerte Meiser 1929 in einem programmatischen Artikel mit der Überschrift »Die Kirche der Zukunft«.[83] Und folglich mußte die Kirche in die Öffentlichkeit vorstoßen. Das aber bedeutete für Meiser vor allem: sie mußte Volksmission treiben. Wieder und wieder unterstrich, variierte und wiederholte er diesen Gedanken, bis in die Anfangjahre des »Dritten Reiches« hinein, in großer Bereitschaft zur Kooperation mit den Deutschen Christen.[84] Dahinter stand die Überzeugung, daß es möglich sei, durch Volksmission und lebendige Gemeinden eine christliche Volksgemeinschaft realisieren zu können. »Wir müssen in der Kirche ein rechtes Gemeinschaftsleben haben, um von da dann auch das Volksleben neu aufbauen zu können«, schrieb Meiser 1927.[85] Auf diesem Hintergrund entfaltete Meiser 1926 seine Einstellung gegenüber den Juden.

Der Artikel über »Die evangelische Gemeinde und die Judenfrage«[86] wollte zur Klärung des Problems beitragen und Orientierungshilfen geben. Das ist kaum gelungen. Meisers Ausführungen spiegeln vielmehr exakt die Schwierigkeiten einer Kirche, die das Evangelium verkündigen wollte und trotzdem am Antijudaismus und Antisemitismus festhielt; die sich den Völkischen verbunden wußte, aber deren Rassismus und vor allem die Verwerfung des Alten Testaments nicht mitmachen konnte. So setzte Meiser zwar beim Rassegedanken an und betonte: »Unter den Gesichtspunkt des Rassenkampfes ist auch die Judenfrage zu rücken«.[87] Aber dann folgte die klare Eingrenzung: »Nur darf freilich die Betonung des Rassengegensatzes nicht in den Rassenmaterialismus ausarten«. Und wenige Zeilen weiter wurde der gesamte Rassismus mindestens relativiert, wenn statt des Judenpogroms die Judenmission gefordert wurde, »weil in ihr die Kraft liegt, die Juden rassisch zu veredeln«.[88] Meiser konnte schließlich sogar erklären: »Der Kampf gegen das Judentum hat unter uns solche Formen angenommen, daß alle ernsten Christen förmlich genötigt sind, sich schützend vor die Juden zu stellen, damit nicht der christliche Name vor aller Welt verunglimpft werde.«[89] Den von Gott Verfluchten sollten die Christen in Liebe begegnen.[90] Aber was Meiser im gleichen Artikel an bösartigen antisemitischen Stereotypen zusammenstellte, widersprach eindeutig diesem Grundsatz. Da wurde behauptet, die Juden hätten sich durch ihre »Rücksichtslosigkeit und Skrupellosigkeit« bereits »den Löwenanteil an unserem Volksvermögen gesichert«; wirtschaftlich und politisch sei eine »ungeheure Macht hier in einigen wenigen Händen zusammengeballt«.[91] Vor allem aber attackierte Meiser den Einfluß des »jüdischen Geistes« auf das deutsche kulturelle Leben. Dieser Geist, erfährt der Leser, zerfrißt und löst auf, sündigt am Volk, treibt ein »furchtbares Unwesen« in der Presse,[92] weht dem Betrachter »wie ein erstickender Brodem« entgegen.[93] Alles, was echt, gut, deutsch, innerlich und idealistisch ist, wird hier systematisch vernichtet. Die Folgerung daraus kann dann nur lauten: »Gegen diese Art der ›Verjudung‹ unseres Volkes können wir nicht energisch genug ankämpfen.«[94] Das bedeutet konkret: Gefordert ist einerseits die Besinnung der Deutschen auf ihr eigenes nationales Wesen, auf ihre wahren Traditionen; und andererseits eine zumindest teilweise Zurücknahme der Emanzipation im Sinne der Zurückdrängung der Juden aus dem öffentlichen Leben.

Noch deutlicher läßt sich diese Einstellung bei Dibelius beobachten. Stoecker hatte auf ihn als jungen Menschen einen außerordentlichen Eindruck gemacht und ihn lebenslang geprägt.[95] Vor allem übernahm Dibelius von dem Hofprediger das Konzept des »christlichen Staates«, das er dann ebenso energisch wie unbeirrbar jahrzehntelang verfolgte.[96] Da dem »religionslosen« Staat der Weimarer Republik alle Voraussetzungen fehlten, um dieses Modell zu verwirklichen, das angesichts der politischen und gesellschaftlichen Realitäten des Kaiserreichs entwickelt worden war, proklamierte Dibelius die Übernahme wesentlicher staatlicher Aufgaben im Bereich der Sittlichkeit und Kultur durch die Kirche. Zusammengefaßt hat er diese Gedanken erstmals 1926 in seinem Aufsehen erregenden Buch »Das Jahrhundert der Kirche«.[97] Zwei Gesichtspunkte darin sind für unseren Zusammenhang wichtig. Zum einen der geradezu emphatische Lobpreis der Freiheit der Kirche von der staatlichen Bevormundung, so daß sie sich selbst organisieren und eigene Wege gehen könne;[98] zum andern das leidenschaftliche Drängen darauf, verbunden mit einer starken Siegeszuversicht, daß diese Kirche nun ihre entscheidende Aufgabe darin sehen müsse, »Lebensform« und »Heimat« zu sein. »Sie muß selbst

Lebensform sein, eine Heimat für den ganzen Menschen und für sein gesamtes Leben, eine Lebensform, die als solche selbständig ist, nach eigenen Gesetzen lebt und auf ihrem eigensten Gebiet für andere Formen nicht Raum läßt.«[99] Die darin angedeutete Abgrenzung nicht einfach nur gegenüber dem Staat, sondern gegenüber diesem Staat der Demokratie und des Parlamentarismus, hat Dibelius dann in einem seiner vertraulichen Rundbriefe an die Pfarrer der Kurmark besonders deutlich markiert: »Wir dürfen die Augen nicht mehr davor verschließen: im öffentlichen Leben unseres Volkes, soweit es vom modernen Staat bestimmt oder kontrolliert wird, hat der christliche Glaube keine Heimat mehr! Und er muß doch eine Heimat haben! ... Es gibt nur einen Weg aus dieser Not heraus: die Kirche muß dem christlichen Glauben die Heimat wieder schaffen, die mit dem christlichen Staat verloren gegangen ist! Die Kirche als selbständige Lebensform! ... Nicht um für immer einen Staat im Staate zu schaffen, sondern um festen Boden unter den Füßen zu haben für die Aufgabe, im Leben der Nation die christlichen Maßstäbe wieder zur Geltung zu bringen!«[100]

Sicherlich ging es dabei, modern ausgedrückt, auch um die Schaffung eines sozialen Milieus zur Stabilisierung der religiösen Existenz des einzelnen und seiner Gruppe. Aber die Intention von Dibelius ging unverkennbar weiter. Er wollte die Kirche – als Volkskirche, wie er nicht müde wurde zu betonen – als Gegenburg gegen die moderne Industriegesellschaft und die von daher konzipierte parlamentarische Demokratie errichten.[101] In dieser Volkskirche sollten deshalb jene Werte und Normen dominieren, die im herrschenden staatlichen System keinen Raum mehr hatten und die Dibelius in der Aufnahme eines romantischen Konservatismus pries: Ganzheit und Seele, Heimat und christliche Bindungen, Volkstum, Vaterland und nationales Bewußtsein. Nicht zufällig sprach er dann auch, in der Aufnahme völkischer Zielsetzungen, von der »Schicksalsgemeinschaft«, in der die Kirche mit dem deutschen Volk stehe und innerhalb derer sie ihre Botschaft zu verkündigen hätte. »Wir können uns nicht lösen aus der Schicksalsgemeinschaft, in die wir mit den anderen zusammengebunden sind. Diese Schicksalsgemeinschaft dem Willen Jesu zu unterwerfen, ist unsere Aufgabe, die ebenbürtig neben die Missionsaufgabe an den Einzelnen tritt.«[102]

Es fällt nicht schwer zu erkennen, daß auch dieses weitgespannte Rechristianisierungsprogramm auf Fiktionen basierte – wie es bereits bei Stoecker der Fall gewesen war. Zwar wurde Dibelius nicht müde, immer wieder den Aufbruch der Kirche in eine neue Epoche zu beschwören und auf die großen Erwartungen hinzuweisen, die diese Kirche bereits geweckt habe.[103] Doch Dibelius übersah dabei durchgängig, daß sein Konzept der Volkskirche mitsamt dem von ihm proklamierten konservativen nationalen und christlichen Wertemuster nicht nur auf einer begrenzten sozialen Schicht basierte, sondern diese Eingrenzung und Einengung auch noch massiv förderte. Wie wenig Dibelius in der Lage war, diesen Zusammenhang zu sehen, kommt in seiner These zum Ausdruck, die Kirche stelle die »Macht der Versöhnung« dar.[104] Gegenüber dem Einwand von Heinrich Vogel, wo bei diesem Ansatz denn »die christliche Solidarität mit dem Gottlosen«[105] bliebe, antwortete Dibelius zum einen, für ihn sei »der Prüfstein für alles, was von der Kirche gesagt wird, ob es die Freudigkeit zur Kirche lähmt oder stärkt«;[106] und zum andern, daß es angesichts der Offenbarung Gottes notwendig zur Scheidung der Geister kommen müsse. Das aber bedeutete, angesichts der Realität der Volkskirche: »dann aber wird man zum Kampf der Christenheit gegen die Christusfeinde, zum Kampf des Glaubens gegen den Unglauben, zum Kampf der Kirche gegen die organisierte Gottlosigkeit geführt. Gegen, gegen und zum dritten Male gegen, im Gehorsam gegen das klare Wort des Herrn!«[107] Damit war freilich auch der Absolutheitsanspruch dieses volkskirchlichen Konzepts gegenüber allen Alternativen formuliert. Entweder reihte man sich in diese Schlachtordnung ein – oder man stand auf der anderen Seite, im Lager der Gegner.

Die Juden standen natürlich dort, bei den Gegnern, davon war Dibelius, im Gefolge von Stoecker, von früh an überzeugt.[108] Diese Auffassung hat Dibelius dann auch in verschiedenen Artikeln im »Berliner Evangelischen Sonntagsblatt« beredt zum Ausdruck gebracht.[109] Seine grundsätzliche Stellungnahme zu diesem Thema schrieb er 1928 in der Auseinandersetzung mit der völkischen Bewegung nieder – wobei sein romantischer Konservatismus erneut deutlich hervortrat: »Ich habe mich trotz des bösen Klanges, den das Wort vielfach angenommen hat, immer als Antisemiten gewußt. Man kann nicht verkennen, daß bei allen zersetzenden Erscheinungen der modernen Zivilisation das Judentum eine führende Rolle spielt. Die Pflege des Volkstums, in das uns Gott hineingestellt hat, die Stärkung des Heimatgefühls, eine neue Verwurzelung in die [!] Scholle und eine bewußte Abkehr von der modernen Asphaltkultur – das sind die Ziele, für die sich jede evangelische Kirche mit Bestimmtheit einsetzen wird!«[110] War Dibelius hier bereit, den Vorstellungen der Völkischen und dann 1930 der Nationalsozialisten[111] erheblich entgegenzukommen, weil da zumindest partiell auch seine Überzeugungen ausgesprochen wurden, so war für ihn die eindeutige Grenze stets da gezogen, wo man sich vom Christentum löste, d. h. sich nicht mehr dem sittlichen Urteil der Kirche unterstellte.[112]

IV

Man hat Stoecker als den »Apostel« der evangelischen Kirche in der Zeit der Weimarer Republik bezeichnet.[113] Sicherlich greift dieses Wort zu hoch. Aber daran kann kein Zweifel bestehen, daß er in jenen Jahren eine nicht nur hoch gerühmte, sondern vor allem eine überaus einflußreiche Autorität war. Das gilt zunächst einmal für den von ihm propagierten Antisemitismus. Indem Stoecker den alten Antijudaismus mit dem modernen Antisemitismus verband und zumindest eine gewisse Offenheit für den Rassenantisemitismus zeigte, ermöglichte er seinen Nachfahren, vielfältige Auffassungen, Emotionen und Überzeugungen in die gesteigerte Aversion erheblicher Teile der Gesellschaft gegen die Juden in den folgenden Jahrzehnten einzubringen. Wesentlich war auf jeden Fall Stoeckers Beitrag zur »Modernisierung« des traditionellen Antijudaismus innerhalb der evangelischen Kirche. Damit trug er entscheidend dazu bei, ein negatives Identifikationsmuster zu schaffen, eine hochgradig emotional besetzte Illustration für alles das, was man in diesen konservativen kirchlichen Kreisen fürchtete und verabscheute.

Autorität war Stoecker aber auch und erst recht für das, womit man sich hier positiv identifizierte, insbesondere also für sein Konzept von Kirche und Gesellschaft. Daß alle echten und guten Werte im Christentum gründeten, galt in diesem kirchlichen Lager als ebenso selbstverständlich wie die Behauptung, daß allein die Kirche wahre Sittlichkeit ermögliche und bewahre. Bei alledem ging es stets zumindest auch, wenn nicht sogar vornehmlich, um die Absicherung und Verteidigung eines kulturell und politisch weitgehend vorindustriellen Wertemusters, das den tiefsten Überzeugungen dieser konservativen christlichen Gruppen entsprach. Das Drängen auf nationale, kulturel-

le und religiöse Geschlossenheit, mit dem Stoecker ebenfalls vorange-
gangen war, bringt diese Sehnsucht und die dahinter stehende Verun-
sicherung treffend zum Ausdruck. Die eifrigen Bemühungen um eine
Rechristianisierung der Gesellschaft, um Volksmission und die Volkskirche waren umgekehrt aufgrund solcher ideologischen Voraussetzungen von Anfang an massiv blockiert. Nicht zufällig konnten diese
Anstrengungen darum auch faktisch kaum über die Sammlung und
Stabilisierung von Gleichgesinnten hinausgelangen. Die Kirche wurde
somit zu einer Partei neben anderen – freilich zu einer der für die
Weimarer Republik so typischen Weltanschauungsparteien, bean-
spruchte diese Kirche doch nach wie vor die alleinige Führung auf dem
sittlich-kulturellen Gebiet.

Das von Stoecker entworfene und seinen Anhängern übermittelte
negative wie positive Identifikationsmuster hinderte diese kirchlichen
Kreise grundsätzlich, sich positiv auf die Voraussetzungen der modernen Industriegesellschaft einzulassen oder sich auch nur offen damit
auseinanderzusetzen. Daran änderte auch die Tatsache nichts, daß
führende Kirchenvertreter im Laufe der Jahre zu einem modus
vivendi mit dem Weimarer Staat fanden.[114] Eine säkulare und plurale
Gesellschaft war und blieb aufgrund jener national-konservativen
Weltanschauung ein Produkt des Verfalls, der Entartung und hatte
darum letztlich keine Existenzberechtigung. Da die Türen zur politischen Mitte und erst recht weiter nach links aufgrund dieses Ansatzes
verschlossen waren, die Begrenzung und Einengung des eigenen
kirchlichen Lagers aber gleichzeitig unübersehbar wurde, blieb nur
die Öffnung nach »rechts«. Sicherlich gab es hier geistige und politische Affinitäten zu den Völkischen und den Nationalsozialisten. Aber
nicht wenige kirchliche Repräsentanten erkannten durchaus die tiefgreifenden Unterschiede jener Zielsetzungen gegenüber der christlichen Botschaft. Doch diese Differenzen mußten relativiert werden
und zurücktreten, damit man nicht auch diese Kreise noch verlor. So
wurde man schließlich zum Gefangenen des eigenen volkskirchlichen
Konzepts, alternativlos gezwungen, wenigstens danach zu streben,
die nationalsozialistische »Bewegung« sittlich zu vertiefen und christlich zu durchdringen.

Ausdruck derselben Hilflosigkeit war der hier vertretene Antisemitismus. Indem man sich weigerte, die Realitäten, Chancen und
Gefahren der modernen Industriegesellschaft nüchtern zur Kenntnis
zu nehmen, verstellte man sich selbst den Zugang dazu. Die Abschie-

bung der Probleme auf »die Juden«, die angeblich an allem Mißlichen und Widersprüchlichen die Schuld trugen, war zutiefst von Unsicherheit, Erschrecken und Angst geprägt. Zukunftsweisende Lösungen konnten von daher nicht in den Blick kommen. Stattdessen fesselte man sich nur noch bedingungsloser an überholte Ideale, zerfallende Normen und versinkende Traditionen. Daß das Evangelium Freiheit schenkt und die Überwindung von Angst, konnte diese Kirche Außenstehenden jedenfalls nur noch recht begrenzt glaubhaft bezeugen.

Anmerkungen

1 D. v. Oertzen, Adolf Stoecker, Lebensbild und Zeitgeschichte, 2 Bde., Berlin 1910, passim.
2 M. Braun, Adolf Stoecker, Berlin ²1913, S. 116: »Stoecker antisemitische Gesinnung zum Vorwurf machen, hieße an seinem biblischen Glauben zweifeln.« Gewiß, erfahren wir, als »rücksichtsloser Bußprediger« hat Stoecker »auch vor Israel nicht Halt gemacht«. Weiter S. 120: »Nun aber kam das Unglück, daß sich an den begonnenen Kampf Stoeckers eine sogenannte rein antisemitische Bewegung anschloß, eine lieblose Judenhetze, die es nur auf äußere Erfolge, Beifall bei der Menge und geschäftliche Schädigung der Juden absah«. Was an fragwürdigen Äußerungen Stoeckers gleichwohl nicht übersehen werden kann, war dann schließlich Notwehr in »dem furchtbar ungleichen Kampfe, den die gewaltige internationale Großmacht gegen einen in seinem besten Wissen und Gewissen beständig ins Unrecht gesetzten einzelnen Mann führte«, S. 123.
3 Ich nenne nur, ohne Anspruch auf Vollständigkeit, folgende Bände: Den Armen wird das Evangelium gepredigt (1886), Berlin ⁵1900; O Land, höre des Herrn Wort (1885), Berlin ⁵1892; Wandelt im Geist! (1888), Berlin ³1890; Eins ist not (1884), Berlin ⁶1898; Das Salz der Erde, Berlin 1892. – Zum Vergleich: Stoeckers meistzitiertes Buch von 1884, Christlich-Sozial. Reden und Aufsätze, erlebte nur eine 2. Auflage: Berlin 1890.
4 Ich konzentriere mich dafür auf die Bände: Eins ist not, zit.: Eins; sowie: Das Salz der Erde, zit.: Salz, jeweils a. a. O..
5 Eins, S. 15; Salz, S. 180.
6 Eins, S. 95 f, S. 214; Salz, S. 180.
7 Eins, S. 17 f, S. 44 ff, S. 57, S. 409 f.
8 Salz, S. 101.
9 Ebd., S. 193.
10 Ebd., S. 259.
11 Ebd., S. 324.
12 Ebd., S. 383.

13 Vgl. dazu etwa L. Poliakov, Geschichte des Antisemitismus Bd. 2, Worms 1978; H. A. Oberman, Wurzeln des Antisemitismus, Berlin 1981.

14 Salz, S. 111.

15 Ebd., S. 398.

16 In: Christlich-sozial. Reden und Aufsätze, Berlin ²1890, (zit.: CS), S. 359–369.

17 W. Jochmann, Stoecker als nationalkonservativer Politiker und antisemitischer Agitator, in: G. Brakelmann/M. Greschat/W. Jochmann, Protestantismus und Politik. Werk und Wirkung Adolf Stoeckers, Hamburg 1982, S. 148.

18 CS, S. 437; ebenso S. 382, S. 421.

19 »Was wir in Berlin bekämpft haben und bekämpfen mußten, ist nicht der jüdische Reichtum, sondern es ist die jüdische Übermacht, wie sie ja auch an vielen andern Orten unsres deutschen Vaterlandes auftritt, uns in unsrer christlichen Entwicklung hindert und auch die notwendigen Reformen hemmt.« Vortrag vom 1. April 1881 in Stuttgart: »Christlich-konservative Ziele für die Gegenwart«, zit. CS, S. 259.

20 Ebd., S. 456.

21 Ebd., S. 105.

22 Ebd., S. 209, S. 441.

23 Ebd., S. 89 f.

24 Ebd., S. 423. Ebenso S. 457.

25 Vgl. etwa seine Rede vom 3. März 1882: »Das Judentum im öffentlichen Leben, eine Gefahr für das Deutsche Reich«, in: CS, S. 419–426.

26 CS, S. 347

27 Ebd., S. 44, S. 95, S. 105 u. ö..

28 Ebd., S. 103, S. 112, S. 137 u. ö..

29 »Die Bedeutung der christlichen Weltanschauung für die brennenden Fragen der Gegenwart«, in: CS, S. 260–274.

30 Ebd., S. 261.

31 Ebd., S. 367.

32 So z. B. ebd., S. 44, S. 95, S. 102, S. 291 u. ö..

33 Ebd., S. 399.

34 Ebd., S. 368 f.

35 Ebd.

36 Vgl. dazu M. Greschat, Adolf Stoecker und der deutsche Protestantismus, in: G. Brakelmann/M. Greschat/W. Jochmann, a. a. O., S. 19–83.

37 Vgl. z. B. CS, S. 360, S. 378, S. 382. Diese auch sonst in konservativen Kreisen verbreitete Argumentationsweise war ebenso einfach wie enthüllend: stand jenes orthodoxe Judentum doch der Emanzipation gleichgültig, wenn nicht sogar ablehnend gegenüber; vgl. M. Lamberti, Liberals, Socialists and the Defence against Antisemitism in the Wilhelminian Period, in: Leo Baeck Institute Yearbook 25 (1980), S. 147–162, bes. S. 160. Allgemein: M. Breuer, Jüdische Orthodoxie im Deutschen Reich 1871–1918. Sozialgeschichte einer religiösen Minderheit, Frankfurt 1986.

38 »Und unfruchtbar ist es wirklich, überall nur der Schatten der christlichen Kirche, in deren Bereich es sich findet: in Deutschland aufgeklärt und in

Parteien zerrissen, in den romanischen Ländern zwischen dem strengsten Talmudismus und dem Unglauben geteilt, bei den slavischen Nationen in Formeln erstarrt und wieder von wilder Begeisterung ergriffen, unter dem Halbmond entgeistet und verwesend wie der Islam selbst. Das ist das Bild des Judentums auf Erden. Ohne jede religiöse Schöpferkraft lebt es nur von seinen Einbildungen,« in: CS, S. 363. Ähnlich ebd., S. 409, S. 420, S. 424, S. 438.

39 Vgl. z. B. ebd., S. 12, S. 431.

40 Ebd., S. 359–369. Zum Wahrheitsmoment in dieser Argumentation vgl. F. Stern, Die Last des Erfolgs. Gedanken zum deutschen Judentum, in: Festschrift für K. D. Bracher, Düsseldorf 1987, S. 95–108; differenzierter – am Beispiel von Naturwissenschaften – S. Volkov, Soziale Ursachen des Erfolgs in der Wissenschaft. Juden im Kaiserreich, in: HZ 245 (1987), S. 315–342.

41 CS, S. 441.

42 Ebd., S. 437.

43 Ebd., S. 381. Ähnlich S. 396, S. 399, S. 421.

44 Grundlegend dazu ist W. Jochmann, a. a. O., bes. S. 156–159; ders., Struktur und Funktion des deutschen Antisemitismus, in W. E. Mosse (Hg.), Juden im Wilhelminischen Deutschland 1890–1914, Tübingen 1976, S. 389–477, bes. S. 425.

45 Ebd., S. 425, Anm. 130.

46 Vgl. dazu P. W. Massing, Vorgeschichte des politischen Antisemitismus, Frankfurt 1959, bes. S. 5 ff; R. S. Levy, The Downfall of the Anti-Semitic Political Parties in Imperial Germany, New Haven/London 1975, bes. S. 19 ff.

47 CS, S. 419–426.

48 Ebd., S. 421.

49 So z. B. H. Greive, Geschichte des modernen Antisemitismus in Deutschland, Darmstadt 1983; aber auch R. Rürup/Th. Nipperdey, Antisemitismus. Entstehung, Funktion und Geschichte eines Begriffs, in: R. Rürup, Emanzipation und Antisemitismus, Göttingen 1975, S. 95–114. Hier bes. S. 100 f.

50 Vgl. dazu die in Anm. 49 und 46 genannte Literatur.

51 Vgl. dazu Anm. 46 sowie M. Zimmermann, Aufkommen und Diskreditierung des Begriffs Antisemitismus, in: M. Büttner (Hg.), Das Unrechtsregime. Festschrift für W. Jochmann, Bd. 1, Hamburg 1986, S. 59–77.

52 Vgl. dazu neben der in Anm. 46 genannten Literatur noch die Überblicke zu den antisemitischen Parteien und der Christlich-sozialen Partei, in: D. Fricke u. a. (Hg.), Lexikon zur Parteiengeschichte, Bd. 1, Leipzig 1983, S. 77–88, S. 440–54.

53 Vgl. M. Greschat, Adolf Stoecker, a. a. O..

54 Daran hat nachdrücklich F. Stern erinnert, Die Last des Erfolgs, a. a. O., S. 99.

55 D. Blackbourn, The Politics of Demagogy in Imperial Germany, in: Past and Present 113 (1986), S. 152–184, bes. S. 159 f.

56 Ebd., S. 164 ff.

57 Grundlegend für diese Zusammenhänge ist nach wie vor H. Rosenberg, Große Depression und Bismarckzeit, Berlin ²1976.

58 R. Rürup, Die ›Judenfrage‹ der bürgerlichen Gesellschaft und die Entstehung des modernen Antisemitismus, in: ders., Emanzipation und Antisemitismus, a. a. O., S. 74–94, hier S. 91.

59 Das hat besonders klar P. W. Massing, Vorgeschichte, a. a. O., herausgebildet.

60 S. Volkov, Kontinuität und Diskontinuität im deutschen Antisemitismus 1878–1945, in: VZG 33 (1985), S. 221–243, hier S. 237.

61 Vgl. etwa seine Äußerung am 4. März 1881: » … Damit will ich zwischen uns und den andern Führern der antijüdischen Bewegung keine Zwietracht säen, sondern ich will es hier nur aussprechen, daß auch die verwandten Bestrebungen dieser Art von dem Gefühl durchdrungen werden müssen: Deutschland muß wieder christlich sein … «, in: CS, S. 105.

62 Vgl. die Darstellungen bei P. W. Massing und R. S. Levy, jeweils a. a. O..

63 Das unterstreicht zu Recht P. W. Massing, a. a. O., S. 96 ff.

64 Vgl. außer der genannten Literatur noch W. Boehlich (Hg.), Der Berliner Antisemitismusstreit, Frankfurt 1965.

65 Dazu W. Jochmann, Stoecker als nationalkonservativer Politiker, a. a. O., S. 162 ff.

66 H. v. Gerlach, Von rechts nach links (1937), Frankfurt ²1987, S. 151.

67 Vgl. K. Maßmann/R. O. Oßwald (Hg.), VDSter. Fünfzig Jahre Arbeit für Volkstum und Staat, Berlin 1931, S. 109 f; wie umstritten Stoeckers christlich-protestantische Grundsätze bald waren, belegt jetzt eindrücklich N. Kampe, Studenten und ›Judenfrage‹ im deutschen Kaiserreich, Göttingen 1988, bes. S. 42 ff.

68 I. Hamel, Völkischer Verband und nationale Gewerkschaft. Der Deutschnationale Handlungsgehilfen-Verband 1893–1933, Hamburg 1967.

69 Vgl. dazu M. Greschat, Adolf Stoecker, a. a. O., S. 20 f.

70 Zitiert bei W. Jochmann, Stoecker, a. a. O., S. 163.

71 Zitiert bei W. Jochmann, Struktur und Funktion, a. a. O., S. 32. Auf die Anziehungskraft, die Stoecker etwa in Württemberg ausübte, verweist H. Hermelink, Geschichte der evangelischen Kirche in Württemberg, Stuttgart 1949, S. 444.

72 Zitiert bei M. Greschat, Adolf Stoecker, a. a. O., S. 21. Ohne Stoeckers Namen zu nennen, reproduzierte R. Seeberg 1923 wesentliche Elemente dieses Programms: Antisemitismus, Judentum und Kirche, in: R. Seeberg, Zum Verständnis der gegenwärtigen Krisis in der europäischen Geisteskultur, Leipzig 1923, S. 100–136.

73 Vgl. W. Jochmann, Stoecker, a. a. O., S. 165; ders.: Struktur und Funktion, a. a. O., S. 440.

74 Dieses Thema bedarf dringend einer gründlichen wissenschaftlichen Untersuchung.

75 Vgl. W. Jochmann, Struktur und Funktion, a. a. O., S. 431.

76 Dazu K. E. Pollmann, Landesherrliches Kirchenregiment und soziale Frage, Berlin 1973.

77 Th. Wurm, Erinnerungen aus meinem Leben, Stuttgart ²1953, S. 54 ff u. ö.;

zur tiefgreifenden Prägung Wurms durch Stoecker vgl. jetzt auch J. Thier-
felder, Es lag wie ein Bann über uns, in: Bl. für Württembg. KG (1987),
S. 446–464.

78 Ebd., bes. S. 208.
79 G. Schäfer (Hg.), Die Evangelische Landeskirche in Württemberg und
der Nationalsozialismus, Bd. 6, Stuttgart 1986, S. 116; zu Wurms Auseinandersetzung mit dem Staat im »Dritten Reich« insgesamt: G. Schäfer/
R. Fischer (Hg.), Landesbischof D. Wurm und der nationalsozialistische
Staat 1940–1945, Stuttgart 1968; zu Wurms antisemitischen Äußerungen
nach 1945 vgl. W. Jochmann, Stoecker, a. a. O., S. 195.
80 G. Schäfer, Landeskirche, a. a. O., S. 267 f.
81 Ebd., S. 1039, in einem Hirtenbrief vom Herbst 1943, in dem sich der
kirchliche Führungsanspruch, das Eingeständnis eigener Fehler und Zivi-
lisationskritik in beeindruckender Weise verbinden.
82 Vgl. dazu unten.
83 In: Evangelisches Gemeindeblatt für München, Nr. 2, 13. Januar 1929,
S. 15.
84 Vgl. für diesen Zusammenhang die materialreiche, leider ungedruckte
Studie von S. Münchenbach, Hans Meiser. Sein kirchliches und politisches
Denken und Handeln von 1911 bis 1945, Nürnberg 1976.
85 H. Meiser, Gegenwartsaufgaben der Kirche, in: Evangelisches Gemeindeblatt für die Gemeinden des Dekanats Altdorf, Nr. 1, 1927.
86 In: Evangelisches Gemeindeblatt Nürnberg, Nr. 33–35, 1926, S. 394–397,
S. 406 f, S. 418 f.
87 Ebd., S. 394.
88 Ebd., S. 406.
89 Ebd., S. 419.
90 Ebd..
91 Ebd., S. 395 f.
92 Ebd., S. 396 f.
93 Ebd., S. 407.
94 Ebd..
95 O. Dibelius, Christ, a. a. O., S. 30 f, S. 58.
96 Ebd., S. 35 f.
97 O. Dibelius, Das Jahrhundert der Kirche (1926), Berlin ⁵1928.
98 Ebd., S. 77.
99 Ebd., S. 87; vgl. auch S. 139 u. ö..
100 Rundbrief Nr. 1, 13. Februar 1928, S. 4.
101 Vgl. dazu K. Nowak, Evangelische Kirche, a. a. O., S. 80 f.
102 O. Dibelius, Jahrhundert, a. a. O., S. 128.
103 Ebd., S. 141, S. 192 u. ö..
104 Ebd., S. 241.
105 Rundbrief Nr. 5, 1. Dezember 1931, S. 1.
106 Ebd., S. 4.
107 Ebd..
108 O. Dibelius, Christ, a. a. O., S. 34.
109 Einzelne Hinweise darauf bei I. Arndt, a. a. O., S. 54, S. 191. Eine detail-

lierte Untersuchung der wöchentlichen Kommentare von Dibelius in der kirchlichen und politischen Presse zum Zeitgeschehen fehlt leider.

110 Rundbrief Nr. 2, 3. April 1928, S. 2 f.
111 Vgl. K. Nowak, Evangelische Kirche, a. a. O., S. 297.
112 So bereits mehrfach in: Das Jahrhundert der Kirche, a. a. O., S. 98 f, S. 235 u. ö..
113 D. R. Borg, The Old-Prussian Church, a. a. O., S. 169.
114 Dieser Gesichtspunkt wurde besonders herausgearbeitet von J. R. C. Wright, Über den Parteien. Die politische Haltung der evangelischen Kirchenführer 1918–1933, Göttingen 1977.

Leonore Siegele-Wenschkewitz

Protestantische Universitätstheologie und Rassenideologie in der Zeit des Nationalsozialismus

Gerhard Kittels Vortrag »Die Entstehung des Judentums und die Entstehung der Judenfrage« von 1936

I

Ehe ich auf die Thematik selbst zu sprechen komme, möchte ich vorab etwas zur Forschungssituation sagen: hinsichtlich der Universitäts-theologie, der Geschichte der deutschen theologischen Fakultäten in der Zeit des Nationalsozialismus besteht eine Forschungslücke.[1] Das ist eine um so bemerkenswertere Tatsache, als es doch über den Kirchenkampf von der Zeit seines Bestehens an ein überaus reiches Schrifttum gibt. Nach 1945 ist dieser Abschnitt der deutschen Kirchen-geschichte zu einem eigenen, außerordentlich umfangreichen wissen-schaftlichen Arbeitsgebiet geworden: schon 1958 bot eine erste Biblio-graphie 6000 Titel aus der Zeit vor und nach 1945 auf. Man wird diese Zahl heute wegen des lebhaften Fortgangs der Forschung um ein Vielfaches höher veranschlagen müssen.[2] So intensiv aber die Kirchen in den letzten Jahrzehnten über ihr Ergehen berichtet, über ihre Entscheidungen und auch Unterlassungen öffentlich zur Rechen-schaft gezogen worden sind und Rechenschaft abgelegt haben, so wenig sind doch in diesen Prozeß der Erforschung, Meinungsbildung und Selbstprüfung die theologischen Fakultäten einbezogen. Beinahe ausschließlich durch mündliche Tradition im akademischen Unter-richt werden plakative Vorstellungen vom Verhalten einzelner Profes-soren vermittelt, wobei man meistens die Personen heroisiert bzw. moralisch disqualifiziert; ein präzises Bild der jeweiligen Fakultät, der Arbeit des Fakultätentags, der einzelnen Lehrpersonen innerhalb und außerhalb der Fakultätskorporation unter dem Titel »Wissenschaft im Dritten Reich« fehlt jedoch.

Ein Grund dafür mag in der Zwitterstellung der theologischen Fakultäten zwischen Staat und Kirche liegen: obwohl die Arbeit der theologischen Lehrer an den Fakultäten auf den Dienst der Kirche bezogen ist, sind sie doch in ihrer ökonomischen und rechtlichen Stellung Staatsbeamte, also dem staatlichen Disziplinarrecht unterworfen, was ihnen der nationalsozialistische Staat auch immer wieder eingeschärft hat. Die Stellung der Theologieprofessoren im oder gegenüber dem Kirchenkampf stand also unter anderen Voraussetzungen als die der Pfarrer oder überhaupt der kirchlichen Amtsträger.

Entscheidender aber für dieses Defizit, daß die Geschichte der theologischen Fakultäten während des Dritten Reichs bisher so unvollkommen aufgehellt worden ist, scheint mir die Tatsache zu sein, daß dieses Kapitel der Geschichte des deutschen Geisteslebens aufs Ganze gesehen kein Ruhmesblatt für den deutschen Theologieprofessor ist. »Es gab 1933 und in den darauf folgenden Jahren ... «, schreibt Karl Barth 1945, »keinen Kampf der deutschen Universitäten und Schulen, der deutschen Rechtsprechung, der deutschen Wirtschaft, des deutschen Theaters und der deutschen Kunst im allgemeinen, der deutschen Armee, der deutschen Gewerkschaften. Es gab viel ehrenvollen Untergang im einzelnen. Jene großen Kreise und Institutionen aber wurden damals im Nu erobert und gleichgeschaltet. Es gab dagegen in jener Zeit schon von den ersten Monaten an einen deutschen Kirchenkampf«.[3] Barths Urteil wird man dahingehend differenzieren können, daß an einzelnen theologischen Fakultäten von einzelnen durchaus auch ein Kirchenkampf geführt worden ist, gerade von den evangelisch-theologischen Fakultäten in Bonn, Marburg, Halle und Königsberg ist uns das bekannt. Wie die Verhältnisse an den anderen Universitäten ausgesehen haben, ist künftigen Untersuchungen vorbehalten.[4] Aber auf die gesamte Dauer des Dritten Reichs gesehen, haben die Theologischen Fakultäten keine Führungsrolle übernommen und vielleicht auch – eben wegen ihrer Einbindung in die staatlichen Universitäten – nicht übernehmen können. Ja, sie haben im Lauf der Zeit so viel Vertrauen bei den sich zur Bekennenden Kirche haltenden kirchlichen Kräften eingebüßt, daß die Bekennende Kirche eigene Kirchliche Hochschulen mit Lehrern ihres Vertrauens eingerichtet hat. Aber selbst die Geschichte dieser Institutionen steckt noch in den Anfängen.[5] Theologische Forschung und Lehre an den Hochschulen während der nationalsozialistischen Zeit gehören also offenbar nicht zum Grundbestand der Geschichtsschreibung über den Kirchenkampf.

Ebensowenig gehört die sogenannte Judenfrage zum klassischen Themenkanon der Kirchenkampfforschung und Kirchenkampfgeschichtsschreibung.[6] Sie ist allerdings ein Thema, das weit – zeitlich wie sachlich – über den Kirchenkampf hinausgreift. Denn eine Judenfrage besteht auf Seiten der Christen, eine Judenfrage werfen Christen auf, seit es das Christentum gibt, und in ihr steht das Gesamte des Christentums in seiner Selbstexplikation im Hinblick auf das Judentum zur Diskussion.

Dabei geht es um folgende Problemfelder:
Wie versteht sich das Christentum gegenüber seiner Mutterreligion? Wie bestimmen christliche Theologie und christliche Lehre ihr Verhältnis zum Judentum, die Kirche zur Synagoge? Wie gehen christliche Theologie und Verkündigung damit um, daß die Heilige Schrift der Juden Teil der christlichen Bibel ist? Haben die christlichen Kirchen je einen positiven Zugang zur Eigenständigkeit jüdischen Glaubens und Lebens finden können?

Damit geht die Judenfrage über die Zeit des Dritten Reichs hinaus und verläßt auch den Rahmen der theologischen Disziplin »Kirchengeschichte«, indem sie ins Zentrum dessen, was Christentum ist, trifft. Das Versagen von Christen und christlichen Kirchen gegenüber den Juden während der nationalsozialistischen Zeit offenbart so nicht eine einmalige »Entgleisung«, sondern ist die (nicht bestandene) Probe auf eine ungeklärte, ganz unzulänglich und einseitig bestimmte Beziehung.

Hinter dem Begriff »Judenfrage«, wie er in der Diskussion des Jahrs 1933 und in der Forschung über die Kirchengeschichte des Dritten Reichs gebraucht wird, verbirgt sich ein vielschichtiges Phänomen. Ich unterscheide drei Dimensionen:

1. Das politische Problem, das von den Nationalsozialisten aufgegriffen und – basierend auf ihrer Rassentheorie – in besonderer Weise zugespitzt worden ist, indem sie die während der Weimarer Republik durch die Weimarer Reichsverfassung völlig gleichgestellten deutschen Juden nun als eine »fremdvölkische Minderheit« unter Ausnahmegesetzgebung stellten und damit aus der »Volksgemeinschaft« ausschlossen. Daraus ergab sich die Frage nach dem Verhältnis von Deutschen und Juden.

2. Für die christliche Kirche ist die Judenfrage ein kontroverstheologisches oder besser ein interreligiöses Problem: sie deutet die

Geschichte des jüdischen Volks und ihre eigene Geschichte in einem anderen Verstehenshorizont, als es das Judentum tut. Sie entwickelt ihr spezifisches Selbstverständnis in Abgrenzung gegenüber dem Judentum. Das hat sie im »christlichen Abendland« mit der Autorität der Staatskirche als herrschende Lehre gegenüber einer religiösen Minderheit tun können. Daraus ergab sich die Frage nach dem Verhältnis von Christen und Juden.

3. Aus der Ausnahmegesetzgebung durch den nationalsozialistischen Staat gegenüber den Juden hat sich für die Kirche das ekklesiologische Problem gestellt, ob sie diese Ausnahmegesetzgebung auch in dem ihrer eigenen Jurisdiktion unterworfenen Bereich anzuwenden habe. Damit ist eine Diskussion über das Selbstverständnis der reformatorischen Kirchen ausgelöst worden. Daraus ergab sich die Frage nach dem Verhältnis von (Heiden-) Christen und Judenchristen in der Kirche.

Obgleich diese drei Komplexe sachlich miteinander in enger Verbindung stehen und erst in ihrer Gesamtheit die Judenfrage im Dritten Reich ausmachen, kennzeichnet es die damalige historische Situation, daß sie doch als einzelne behandelt worden sind. Um so notwendiger ist es, wenn in der kirchengeschichtlichen Forschung über »die Judenfrage« gesprochen wird, deutlich werden zu lassen, was sachlich damit gemeint ist. Meines Erachtens ist hier terminologisch bisher nicht ausreichend differenziert, damit auch der Sachverhalt nicht genügend deutlich geworden. Es muß in aller Klarheit bewußt werden, daß die Diskussion um den sogenannten Arierparagraphen in der Kirche das Gesamte dessen, was unter »Judenfrage« subsumiert ist, nur zu einem geringen Teil berücksichtigt hat.[7] »Was bedeutet der Arierparagraph schließlich für die eigentliche Judenfrage«, fragt Otto L. Elias. Und er antwortet:

»Sehr wenig, denn erstens geht es hier um die Rechte von Menschen, die nicht mehr zum Judentum gehörten; zum anderen hat sich die Bekennende Kirche offiziell niemals gegen den Arierparagraphen als solches also den Arierparagraphen im staatlichen öffentlichen Bereich ausgesprochen: sie war entweder nicht interessiert oder sie hat ihn im außerkirchlichen Raum gebilligt. Schließlich fällt jedem, der die Verlautbarungen genauer liest, auf, daß es hier überhaupt weniger um das Schicksal von Menschen geht, die in Gefahr standen, aus ihrer Gemeinschaft, aus ihrem Beruf ausgestoßen zu werden, als vielmehr um die Reinheit und Aufrechterhaltung elementarer evangelischer Glaubenssätze. Das heißt nun nicht, daß der Betrachter hier destruktive Kritik treiben will. Der Kampf gegen den Arierparagraphen in der Kirche ist bewundernswert wegen der tiefen Glaubensüberzeugung, aus der er erwuchs, und wegen der Furchtlosigkeit seiner Durchführung. Aber ein Eintreten für die nichtarischen Pfarrer war er erst in zweiter Linie, ein Eintreten für jüdische Menschen war er überhaupt nicht.«[8]

Besonders bemerkenswert erscheint mir, daß die kontroverstheologische, interreligiöse Ebene der Judenfrage zumeist ausgeblendet worden ist und ebenso in der Kirchenkampfgeschichtsschreibung heute überwiegend ausgeblendet wird. Während der NS-Zeit hatte sich in dieser Frage ja auch ein breiter Konsens in allen Lagern ergeben. Die Judenfrage als Frage nach der Bestimmung des Verhältnisses des Christentums zu dem auch nach Christus fortexistierenden Judentum stand am Rande oder sogar außerhalb der Diskussion, galt sie doch als entschieden. Hier operierte man mit einem bestimmten theologischen Denkmodell von »Verheißung und Erfüllung«, »Altem und Neuem Bund«, Erwählung, Verwerfung und Gericht, das – auf einer christlichen gesamtkirchlichen Tradition basierend – vom Neuen Testament über die Kirchenväter und Reformatoren bis in die heutige Zeit reicht. Die Substitutionstheorie, daß der Neue Bund in Christus den Alten Bund zwischen Gott und seinem Volk Israel abgelöst habe, und die Verwerfungstheorie, »daß Gottes Gericht Israel in der Verwerfung bis heute nachfolgt«, findet sich beispielhaft auch noch im »Wort zur Judenfrage«, das der »Reichsbruderrat« am 8. April 1948 in Darmstadt verabschiedet hat.[9] Diese theologische Deutung von Seiten der Kirche macht Israel seine Geschichte, seine Verheißung, ja seinen Leidensweg nach seinem eigenen Verständnis streitig, indem sie ihm die Berechtigung einer eigenen, auch der religiösen Existenz aberkennt.

Inzwischen aber stellt sich die Frage, ob nicht diese theologischen Argumente dem haben Vorschub leisten können, daß die nationalsozialistische Judenpolitik in weiten kirchlichen und christlichen Kreisen 1933 tolerabel, und – wie viele Beispiele zeigen – mit einem guten christlichen Gewissen vereinbar schien. So konnte Heinrich Rendtorff, Bischof in Mecklenburg, stellvertretend für einen Großteil seiner Kirche im Hinblick auf die staatliche Judenpolitik im Frühjahr 1933 sagen: »1700 Jahre hätten die Juden unter Ausnahmerecht gestanden unter völliger Billigung der Kirche«.[10]

Der Zusammenhang einer antijudaistischen Haltung, die traditionell mit dem Christentum und den christlichen Kirchen verbunden ist, und der antijüdischen Gesetzgebung durch den nationalsozialistischen Staat ist damals also durchaus erkannt und akzeptiert worden. Die isolierte Betrachtung der doch zusammengehörigen Einzelaspekte verhindert eine Analyse, die der Judenfrage als Ganzer, d.h. in all ihren Dimensionen, angemessen wäre. Vor allem indem der interreligiöse Aspekt des Verhältnisses von Kirche und Israel ausgeblendet wird, lenkt diese isolierende Betrachtung ab von der tiefgreifenden Revision, die notwendig wäre. Es ist nicht nur ein historisches Problem, eine Frage an die christlichen Kirchen und die christliche Theologie in Deutschland während des Dritten Reichs, ob und wie sie ihren Dienst an den »Opfern des Staatshandelns« geleistet oder verweigert haben; die nicht minder wichtige Anfrage richtet sich auf ein fortwährendes Problem: Wie konnte und kann christliche Lehre als christliche Lehre Antijudaismus und Antisemitismus – zwischen beiden sind ja, wie wir sehen werden, die Grenzen fließend – als mit ihrem Glauben verträglich ansehen?[11]

Nur indem die »Judenfrage« auf die Diskussion um die Einführung des Arierparagraphen in der Kirche reduziert worden ist, ist es möglich, sie als Zentralthema für den Kirchenkampf zu reklamieren. Sie sei, wird in der kirchenhistorischen Forschung z. B. von K.Scholder vorgebracht, zum Kriterium des Kirchenkampfs geworden, indem schon die Jungreformatorische Bewegung, dann der Pfarrernotbund und mit ihm die Bekennende Kirche gegen die Einführung des Arierparagraphen im Raum der Kirche gekämpft hätten. Nach sorgsamer Prüfung der Dokumente tritt ganz deutlich zutage, daß die theologischen Gutachten und kirchlichen Äußerungen zur Frage der Übernahme des staatlichen Arierparagraphen in den kirchlichen Bereich sich – wie sich aus der Fragestellung ergibt – allein mit den getauften Juden, mit den Judenchristen, befassen, mit der Frage ihrer ungeteilten und ungeschmälerten Zugehörigkeit zur christlichen Kirche. Die Diskussion in der Kirche wird nicht über die Judenfrage, sondern über die Kirchenfrage geführt, nicht über das Verhältnis von Ekklesia und Synagoge, sondern allein über die wahre Ekklesia. Das durchgehende Thema des Kirchenkampfs ist also nicht die Judenfrage, sondern die Kirchenfrage. Die Judenfrage wurde eingeschränkt gesehen als ein aus der Kirchenfrage abgeleitetes Problem. Der Horizont ist nicht das Verhältnis von Christentum und nachbiblischem

Judentum, nicht von Christen und Juden im nationalsozialistischen Deutschland, nicht der Einsatz der Kirche für die durch den Nationalsozialismus bedrohten und verletzten Menschenrechte.

Daß es 1933 die Diskussion um die Kirche ist, die den Kirchenkampf auslöst und die Geister innerhalb der Kirche scheidet, liegt im historischen Kontext begründet.[12] Im Zuge der nationalsozialistischen Staatsumwälzung, die die Länder mit dem Reich gleichschaltete, sollten auch die bisher im Deutschen Evangelischen Kirchenbund vereinten 28 evangelischen Landeskirchen sich zu einer Reichskirche zusammenschließen. Das Ideal war eine dem Reich gleichgeschaltete Reichskirche. Der nationalsozialistische Staat wünschte sich diese Gleichschaltung als freiwillige Zu- und Unterordnung der Kirchen gegenüber dem neuen Regime. Dafür bediente er sich der Deutschen Christen, die für die nationalsozialistischen Pläne rückhaltlos offen waren. Die Deutschen Christen erstrebten eine Synthese von Nationalsozialismus und Christentum und wollten, daß die Volkskirche von der »nationalen Erhebung« mitgerissen würde. Indem sie sich die Kirche als Abbild und Ergänzung des NS-Staats wünschten, war es für sie kein Problem, daß die für die Neuorganisation des politischen Lebens erlassenen staatlichen Gesetze auch für die Gestaltung des kirchlichen Lebens unmittelbare Anwendung fänden. Dagegen formierten sich die Jungreformatorische Bewegung und später der Pfarrernotbund, die eine Gleichschaltung von Kirche und Staat nur begrenzt für möglich hielten. Sie sahen sich durch die von den Deutschen Christen geforderte Einführung des Arierparagraphen vor die Bekenntnisfrage gestellt: Was sind – im Gegenüber zum Staat – das spezifische Wesen und der spezifische Auftrag der Kirche? Sie diskutierten die Frage, ob staatliche Gesetze – und übrigens nicht nur die, die die Juden betrafen – in den Eigenbereich der Kirche übertragen werden müßten. Es kennzeichnet die Situation des Frühjahrs und Sommers 1933, daß folgende sich aus der Situation der nationalsozialistischen Machtübernahme ergebenden Fragen zunächst pragmatisch, nicht prinzipiell angegangen werden: a) die Frage nach dem Verhältnis von Staat und Kirche; b) die Frage nach dem Verhältnis von nationalsozialistischer Rassentheorie und staatlicher Judenpolitik auf der einen und dem Problem Kirche und Nichtarier auf der anderen Seite.

Hinsichtlich des ersten Problems, dem Verhältnis von Staat und Kirche, versprach Hitler zunächst feierlich, alles beim Alten zu belassen; er erklärte, der Staat sei neutral, übe religiöse Toleranz und wolle nicht in den Bereich der Kirche übergreifen. Entsprechend argumentierte die Jungreformatorische Bewegung, sie spreche nur für den Bereich der Kirche, vertrete ausschließlich die legitime Sache einer eigenständigen Kirche; in politischen Dingen sei sie völlig mit dem nationalsozialistischen Staat einverstanden, aber die Bereiche von Staat und Kirche seien jeweils verschiedenen Gesetzen unterworfen und daher scharf voneinander zu scheiden.

Hinsichtlich der Judenfrage behauptete der nationalsozialistische Staat, daß die Frage des Verhältnisses von Christentum und Judentum grundsätzlich getrennt werden müsse vom rassischen Antisemitismus des Nationalsozialismus, in dem die Religion keine Rolle spielen, der vielmehr nach seiner eigenen Intention ein politisches Kampfmittel für das deutsche Volk sein sollte. Und die Jungreformatorische Bewegung erklärte, daß für eine christliche Kirche Judenchristen als Getaufte vollgültige Glieder der Kirche sein müßten. Die Judenpolitik allerdings sei eine Angelegenheit, die der Staat zu regeln habe.

Zunächst wird also aus unterschiedlichem Interesse der prinzipielle Konflikt, der in diesen Fragen zwischen Nationalsozialismus und Christentum, zwischen totalem Staat und christlicher Kirche besteht, überdeckt. Aber dennoch definiert sich der nationalsozialistische Staat zugleich als ein totaler Staat mit einer für jedermann verbindlichen Weltanschauung. Er erhebt Anspruch auf das gesamte Leben in Deutschland, die Kirchen und Hochschulen eingeschlossen. Das Zentrum seiner Weltanschauung ist die Rassenlehre. Sie ist geradezu das Proprium des Nationalsozialismus. So ist de facto die behauptete Trennung von Judentum als Religion und Judentum als Rasse für den Staat niemals möglich gewesen: denn vor der Frage, wer jüdischer, wer arischer Abstammung sei, blieb nur der Nachweis der Religionszugehörigkeit als Ansatzpunkt.[13] Damit wurde die Kirche, die – indem sie die Kirchenbücher führte – Auskunft über die Konfessionszugehörigkeit gab, in den Dienst der staatlichen Judenpolitik genommen. Vor allem hat der Staat auch ideologisch auf den religiösen Bereich übergegriffen, indem er die historische und bis in die Gegenwart reichende tatsächliche Verbindung von Judentum und Christentum problematisiert hat. Kann das Alte Testament noch zum Kanon einer christlichen Kirche gerechnet und der deutschen Jugend unterrichtet werden? Muß nicht überhaupt das Christentum vom jüdischen Geist gereinigt werden? Je kompromißloser der nationalsozialistische Staat sich ideologisch definierte und seine Ideologie in alle Lebensbereiche zu übertragen suchte, um so mehr hat er damit die Kirche herausgefordert, sich selbst zu definieren. Für den nicht deutschchristlich orientierten Teil der evangelischen Kirche ist die Diskussion um die Einführung des Arierparagraphen in der Kirche zum Exempel auf den Kirchenbegriff geworden, indem nach den Voraussetzungen für die Kirchenmitgliedschaft im Hinblick auf das Verhältnis der Kirche zu den Judenchristen gefragt wurde. Das Verhältnis zu den Glaubensjuden in Deutschland, die der nationalsozialistische Staat unter Ausnahmerecht stellte und in wilden Aktionen mißhandeln ließ, wollten weder die bekenntniskirchlichen Gruppierungen noch die theologischen Fakultätsgutachten diskutieren. Überhaupt war die verbreitete Meinung in beiden Kirchen die, daß die Judenfrage nicht der zentrale Punkt sein sollte, an dem die Kirche in Konflikt mit dem Staat geriete.[14] Wie wenig die Judenfrage den deutschen Kirchenkampf beherrscht hat, wird daraus ersichtlich, daß das zentrale Bekenntnis der Bekennenden Kirche, die Barmer »Theologische Erklärung zur gegenwärtigen Lage der Deutschen Evangelischen Kirche« vom 31. Mai 1934, auf die Judenfrage explizit keinerlei Bezug nimmt.[15]

Die Bekennende Kirche suchte – zumindest in ihren offiziellen öffentlichen Kundgebungen – zu vermeiden, an der Judenpolitik des nationalsozialistischen Staats ihre prinzipielle Haltung zum Nationalsozialismus zu bedenken und zu entfalten. Dadurch, daß sie dem Staat konzedierte, in seinem Bereich zu einer Ausnahmegesetzgebung gegenüber den Juden berechtigt zu sein, suchte sie ihren eigenen Bereich vor den entsprechenden politischen Maßnahmen zu schützen. Dieses Ausweichen vor dem politischen Anspruch des totalen Staats impliziert eine Absage an diese Maßnahmen des Staats. Insofern beinhaltet eine Ablehnung der Annahme des Arierparagraphen indirekt eine Ablehnung der Judenpolitik des nationalsozialistischen Staats. Doch zugleich ist die Rettung und Sicherung des eigenen Bereichs eine Absage an die Rettung und Sicherung derer, die außerhalb dieses Bereichs stehen. Daß die Kirche in öffentlichen Verlautbarungen diesen Standpunkt eingenommen hat, liegt im Charakter derartiger offizieller Äußerungen begründet, die Kompromißerklärungen sind, indem sie einen Ausgleich divergierender Meinungen herstellen und nicht die Korporation als Ganze gefährden wollen.

Demgegenüber sind jedoch einzelne in eigener Verantwortung deutlicher geworden. Rudolf Bultmann, Prof. für NT in Marburg, hat in seiner Eröffnungsvorlesung zum Sommersemester 1933 die nationalsozialistische Judenpolitik verurteilt, da sie dem Gesetz der Liebe widerstreite.[16] Dietrich Bonhoeffer, Privatdozent an der Berliner Universität, ist schon im April 1933 in seinem Vortrag »Die Kirche vor der Judenfrage« so weit gegangen, die Juden als »Opfer des Staatshandelns« zu bezeichnen – der Begriff »Opfer« setzt ja voraus, daß er das Handeln des Staates an den Juden als unrechtmäßig begreift –, und hat überdies gefordert: »Die Kirche ist den Opfern jeder Gesellschaftsordnung in unbedingter Weise verpflichtet, auch wenn sie nicht der christlichen Gemeinde zugehören.«[17]

II

Innerhalb der hier aufgezeichneten Problematik und des beschriebenen Spektrums möchte ich nun nicht einen von den Theologen herausheben, die Kritik gegenüber der nationalsozialistischen Judenpolitik und Rassenideologie geübt haben, die sich wenigstens partiell in die Lage der bedrohten und verfolgten Juden hineinversetzen konnten und die der nationalsozialistischen Ideologie und Politik als christliche Theologen etwas entgegenzusetzen hatten. Vielmehr möchte ich das Beispiel eines Theologen geben, der, indem er sich seiner Zeit anpaßte, versagt hat. Denn nicht diejenigen, die Widerstand geleistet haben, erklären uns, wie der Nationalsozialismus möglich war, warum die Kirchen in Deutschland nicht – oder sehr wenig nur – für die Juden eingetreten sind, sondern das Studium derjenigen, die sich mit dem Nationalsozialismus zu arrangieren suchten, gibt uns Hinweise auf Motive und Zusammenhänge ihres Fehlverhaltens, das für die betroffenen Juden so schreckliche Folgen gezeitigt hat. Wenn ich mich diesem einen Theologen zuwende, liegt mein Interesse weniger an der Schuldzumessung gegenüber historischen Personen. Dies Beispiel wird die oftmals nicht einmal originellen, sondern aus der christlichen Tradition stammenden theologischen Argumente vorführen, die unter den politischen Bedingungen des »Dritten Reichs« allerdings in ihrer Wirkung der Verfemung, Verfolgung und Vernichtung der Juden dienten. Dies soll dazu dienen, die Frage zu diskutieren, ob nicht bestimmte, hier angewandte Denk- und Argumentationsmuster sich in einem Maß diskreditiert haben, daß sie nach Auschwitz so nicht weiter verwendbar sind.

Ich möchte einen Vortrag näher ansehen und analysieren. Er hat den Titel »Die Entstehung des Judentums und die Entstehung der Judenfrage«. Gehalten wurde er von Gerhard Kittel, Professor für Neues Testament in Tübingen, bei der Eröffnung der Forschungsabteilung Judenfrage des »Reichsinstituts für Geschichte des neuen Deutschlands« in München am 19. November 1936.[18] Seit 1926 bekleidete Gerhard Kittel den Lehrstuhl Adolf Schlatters in Tübingen. Seit 1932 hatte er als Herausgeber des auch heute noch gültigen Standardwerks für die exegetische Arbeit, des »Theologischen Wörterbuchs zum Neuen Testament«, eine überragende Stellung innerhalb der theologischen Fachwelt inne, war er in dieser Funktion eine Integrationsfigur für die exegetisch-theologische Forschung der ganzen Welt. Am 1. Mai 1933 war er der NSDAP beigetreten. An anderer Stelle habe ich gezeigt, daß Gerhard Kittel in den zwanziger Jahren der Weimarer Republik einer der Wegbereiter einer zunehmenden Annäherung eines zunehmenden Verständnisses von Christen und Juden, ja einer beginnenden Kooperation zwischen jüdischen und protestantischen Theologen gewesen ist.[19] Unter dem Eindruck der »nationalen Erhebung« des Jahres 1933 hatte er einen beträchtlichen Kurswechsel zu den »Deutschen Christen« vollzogen, und er ist einer der prominenten akademischen Wortführer, die sich für die Übernahme des Arierparagraphen in die Kirche einsetzen. Er schlägt sogar vor, daß Judenchristen eigene, abgesonderte Gemeinden bilden sollen. Diesen Vorschlag will er jedoch nicht mit dem nationalsozialistischen Rasseprinzip – das er damals noch die »furchtbare Theorie von der Minderwertigkeit der einen Rasse« nennt – begründet sehen, sondern er bringt ihn aus theologischen Gründen vor: um den Judenchristen eine ihrer spezifischen Herkunft und Tradition gemäße »wurzelhafte« Verkündigung und Gottesdienstgestaltung zu garantieren. Zugleich sollen die christlichen Juden christliche »Brüder« bleiben, und jede judenchristliche Gemeinde soll ein volles Glied der Una Sancta sein und bleiben.[20] Doch implizit hatte Kittel sich schon dafür entschieden, die deutschen Juden als ein fremdes Volkstum, einer fremden Rasse zugehörig anzusehen. Von daher forderte er die Rücknahme der Emanzipationsgesetze: die Juden sollten einen Gaststatus in Deutschland haben, den er in der nationalsozialistischen Judengesetzgebung, zunächst im Arierparagraphen, dann den Nürnberger Gesetzen, vorbildlich geregelt sah.

Hatte Kittel noch 1933 von dem Tübinger Parteiorgan attestiert bekommen, daß er sich mit seinen Gedanken zur Judenfrage »in schärfsten Widerspruch zum Programm der NSDAP gesetzt« habe,[21] wird er drei Jahre später in das von dem prominenten NS-Historiker Walter Frank geleitete »Reichsinstitut für Geschichte des neuen Deutschlands« berufen. Dieses Forschungsinstitut, als eine Akademie überwiegend mit korrespondierenden Mitgliedern errichtet, hatte es sich zur Aufgabe gesetzt, eine »deutsche Wissenschaft zu entwickeln, die« – nach den Worten des Präsidenten – »die geistige Aufrüstung der Nationalseele betreibt. Wir hegen dabei keineswegs den anmaßenden Glauben«, legte Frank in seiner programmatischen Rede über »Deutsche Wissenschaft und Juden« dar, »daß die politischen Machtkämpfe durch wissenschaftliche Forschung entschieden werden könnten. Nur kränkliche Geister können es vergessen, daß die deutsche Judenfrage durch den Ansturm einer großen Massenbewegung entschieden wurde und daß der Kampf um die von Juden geführten roten Massen nicht mit wissenschaftlicher Methodik gewonnen wurde, sondern mit der brutalen Willenskraft und dem rücksichtslosen Mut des Agitators und Kämpfers. Auch die internationale Judenfrage, die sich heute stellt, wird selbstverständlich im politischen Machtkampf entschieden werden. Aber damit ist nicht gesagt, daß dieser Kampf um eine Lösung der internationalen Judenfrage der Hilfe der Wissenschaft entbehren müßte oder dürfte«.[22]

Unter dieser Zielsetzung haben angesehene Hochschullehrer aus allen Disziplinen im Reichsinstitut mitgearbeitet; um nur einige zu nennen: der Nobelpreisträger und Physiker aus Heidelberg, Philipp Lenard,[23] der Kirchenrechtler Johannes Heckel, der Tübinger Philosoph Max Wundt, der Tübinger Orientalist und spätere Neutestamentler Karl-Georg Kuhn, der Berliner Anthropologe Eugen Fischer, die Historiker Hellmuth Rößler und Walter Hubatsch.[24]

Die erste Arbeitstagung der Forschungsabteilung »Judenfrage«, in der Gerhard Kittel das Einleitungsreferat hielt, war dem Thema gewidmet: »Erarbeitung des Rassebegriffs für die Geistesgeschichte«.[25] In diesem institutionellen und thematischen Rahmen spricht Kittel über das Thema: »Die Entstehung des Judentums und die Entstehung der Judenfrage«. Ich fasse Ansatz und Gedankengang seines Vortrages kurz zusammen.[26]

Zwei Charakteristika sind es, behauptet Kittel, die als unbestrittene geschichtliche Tatsache bezeichnen, was Judentum ist: die Diaspora, das Leben in der Zerstreuung, und der Talmud, d. h. die auf das talmudische Denken hinführende Entwicklung (43). Besonders seit dem babylonischen Exil im Jahre 587 v. Chr. habe ein Umschichtungsprozeß eingesetzt, der auf das hingeführt habe, was Judentum eigentlich ist. Durch die Rassenmischung mit anderen Völkern in den Diasporagebieten Ägypten, Mesopotamien und Kleinasien habe sich ein Typus Judentum herausgebildet, der seinem Wesen nach Weltjudentum, interstaatliche Größe sei und bleibe. Zugleich mit dieser rassischen Veränderung habe sich eine soziologische und geistesgeschichtliche Wandlung vollzogen. In den Hauptstädten der Mittelmeerländer lebend seien die Juden nun Städter geworden. Ihr Denken und ihre Religion habe sich zu einer »theokratischen Gesetzesreligion« entwickelt (51). Mit dieser Entwicklung erst ist das entstanden, was Kittel als Judentum bezeichnen möchte. Damit erst erlangt Judentum seine wahre Identität. Zum jüdischen Wesen also gehöre es, daß ihm ein »Wille zum Staat« fehle; Judentum existiere vielmehr in der Diaspora als interstaatliche Größe, um damit seinen Anspruch auf die Beherrschung der ganzen Welt durchsetzen zu können. Und ebenso charakterisiere das Judentum die religiöse Depravation, der Verfall zu einer eigennützigen Leistungsreligion par excellence, wie sie sich im talmudischen Denken widerspiegele.

Die beiden von Kittel als typisch für das Judentum hervorgehobenen Wesensmerkmale bedingen einander, fügen sich zu einem Ganzen. Als interstaatliche Größe erhebe das Judentum seinen Herrschaftsanspruch auf die ganze Welt, indem es diesen Herrschaftsanspruch religiös verbräme. Die Juden erklärten sich zu Gottes auserwähltem Volk und wollten damit ihre Monopolstellung politisch und religiös absichern. Aus dem so beschriebenen Wesen des Judentums resultiert notwendig die Judenfrage, daß nämlich die Juden für die anderen Völker ein Problem geworden sind, mit dem diese sich auseinanderzusetzen haben. Weil die Juden so sind, müssen sich die Völker ihrer erwehren. Insofern sind für Kittel die Entstehung des Judentums und die Entstehung der Judenfrage ein und dasselbe.

Zu einer solchen verzerrenden Beschreibung des Judentums kann Kittel nur von einem ganz willkürlichen und unhistorischen Ansatz aus gelangen, obwohl er das Gegenteil behauptet. Seine Definition von Judentum, die Israels Geschichte vor 587 als nicht zum Judentum gehörig abtrennt, unterscheidet sich beträchtlich von den Äußerungen, die er noch 1933 zur Judenfrage gemacht hatte. In diesen drei Jahren von 1933 bis 1936 hat er eine wesentliche Annäherung, ja

Anpassung auf den Nationalsozialismus hin vollzogen, was sich in seiner wissenschaftlichen Arbeit, zumal wenn sie im Rahmen des Reichsinstituts sich vollzieht, unmittelbar niederschlägt. Hatte Kittel 1933 als die beiden wesentlichen Determinanten echten Judeseins im Gegensatz zum »depravierten Assimilationsjudentum« die jüdische Religion des Alten Testaments und die Volkszusammengehörigkeit benannt (die er zwar als Rasse tituliert, womit er aber die Juden als fremdes Volk meint), so isoliert er nun in diesem Vortrag Judentum völlig vom Alten Testament, von der alttestamentlichen Religion und Frömmigkeit. Die Assimilation des Diasporajudentums macht erst das wahre Wesen des Judentums aus. Der positive Begriff von »echtem Judentum«, das – wie er 1933 gefordert hatte – zu schützen sei, ist inzwischen von ihm fallengelassen. Judentum ist nur negativ zu beschreiben. Er arbeitet nun konstruktiv mit zwei antisemitischen Denkmustern, die die Nationalsozialisten zur Diffamierung der Juden vorbringen: einmal mit der Vorstellung vom internationalen Weltjudentum, das im Bündnis mit dem Marxismus als Drahtzieher eine gegen Deutschland gerichtete Weltverschwörung anzetteln wolle;[27] zweitens mit der immer wieder propagierten Parole von der moralischen Verderbtheit der Juden, die unter dem Deckmantel einer angeblichen Ethik nur dem eigenen Nutzen und Vorteil huldigen.

Hatte Kittel noch 1933 in seine Definition von Judentum wenigstens partiell jüdisches Selbstverständis einbezogen, bestimmt er nun – trotz der Kritik, die ihm von jüdischer Seite durch Martin Buber auch schon damals entgegengehalten worden war – Judentum ganz einseitig, unter völliger Ablehnung jüdischen Selbstverständnisses. Jetzt benutzt er seine Wissenschaft, um die antisemitischen Kampfparolen und Ressentiments der Nationalsozialisten historisch zu belegen. Der programmatische Titel seines Vortrags, der Entstehung des Judentums und Entstehung der Judenfrage ineinssetzt, schiebt den Juden selbst die Schuld daran zu, daß sie verfolgt werden, nicht den Verfolgern. Er rechtfertigt die Segregationspolitik der Nationalsozialisten damit, daß den Juden ja der Wille zum Staat fehle und sie durch ihren Wunsch nach Emanzipation und Assimilation mit den »Gastvölkern« die Entwicklung des zu einem Volk erwachten Deutschlands störten. Uneingeschränkt bekennt Kittel sich 1936 zur nationalsozialistischen Judenpolitik und er sagt verteidigend, »daß es nicht willkürliche Brutalität und Barberei war, sondern echtes, aus historischer Nüchternheit geborenes politisches Handeln, wenn der Führer des neuen Deutschlands für das deutsche Volk als erstes Volk der Neuzeit das Judenproblem in radikalem Entschluß auf eine völlig neue Grundlage stellte« (63).

Indem Kittel um seiner Anpassung an die nationalsozialistische Judenpolitik willen vom jüdischen Selbstverständnis absieht, blendet er auch aus, wie Juden in Deutschland im Jahre 1936 ihre Lebenswirklichkeit erfahren müssen. Wo in Deutschland konnten jüdische Menschen denn einen Machtanspruch auf die Weltherrschaft geltend machen? Seit den im Frühjahr 1933 erlassenen Berufsverboten haben sie die fortschreitende Einschränkung aller ihrer Rechte und Lebensmöglichkeiten hinnehmen müssen: Jüdische Beamtinnen und Beamte werden aus dem Staatsdienst verdrängt. Jüdische Schülerinnen und Schüler, Studentinnen und Studenten unterliegen rigiden Zulassungsbeschränkungen an den Schulen und Hochschulen. Jüdische Menschen, Frauen und Männer, sind aus dem Kultur- und Wirtschaftsleben ausgeschlossen worden. Die Nürnberger Gesetze stempeln sie zu einer minderwertigen Rasse, die keinen Platz mehr innerhalb der deutschen Volksgemeinschaft verdient. Wenige Tage bevor Kittel seinen Vortrag hält, hat man den Juden das Wahlrecht aberkannt. Die aggressiven Eindringlinge, gegen die man glaubt, sich zur Wehr setzen zu müssen, sind eine Ausgeburt der Phantasie, sind reine Projektion! Die Juden in Deutschland leben als verfolgte, verfemte, gedemütigte, entrechtete Menschen ein Schattendasein, am Rande und buchstäblich im Dunkeln der Gesellschaft. Und Kittel diskriminiert die jüdische Ethik wider besseres Wissen. In den zwanziger Jahren der Weimarer Republik war er es gewesen, der die Ethik des Judentums der Ethik des Christentums als gleichwertig zur Seite gestellt hatte, denn »beide«, schrieb er damals, »Jesus sowohl als das Judentum seiner Zeit haben ihre Wurzel in der alttestamentlichen Frömmigkeit«[28] – eine Einsicht, die er mit den Kategorien des Jahres 1936 weit von sich weisen müßte.

Denn nun nimmt Kittel dem Judentum das Alte Testament, erweist er es als unjüdisch, um es als Bibel für die christliche Kirche zu retten. Religion und Frömmigkeit des Alten Testaments seien nicht jüdisch; jüdisch ist einzig das Talmudjudentum. Das Christentum stehe in Kontinuität zum Alten Testament und seiner Religion und Ethik, das Judentum habe sich aus dieser Tradition gelöst. Die alttestamentliche Religion, führt Kittel aus, habe beide Ansätze und Möglichkeiten in sich getragen: »Die eine Möglichkeit, die im Judentum Geschichte geworden ist: in der die kasuistische Gesetzlichkeit, der theokratische Machtanspruch, die Erwähltheit des quer durch die Völker hin in seiner Zerstreuung lebenden Volkes die Grundlagen der Existenz bilden. Und die andere Möglichkeit, die in einer anderen religiösen Erscheinung Geschichte wurde, die ihrerseits ›Erfüllung‹ und ›Ende‹ des Alten Testaments zu sein in Anspruch nahm, und zwar dieses, indem sie … genau das Gegenteil jenes Judentums verkörperte: das Ende der kasuistischen Gesetzlichkeit; die Aufhebung aller religiösen Verbrämung eines theokratischen Machtanspruchs; die Setzung der Erlösten und Gläubigen aller Völker und aller Staaten an die Stelle jenes auserwählten einen Volkes, das außerhalb und über den ›Völkern der Welt‹ zu stehen meint«. So feiert Kittel pathetisch das Christentum als Gegensatz zum Judentum.

So kann das Christentum, um vor den Nationalsozialisten zu bestehen, als schärfster Gegner des Judentums herausgestrichen werden. Kittel beruft sich auf die jahrtausendalte Judenfeindschaft der christlichen Kirche, den christlichen Antijudaismus, um vor den Nationalsozialisten die Existenzberechtigung der christlichen Kirchen und des Christentums zu beweisen. Das Christentum sei nicht selbst etwa durch das Alte Testament »jüdisch infiziert«, wie es Alfred Rosenberg in seinem »Mythus des 20. Jahrhunderts« behauptet hat, um damit die Unverträglichkeit von Nationalsozialismus und Christentum aufzuzeigen. Das Christentum sei – darauf besteht Kittel – seinem Wesen nach antijüdisch. Um dies zu begründen bedient er sich folgender traditioneller theologischer Argumente: Zwischen Judentum und Christentum bestehe ein unüberbrückbarer Gegensatz. Der Beweis dafür, daß auch die Juden diesen Gegensatz empfunden haben, sei die Kreuzigung Jesu durch die Juden. Das Christentum gründe nicht einmal im Judentum; denn das Alte Testament, an dem die Kirche festhält als an ihrer Bibel, ist unjüdisch. Von der alttestamentlichen Religion Israels, vom alttestamentlichen Gottesgedanken seien die Juden abgefallen. Sie hätten eine eigene jüdische Religion entwickelt: die kasuistische Leistungsreligion. So hat das Christentum die heilsgeschichtliche Rolle Israels übernommen und weitergeführt. An die Stelle der ungehorsamen und enterbten Juden treten nun die Völker. Die christlichen Völker sind es, die von Gott erwählt worden sind. Die Juden haben keinen wahren Gottesglauben mehr; sie sind quasi zu Ungläubigen geworden. Sie stehen unter Gottes Gericht, das die Völker an ihnen zu vollstrecken haben.[29]

So benutzt Kittel den christlichen Antijudaismus, um – wie es dem Thema der Arbeitstagung entsprach – einen Rassebegriff für die Geistesgeschichte zu erarbeiten. Er kann den biologischen (national-sozialistischen) Rassebegriff für seine Konstruktion nicht verwenden, weil er sonst konsequenterweise das Alte Testament als Bibel der christlichen Kirche im nationalsozialistischen Deutschland aufgeben müßte; denn mit dem biologischen Rassebegriff könnte er einen Gegensatz von Israel und Judentum nicht begründen. So behauptet er, einen geistesgeschichtlichen Rassebegriff gefunden zu haben, der der geschichtlichen Entwicklung des Judentums angemessen wäre. Diesem Rassebegriff entsprechend entstehe die negative Größe Judentum erst durch Rassenmischung in der Diaspora und entwickle dort als interstaatliche Größe einerseits ihren politischen Machtanspruch, andererseits ihre typische pervertierte eigennützige Moral als kasuistische Leistungsreligion. Für diesen sogenannten geistesgeschichtlichen Rassebegriff hat, wie wir sahen, der nationalsozialistische Antisemitismus die tragenden Elemente bereitgestellt.

Wohl vertritt Kittel im Festhalten am Alten Testament die Interessen der christlichen Kirche gegenüber nationalsozialistischen Eingriffen in Lehre und Verkündigung der Kirche. Damit die Kirche der nationalsozialistischen Verfolgung entgehe, bedient er sich nationalsozialistischer Argumente, um die Verträglichkeit von Nationalsozialismus und Christentum zu erweisen. Dies geschieht jedoch ohne Zweifel auf Kosten der Opfer der nationalsozialistischen Verfolgung, auf Kosten der Juden. Er gesteht den Nationalsozialisten ihre Judenpolitik zu; ja er deutet sie theologisch so, daß der Staat als Arm Gottes das Gericht über die Juden vollstreckt. Sicher wollte er selbst nicht die Juden verfolgen oder gar vernichten. An ihrer geistigen Vernichtung aber beteiligt er sich. Er schmiedet, wie Walter Frank in seiner Eröffnungsrede gesagt hatte, die »geistigen Waffen« im Kampf gegen das Judentum. Und damit macht er denen, die unmittelbar an der mörderischen Judenverfolgung beteiligt sind, ein reines Gewissen.

III

Kann dieser Einsatz tatsächlich noch im Interesse einer christlichen Kirche sein? Hier ist doch de facto eine Koalition zwischen Nationalsozialismus und Christentum gegen die Juden gestiftet worden. Ist hier nicht alles, was im Gegensatz zum Judentum als genuin christlich behauptet worden ist, zumindest gegenüber den »unter die Räuber gefallenen« Juden gänzlich preisgegeben? Und wie wäre es dann um die universale Geltung des christlichen Evangeliums, des Liebesgebots gegen jedermann, gerade gegenüber den Juden bestellt gewesen? Der christliche Triumphalismus, der sich über dem sogenannten minderwertigen, ungehorsamen und abgefallenen Judentum erhebt, kann nicht darüber hinwegtäuschen: hier ist die Botschaft Jesu Christi verraten, hier ist die Identität christlichen Glaubens preisgegeben worden.

Ich möchte noch einmal betonen, daß es mir nicht um Beschuldigungen gegenüber der Person Gerhard Kittels geht. Seine Theologie und seine politischen Entscheidungen sind repräsentativ gewesen für eine große Zahl seiner Zeitgenossen und Fachkollegen. Was mich beunruhigt ist, daß seine theologischen Aussagen und Denkmodelle über die Juden und das Judentum, über das Verhältnis von Christentum und Judentum trotz ihrer politischen Wirkungen während des Dritten Reichs immer noch anzutreffen sind bei vielen seiner heute lebenden und lehrenden Fachgenossen und in vor und nach 1945 entstandenen exegetischen Arbeiten am Alten und Neuen Testament, die weiterhin in Gebrauch sind.

Innerhalb des kirchlichen Spektrums hat Kittel bei denen gestanden, die an der ideologischen und institutionellen Verständigung, an der Zusammenarbeit mit dem nationalsozialistischen Staat interessiert waren: den »Deutschen Christen« und der sogenannten Mitte.[30] Freilich hat es 1936, in demselben Jahr, in dem Kittel diesen Vortrag gehalten hat, auch eine andere theologische und innerkirchliche Position gegeben, nämlich die der sogenannten Vorläufigen Kirchenleitung, des Leitungsorgans der Bekennenden Kirche. Sie hatte in einer »Denkschrift an den Führer und Reichskanzler« im Frühjahr 1936 zur »Nationalsozialistischen Weltanschauung« nicht vermittelnd, sondern in klarer Konfrontation Stellung genommen: »Von den evangelischen Angehörigen der NS-Organisationen«, heißt es da, »wird gefordert, sich uneingeschränkt auf die nationalsozialistische Weltanschauung zu verpflichten. Diese Weltanschauung wird vielfach als ein positiver Ersatz des zu überwindenden Christentums dargestellt und ausgegeben. Wenn hier Blut, Rasse, Volkstum und Ehre den Rang von Ewigkeitswerten erhalten, so wird der evangelische Christ durch das erste Gebot gezwungen, diese Bewertung abzulehnen. Wenn der arische Mensch verherrlicht wird, so bezeugt Gottes Wort die Sündhaftigkeit aller Menschen. Wenn den Christen im Rahmen der nationalsozialistischen Weltanschauung ein Antisemitismus aufgedrängt wird, der zum Judenhaß verpflichtet, so steht für ihn dagegen das christliche Gebot der Nächstenliebe«. Aber die Vorläufige Kirchenleitung repräsentierte eine Minderheit in der evangelischen Kirche.[31]

Kittel und mit ihm Kirchenleitungen und andere Theologieprofessoren haben das Christentum als antijudaistisch erwiesen und ausgewiesen, um unter den Bedingungen des Dritten Reichs, unter den Bedingungen einer totalitären antisemitischen Herrschaftsideologie an der Existenzberechtigung von christlichen Kirchen, von christlichem Glauben, wie sie ihn definierten, festhalten zu können. Kittel bediente sich dafür eines traditionellen Antijudaismus, der aber nun in eindeutigem Zuschnitt auf den nationalsozialistischen Antisemitismus charakteristisch umgeformt wurde: Zur Auseinandersetzung mit einer überholten, minderwertigen Religion kam nun der Kampf gegen die verderbliche, minderwertige Rasse. Ein Miteinander von Nationalsozialismus und Christentum sollte gestiftet werden, indem der jüdische Geist, ja die jüdischen Menschen leibhaftig aus dem Leben der christlichen Kirchen in Deutschland ausgeschieden wurden. Christen sind also mit den Nationalsozialisten eine Koalition eingegangen auf Kosten der Juden. Um dieser Koalition willen haben sie das Schicksal der betroffenen Menschen aus den Augen verloren, haben sie darüber hinweggesehen, welche Folgen ihre wissenschaftliche theologische Arbeit für die Lebenswirklichkeit der Juden im nationalsozialistischen Deutschland hatte. Angesichts der hier geschilderten historisch belegten Daten und Fakten kann kein Zweifel daran bestehen, daß »Christen als solche« gemeinsam mit den Nationalsozialisten: als nationalsozialistische Christen, als christliche Nationalsozialisten in Wort und Tat an der Verfemung, Verfolgung und Ermordung der Juden im Dritten Reich beteiligt gewesen sind. Die Theologen, die dies in der Bonner Erkärung zum rheinischen Synodalbeschluß im Jahr 1980 leugnen wollten, ignorieren geschichtliche Tatsachen.

Ist denn das noch Christentum, christliche Theologie gewesen, was Kittel dafür ausgab? Wo sind in diesem antijudaistischen und antisemitischen theologischen Ausführungen die christlichen Glaubensinhalte geblieben? Wo kam es zum Tragen, daß Gott in Jesus Christus ein Mensch zum Heil für alle Menschen, ohne Ansehen oder Person, Rasse und Religionszugehörigkeit geworden ist? Daß in Jesus Christus Christen dazu befreit sind, im Mitmenschen ihren Nächsten zu sehen, der mit der unveräußerlichen Würde des Menschseins als Gottes Geschöpf ausgestattet ist? Wo in der christlichen Bibel wäre zu finden, daß die universale Heilszusage gerade die Juden ausnimmt? Und wo in der christlichen Bibel wäre zu finden, daß Menschen dazu ermächtigt wären, sich selbst zu Vollstreckern von Gottes Gericht zu erklären? Hat nicht das, was als sogenannter christlicher Antijudaismus von den Theologen legitimiert werden sollte, die Kirche und die Theologie um ihr Christentum gebracht? Hat nicht »Antijudaismus ... sie paganisiert«, sie zu gottlosen Heiden werden lassen?[32] Mit dem Antijudaismus und Antisemitismus haben Theologie und Kirche die Identität christlichen Glaubens preisgegeben. Im Antijudaismus ist der wahre Christusglaube nicht bezeugt, sondern verraten worden.

Wie wir sahen, hat Kittel, indem er Antijudaismus essentiell als zum Christentum gehörig betrachtete, eine Grenze zum rassistischen Antisemitismus nicht ziehen können. Seine theologischen antijudaistischen Argumentationsmuster bekamen unter den Bedingungen des Dritten Reichs unmittelbare politische Relevanz. Sie konnten in die nationalsozialistische Judenpolitik integriert werden. Antijudaistische theologische Argumentationsmuster haben in unzähligen Situationen der Kirchengeschichte, nicht erst während der nationalsozialistischen Zeit, zu Pogromen geführt. Eine Theologie, die die Juden, überhaupt alle vermeintlichen Gegner, geistig und physisch vernichten hilft, gibt das Evangelium von Jesus Christus preis. Mögen Christen vor dem Dritten Reich dies nicht wahrhaben wollen, nach Auschwitz ist es eine unabweisbare Einsicht. Nach Auschwitz gilt es für uns Christen umzukehren, daß wir die Verderblichkeit jedweder Judenfeindschaft als Sünde und als Häresie erkennen.

In der christlichen Theologie leben ungebrochen antijudaistische Argumentationsmuster fort, die unter entsprechenden politischen Verhältnissen leicht zu Antisemitismus revitalisiert werden können. Die politische Dimension der theologischen Argumente bleibt auch heute relevant. Derartige antijudaistische Argumentationsmuster erkenne ich in den folgenden Aussagen: Das Verhältnis von Christentum und Judentum sei allein aus dem Gegensatz der beiden Religionen zu bestimmen. Das Christentum führe über das Judentum hinaus, löse es ab. Seinem Wesen nach sei das Christentum unjüdisch, denn das christliche Evangelium sprenge die enge Gesetzlichkeit des Judentums. So argumentiert man noch heute theologisch, ohne Rassebegriff, aber mit dem »ideellen« Gegensatz der Schwarz-Weiß-Malerei. Es ist klar, daß dabei das jüdische Selbstverständnis nicht in Betracht gezogen wird. Einseitig wird das Christentum vom Judentum abgesetzt. Die Juden werden nicht als Partner gesehen, sondern als zu missionierende Objekte. Denn das Christentum ist ja die dem Judentum überlegene Religion. Es hat das Judentum beerbt, seine Verheißungen übertragen bekommen, dem Judentum erst seine wirkliche Erfüllung gegeben. Was ist das Judentum nach Jesus Christus anderes als eine überholte Größe?

Helmut Gollwitzer hat von diesem theologischen Denken, das das Judentum als ein eigentlich nicht mehr sein Sollendes verurteilt, gesagt, daß es das Judentum zur Liquidierung freigebe.[33] Und für den christlichen Glauben selbst ist solches Denken eine Verkehrung. Denn die Identität christlichen Glaubens scheint mir nach Auschwitz nur mit den jüdischen Menschen, mit dem Judentum und nicht mehr unter Absehung ihrer fortwährenden Existenz zu gewinnen zu sein. Damit möchte ich den Unterschied, der zwischen den beiden Glaubensweisen besteht, nicht verwischen. Ja, mir liegt daran, daß von beiden Seiten bestehende Unterschiede gesagt, akzeptiert und respektiert werden. Aber ein solches Religionsgespräch zwischen Christentum und Judentum müssen wir Christinnen um der Glaubwürdigkeit unseres christlichen Glaubens willen in Solidarität, in Verbundenheit mit und in Verantwortung für die jüdischen Menschen führen.

Anmerkungen

1 Für die Geschichte der theologischen Fakultäten sind folgende Arbeiten relevant: Ernst Bizer, Zur Geschichte der Evangelisch-theologischen Fakultät von 1919 bis 1945, in: 150 Jahre Rheinische Friedrich-Wilhelms-Universität zu Bonn 1818–1968, Bd. 2: Bonner Gelehrte, Beiträge zur Geschichte der Wissenschaften in Bonn, 1: Evangelische Theologie, Bonn 1968, S. 227–276, und von W. v. Loewenich, Die Erlanger Theologische Fakultät 1922–1972, in: Korrespondenzblatt 90, 1975, S. 69–72, S. 82–84, S. 96–99; ders., Erlebte Theologie, München 1979; K. Goldammer, Friedrich Heiler (1892–1967), Theologe und Religionshistoriker, in: I. Schnack

(Hg.), Marburger Gelehrte in der ersten Hälfte des 20. Jahrhunderts, Marburg 1977, S. 153–168; B. Jaspert, Heinrich Hermelink (1877–1958), Kirchenhistoriker, ebenda S. 194–209 und Erich Dinkler, Hans Freiherr von Soden (1881–1945), Neutestamentler und Kirchenhistoriker, ebenda S. 501–522; L. Siegele-Wenschkewitz, Die Evangelisch-theologische Fakultät Tübingen in den Anfangsjahren des Dritten Reichs, I: Karl Fezer und die Deutschen Christen, II: Gerhard Kittel und die Judenfrage, in: E. Jüngel (Hg.), Tübinger Theologie im 20. Jahrhundert, ZThK Beiheft 4, Tübingen 1978, S. 34–80; K. Aland, Glanz und Niedergang der deutschen Universität. 50 Jahre deutscher Wissenschaftsgeschichte in Briefen an und von Hans Lietzmann (1892–1942), Berlin/New York 1979, insbesondere S. 125–147; L. Siegele-Wenschkewitz, Neutestamentliche Wissenschaft vor der Judenfrage. Gerhard Kittels theologische Arbeit im Wandel deutscher Geschichte, ThExh 208, München 1980 und dies., Mitverantwortung und Schuld der Christen am Holocaust, in: EvTh 42, 1982, S. 171–190; M. Greschat, Die evangelisch-theologische Fakultät in Gießen in der Zeit des Nationalsozialismus (1933–1945), in: Theologie im Kontext der Geschichte der Alma Mater Ludoviciana, Gießen 1983, S. 139–166; E. Dinkler/ E. Dinkler von Schubert/M. Wolter (Hg.), Theologie und Kirche im Wirken Hans von Sodens, Briefe und Dokumente aus der Zeit des Kirchenkampfes 1933–1945, Göttingen 1984 (= Arbeiten zur kirchlichen Zeitgeschichte. Reihe A, Bd. 2); Fachschaftsrat an der Theologischen Fakultät Göttingen (Hg.), Theologie im Nationalsozialismus. Fallbeispiele aus der Theologischen Fakultät Göttingen, Göttingen 1987; H.-W. Krumwiede, Göttinger Theologie im Hitler-Staat u. I. Mager, Das Verhältnis der Göttinger theologischen Fakultät zur Hannoverschen Landeskirche während des Dritten Reiches, beide Artikel im Jahrbuch der Gesellschaft für Niedersächsische Kirchengeschichte 85, 1987, S. 145–178, S. 179–196.

2 Als neuerer Forschungsbericht instruktiv V. Conzemius, Katholische und evangelische Kirchenkampfgeschichtsschreibung im Vergleich: Phasen, Schwerpunkte, Defizite, in: V. Conzemius/M. Greschat/H. Kocher (Hg.), Die Zeit nach 1945 als Thema kirchlicher Zeitgeschichte, Göttingen 1988, S. 35–57.

3 K. Barth, Eine Schweizer Stimme 1938–1945, Zollikon-Zürich 1945, S. 5.

4 Im Oktober 1990 wird die Evangelische Arbeitsgemeinschaft für kirchliche Zeitgeschichte unter Einbeziehung der ev.-theol. Fakultäten in der Bundesrepublik ein Symposion in der Ev. Akademie Arnoldshain veranstalten zur Geschichte der ev.-theol. Fakultäten in der Zeit des Nationalsozialismus.

5 H. Aschermann/W. Schneider, Studium im Auftrag der Kirche, Die Anfänge der Kirchlichen Hochschule Wuppertal 1935 bis 1945, Köln 1985; G. Besier, Die Gründung der Kirchlichen Hochschule Berlin 1935/1945 und ihre »Väter«, in: W. Treue/K. Gründler (Hg.), Berlinische Lebensbilder, Bd. 3: Wissenschaftspolitik in Berlin (Einzelveröffentlichungen der Historischen Kommission zu Berlin Bd. 60), Berlin 1987, S. 325–336.

6 Dies bemerken zutreffend auch J.-C. Kaiser/M. Greschat (Hg.), Der Holocaust und die Protestanten, Analysen einer Verstrickung (Konfession und

Gesellschaft, Beiträge zur kirchlichen Zeitgeschichte 1), Frankfurt 1988, S. IX. Wichtig im selben Band auch der Beitrag von K. Meier, Die »Judenfrage« im historischen und theologischen Horizont des deutschen Protestantismus, S. 241–269.

7 Für diesen pars-pro-toto-Gebrauch des Begriffs »Judenfrage« in der Forschung repräsentativ: K. Scholder, Die Kirchen und das Dritte Reich I, Frankfurt/Berlin/Wien 1977, S. 322–354, besonders S. 346 ff, und passim.

8 O. L. Elias, Der evangelische Kirchenkampf und die Judenfrage, in: Informationsblatt für die Gemeinden in den niederdeutschen lutherischen Landeskirchen 10, 1961, S. 213–214, S. 216–219.

9 Abgedruckt bei R. Rendtorff/H. H. Henrix (Hg.), Die Kirchen und das Judentum, Dokumente von 1945 bis 1985, S. 540–544.

10 Das Zitat entstammt der »Niederschrift der Verhandlungen des Deutschen Evangelischen Kirchenausschusses« am 26. April 1933, abgedruckt bei A. Boyens, Kirchenkampf und Ökumene 1933–1939, München 1969, S. 298. Auf den ausführlichen, gehaltvollen Abschnitt in diesem Buch »Die ökumenische Bewegung vor der Judenfrage«, S. 37–86, weise sich besonders hin.

11 Marikje Smid arbeitet in ihrem Beitrag »Protestantismus und Antisemitismus 1930–1933«, in: J.-C. Kaiser/M. Greschat (Hg.), Der Holocaust und die Protestanten, a. a. O., S. 38–72 heraus, daß Dietrich Bonhoeffer sowie Hans Ehrenberg schon 1933 angesichts der nationalsozialistischen Judenpolitik die theologische Herausforderung der Judenfrage erkannten, sie sich also des Zusammenhangs von Theologie und Politik bewußt waren.

12 Zum Folgenden L. Siegele-Wenschkewitz, Nationalsozialismus und Kirchen, Religionspolitik von Partei und Staat bis 1935, Düsseldorf 1974.

13 Vgl. die »Erste Verordnung zum Reichsbürgergesetz vom 14. November 1935«, also die erste Durchführungsverordnung zum ersten der sogenannten Nürnberger Gesetze, in: B. Lösener/A. Knost, Die Nürnberger Gesetze, 1936, S. 31: »Als volljüdisch gilt ein Großelternteil ohne weiteres, wenn er der jüdischen Religionsgemeinschaft angehört hat«.

14 E. Busch, Juden und Christen im Schatten des Dritten Reiches, ThExh 205, München 1979, S. 17; er zitiert K. Barths Brief an D. Bonhoeffer vom 11. September 1933, in dem Barth rät, Bonhoeffer möge vorerst mit der schweigenden Kirche nicht brechen, bis »der Zusammenstoß an einer noch zentraleren Stelle erfolgt« als eben der Judenfrage. Dazu auch E. Bethges autobiographischer Beitrag »Kirchenkampf und Antisemitismus«, in: Richte unsere Füße auf den Weg des Friedens, Helmut Gollwitzer zum 70. Geburtstag, München 1979, S. 167–184. Zum Fehlen der Judenfrage in der Barmer Theologischen Erklärung vgl. K. Barths Brief an E. Bethge vom 22. Mai 1967, in: Handreichung ... der ev. Kirche im Rheinland, a. a. O., S. 103.

15 E. Bethge, Barmen und die Juden – eine nicht – geschriebene These? in: Das eine Wort für alle, Barmen 1934–1984. Eine Dokumentation, Neukirchen 1986, S. 114–133.

16 R. Bultmann, Die Aufgabe der Theologie in der gegenwärtigen Situation, in: ThBl 12, 1933, S. 161–166.

17 D. Bonhoeffer, Gesammelte Schriften, hg. v. E. Bethge, Bd. 2, München 1965, S. 44–53, Zitat 46; vgl. dazu die Interpretation bei M. Smid, Protestantismus und Antisemitismus, a. a. O..

18 Abgedruckt in: Forschungen zur Judenfrage 1. Sitzungsberichte der Ersten Arbeitstagung der Forschungsabteilung Judenfrage des Reichsinstituts für Geschichte des neuen Deutschlands vom 19. bis 21. November 1936, Hamburg 1937, S. 43–63.

19 Das Verhältnis von protestantischer Theologie und Wissenschaft des Judentums in der Weimarer Republik, in: W. Grab/J. H. Schoeps (Hg.), Juden in der Weimarer Republik, Stuttgart/Bonn 1986, S. 152–178.

20 G. Kittel, Die Judenfrage, Stuttgart ³1934, S. 101–113.

21 Neues Tübinger Tagblatt Nr. 127 vom 2. Juni 1933.

22 W. Frank, Deutsche Wissenschaft und Judenfrage, in: Forschungen zur Judenfrage 1, S. 28.

23 Zu Ph. Lenard vgl. A. D. Beyerchen, Wissenschaftler unter Hitler. Physiker im Dritten Reich, Köln 1980, S. 115–145.

24 H. Heiber, Walter Frank und sein Reichsinstitut für Geschichte des neuen Deutschlands, Stuttgart 1966.

25 W. Grau, Einführende Worte des geschäftsführenden Leiters der Forschungsabteilung Judenfrage des Reichsinstituts, in: Forschungen zur Judenfrage 1, S. 39.

26 Zahlen in Klammern verweisen auf die Seiten des in: Forschungen zur Judenfrage 1, (a. a. O.) abgedruckten Vortrags.

27 Damit macht Kittel sich die Propaganda der in antisemitischer Absicht geschriebenen, ja erfundenen »Protokolle der Weisen von Zion« zu eigen. Vgl. N. Cohn, Die Protokolle der Weisen von Zion, Köln/Berlin 1969.

28 L. Siegele-Wenschkewitz, Neutestamentliche Wissenschaft, a. a. O., S. 59.

29 B. Klappert hat die verschiedenen theologischen antijudaistischen Denkmodelle gesammelt und systematisiert in: Israel und die Kirche. Erwägungen zur Israellehre Karl Barths, ThExh 207, S. 14–25.

30 Kittel selbst ist im Mai 1933 der »Glaubensbewegung Deutsche Christen« beigetreten; er hat sie im November 1933 – zusammen mit seinen Tübinger Kollegen Fezer, Rückert und Weiser – wieder verlassen.

31 J. Beckmann (Hg.), Kirchliches Jahrbuch für die evangelische Kirche in Deutschland 1933–1944, Gütersloh 1948, S. 130–135, hier S. 133; dazu auch M. Greschat u. a. (Hg.), Zwischen Widerspruch und Widerstand, Texte zur Denkschrift der Bekennenden Kirche an Hitler (1936), Studienbücher zur kirchlichen Zeitgeschichte 6, München 1987.

32 J. Moltmann, Kirche in der Kraft des Geistes, München 1975, S. 156.

33 H. Gollwitzer, Das Judentum als Problem der christlichen Theologie, in: Treue zur Thora. Festschrift für Günther Harder (= Veröffentlichungen aus dem Institut Kirche und Judentum 3), Berlin 1977, S. 165.

II. Formen

Rosemarie Leuschen-Seppel
Arbeiterbewegung und Antisemitismus

I

Mit Dirk Balsius sei als Ausgangsthese behauptet, daß die Geschichte der deutsch-jüdischen Beziehungen mehr als nur ein Teil der deutschen oder jüdischen Geschichte (ist), sie vielmehr beginne, »zu einem Stück Gesellschaftsgeschichte zu werden.«[1]

Bei der Auseinandersetzung der Arbeiterbewegung mit dem Antisemitismus – insbesondere der Sozialdemokratie vom 19. Jahrhundert bis 1933 – herrschen im wesentlichen zwei Richtungen vor: Die erste Richtung, die ideengeschichtlich orientiert ist, spricht von einem »sozialistischen Antisemitismus« innerhalb der deutschen Arbeiterbewegung und Arbeiterschaft als eigenständiger Strömung.[2] Die zweite Richtung, die sozialgeschichtlich orientiert ist, bescheinigt der sozialdemokratischen Partei und Anhängerschaft im Kaiserreich und in den folgenden Jahren, daß sie sich als die einzige große Bevölkerungsgruppe erwiesen habe, die dem Antisemitismus gegenüber fast vollständig immun war.[3]

Beide Thesen sind in dieser Einseitigkeit nicht mehr haltbar. Denn die erste Behauptung geht davon aus, daß innerhalb der deutschen Arbeiterbewegung die negative Einstellung von Karl Marx und Ferdinand Lassalle zum Judentum als ideengeschichtliche Tradition weiterlebte. Es handelt sich dabei um die Identifikation von Judentum und Kapitalismus im zweiten Teil der Marx'schen Abhandlung »Zur Judenfrage« aus dem Jahre 1844. Sie wurde in der sozialdemokratischen Publizistik des 19. Jahrhunderts gelegentlich aufgegriffen, um die Jahrhundertwende aber fallengelassen.

Die zweite Behauptung dagegen mißt die Einstellung der Sozialdemokratie zum Antisemitismus nur an ihrem Anspruch als politischer, nicht aber kultureller Emanzipationsbewegung.

Im Gegensatz zu diesen Beurteilungen hat eine Untersuchung der sozialdemokratischen Auseinandersetzung mit dem Antisemitismus im Kaiserreich ergeben,[4] daß die Einstellung der Arbeiterbewegung zu Judenfrage und Antisemitismus nicht maßgeblich durch theoretische Abhandlungen von Karl Marx, judenfeindliche Agitationsmethoden der Lassalleaner oder antijüdische Vorurteile einzelner Parteiführer und -theoretiker bestimmt wurden, wie Edmund Silberner sie zusammgetragen hat.[5] Die Marx'schen Abhandlungen (»Zur Judenfrage«, Passagen der »Heiligen Familie«) waren viel zu theoretisch und schwer verständlich, um auf Arbeiter wirken zu können.[6] Außerdem wurden sie nur selten vollständig oder auszugsweise in der sozialdemokratischen Presse abgedruckt. Sie wirkten allenfalls auf den Parteitheoretiker Karl Kautsky, der jedoch in seiner Broschüre »Rasse und Judentum« 1914 alle geläufigen antisemitischen Vorurteile zu widerlegen suchte. Dem marxistischen Parteihistoriker Franz Mehring, dem man im Rahmen seiner Kritik am »Philosemitismus« antijüdische Töne nachweist,[7] veröffentlichte ebenso wie Karl Kautsky lediglich in theoretischen Organen der Sozialdemokratie wie der »Neuen Zeit«. Sie erreichte im Gegensatz zur Regional-, Tages- und Unterhaltungspresse der Arbeiterbewegung nur sehr geringe Auflagenziffern, auch wenn man zugeben muß, daß sie auf Multiplikatoren hätte wirken können.

Die antijüdischen Töne, die der ADAV, die Lassaleanische Richtung der deutschen Arbeiterbewegung, gegenüber ihrem marxistischen Rivalen, der SDAP – den sog. Eisenachern – vor ihrem Zusammenschluß 1875 ins Spiel brachte, basierten eher auf antimarxistischen und antiintellektuellen Vorurteilen als auf einer eigenständigen antisemitischen Einstellung, wurden jedoch einem damals gängigen Stereotyp zufolge in Antisemitismus gekleidet. Diese antiintellektuellen Äußerungen wurden in der Hauptsache von Wilhelm Hasselmann im

ADAV-Organ, dem *Neuen Socialdemokrat,* verbreitet und auch gelegentlich in Wahlversammlungen eingesetzt, wenn lassalleanische Kandidaten gegen Kandidaten der Bebel-Liebknechtschen Partei auftraten. So beschreibt Eduard Bernstein, der jüdische Kandidat der SDAP den Verlauf einer Wahlversammlung zu Beginn der 1870er Jahre: Bernstein habe eine erfolgreiche Wahlrede gehalten, so daß der lassalleanische Gegenkandidat ihn nicht mehr habe persönlich angreifen können. Doch dieser habe daraufhin versucht, durch Erzeugung einer allgemein judenfeindlichen Stimmung die Zuhörer gegen Bernstein zu beeinflussen. Wilhelm Hasselmann, der lassalleanische Gegenkandidat habe sodann ausgeführt, daß Bauern und Handwerker »durch die Zwischenhändler ausgebeutet würden«. Eduard Bernstein erzählt weiter:

»Da Kayser (Max Kayser, sein Kollege der Eisenacher Partei) und ich zufällig Juden waren, war der ausbeuterische Zwischenhändler immer mit scharfer Betonung des Wortes: der Jude, der Jude, der Jude.«[8]

Diese in Antisemitismus gekleideten Angriffe hörten nach dem Zusammenschluß der beiden Richtungen der deutschen Arbeiterbewegung auf. Jedoch gibt es auch in den folgenden Jahren, auch in der Weimarer Republik einige Hinweise darauf, daß einige Parteipraktiker gegenüber den Parteitheoretikern, die häufig Intellektuelle und Juden waren (Rosa Luxemburg, Paul Levi), antiintellektuelle, wenn nicht gar antijüdische Ressentiments empfanden.[9] Jedoch sind die Vorwürfe gegenüber Rivalen innerhalb der Arbeiterbewegung seit 1875 nie mehr eindeutig in antisemitische Töne gekleidet worden. Während bei der SPD also in der Tagespolitik folgender Zeiten auf antijüdische Töne verzichtet wurde, setzte die seit 1919 gegründete KPD aus politisch taktischen Gründen antisemitische Argumente in Krisen und Wahlkampfzeiten ein (so in den Revolutionsjahren, 1923 beim sog. Schlageter-Kurs und in der Endphase der Weimarer Republik).[10] Dagegen war die KPD die einzige Partei, die 1938 mit der Verteilung von Handzetteln gegen den Terror gegenüber den jüdischen Bürgern in der sogenannten Reichskristallnacht protestierte und deswegen ihrerseits verfolgt wurde.[11]

II

Die entscheidende Ausprägung der sozialdemokratischen Einstellung zum Antisemitismus erfolgte unter dem Sozialistengesetz, das die Arbeiterbewegung selbst als Minderheit in einen gesellschaftlichen und politischen Ausnahmezustand versetzte. Die Erfahrungen aus den Jahren zwischen 1879 und 1890 prägten sowohl die Einstellung der Sozialdemokratie zum deutschen Obrigkeitsstaat im Kaiserreich, zu politischen Ausnahmezuständen und sozialen Minderheiten sowie zu den verschiedenen Ausprägungsformen des modernen, politischen Antisemitismus.

Ihre Einstellung zur Judenfrage hatte die Sozialdemokratie von der aufsteigenden bürgerlichen Gesellschaft des Vormärz übernommen. Dieses emanzipatorische Konzept zur Lösung der Judenfrage sah eine konfliktfreie Integration der jüdischen Minderheit vor, wenn sich das Judentum einem völligen Assimilationsprozeß unterwarf, d.h. seine Eigenständigkeit als religiöse oder ethnische Minderheit innerhalb der Gesellschaft aufgab und sich den Wertvorstellungen der Gesamtgesellschaft anpaßte. Dieses Konzept verfolgte die SPD auch gegenüber der jüdischen Orthodoxie, dem Ostjudentum insgesamt sowie den ostjüdischen Einwanderern in Deutschland. Man brachte für deren Belange wenig Verständnis auf und versäumte, sich in Krisenzeiten speziell für sie einzusetzen, wenn der Antisemitismus besonders virulent war.[12] Die Haltung der Arbeiterbewegung gegenüber dem Antisemitismus aber war nicht zuletzt durch die politische Situation der Sozialdemokratie im Kaiserreich, die Besonderheiten ihres Integrationsprozesses in das gesamtgesellschaftliche und politische Gefüge (»negative Integration«, Sub- bzw. Arbeiterkultur) sowie entscheidend auch durch Form und Funktion des Antisemitismus selbst bestimmt. Sie behielt die Einstellung zum Antisemitismus, wie sie ihn im Kaiserreich entwickelt hatte, bis zum Ende der Weimarer Republik in den grundsätzlichen Zügen bei, führte sogar in der Weimarer Republik im Gegensatz zum Kaiserreich gemeinsam mit den jüdischen Organisationen, z.B. dem Central-Verein deutscher Staatsbürger jüdischen Glaubens, den Abwehrkampf gegen den wachsenden Antisemitismus.[13] Die Sozialdemokratie grenzte sich entschieden und kompromißlos wie kaum eine andere Partei gegenüber dem politischen Antisemitismus ab. Aber sie war nicht ganz frei davon, sich gängige Klischeevorstellungen über das Judentum anzueignen, die sich seit den 1870er Jahren als soziale Norm durchgesetzt hatten.[14] Diese Diskrepanz – einerseits die Abgrenzung vom Antisemitismus auf der politischen Ebene, andererseits die Übernahme judenfeindlicher Stereotype im kulturellen Bereich –[15] trat desto stärker zutage, je intensiver sich die Arbeiterbewegung mit den kulturellen und industriellen Leistungen Deutschlands identifizierte und nationalistischem Gedankengut Raum gab, also insbesondere nach der Jahrhundertwende.

Deshalb entsprang die Verwendung judenfeindlicher Argumente, die der ADAV vor 1875 gegen die marxistischen Rivalen und das liberale Bürgertum ins Feld führte, anderen Beweggründen als die antisemitisch gefärbte Polemik einzelner Vertreter des rechten gegen die aus dem Ostjudentum stammenden Vertreter des linken Parteiflügels am Vorabend des Ersten Weltkrieges und in den Krisenzeiten der Revolution und Inflation.[16] Während die Agitation der Lassalleaner in erster Linie auf antimarxistische und antiintellektuelle Ressentiments innerhalb der Arbeiterschaft abgestellt war, brachten die antisemitisch gefärbten Differenzen zwischen den Parteiflügeln nach der Jahrhundertwende einerseits die tiefgehende Identifikation der Parteimehrheit mit den Leistungen der deutschen Nation zum Ausdruck, andererseits das Unvermögen der Sozialdemokratie, sich von den Werten und Normen der herrschenden bürgerlichen Kultur zu distanzieren und Alternativen zu entwickeln. In keinem Fall aber setzte die Sozialdemokratie antikapitalistische, antireligiöse oder rassistische Argumente gegen das Judentum oder einzelne seiner Vertreter ein, sondern entwickelte im Kaiserreich eine entschieden ablehnende Haltung gegenüber jeglicher Strömung des Antisemitismus in Deutschland und suchte ihn durch zutreffende und modern anmutende Analysen und politische Gegenmaßnahmen zu bekämpfen – eine Haltung, die die SPD bis ins Dritte Reich hin beibehielt, als ihr selbst der persönliche und politische Handlungsspielraum eingegrenzt und genommen wurde. Allerdings kam es nur in der Weimarer Republik punktuell zur Zusammenarbeit zwischen Institutionen der Sozialdemokratie und Organisationen des deutschen Judentums, z. B. dem Centralverein deutscher Staatsbürger jüdischen Glaubens (C.V.). Das könnte vielleicht mit dem gegenseitigen Mißtrauen zwischen der Arbeiterbewegung und den tief im Bürgertum wurzelnden offiziellen Vertretern des deutschen Judentums erklärt werden.[17] Unbestreitbar ist jedoch der prägende Einfluß und die Integrationswilligkeit der SPD gegenüber einzelnen aus dem Judentum stammenden Politikern auf Gemeinde, Landes- und Reichsebene (Bruno Asch, Rudolf Hilferding), besonders als in der Weimarer Republik dem deutschen Judentum nach der Revolution auch die höheren Staatsämter und Beamtenstellen offenstanden, die ihnen im Kaiserreich noch verweigert waren. Symptomatisch für die projüdische Haltung der Parteimehrheit und den überzeugend geführten Abwehrkampf gegen die Auflösung der Republik und den Aufstieg der NSDAP und des Antisemitismus war auch das Vertrauen, das das deutsche Judentum der Sozialdemokratie bei Wahlen und im politischen Kampf entgegenbrachte.[18]

Richtungsweisend für die sozialdemokratische Theorie und Praxis in bezug auf den Antisemitismus waren die Erfahrungen mit den beiden Wellen des Antisemitismus in den 1880er und 1890er Jahren.[19]

Kurz nach dem Erlaß des Sozialistengesetzes 1878 kam in Deutschland die erste Welle des politischen Antisemitismus ins Rollen. Sie wurde ausgelöst von dem Berliner Hofprediger Adolf Stoecker, der mit der Gründung der Christlich-sozialen Partei der Sozialdemokratie das Wasser abzugraben und die Arbeiterschaft Berlins wieder für den christlichen Obrigkeitsstaat und die Monarchie zurückgewinnen wollte. Doch statt zu einer Arbeiterbewegung entwickelte sich die sogenannte Berliner Bewegung zu einer Mittelstandspartei, die u.a. auf herrschende antisemitische Vorurteile innerhalb der Bevölkerung bei der Agitation zurückgriff, die durch den Börsenkrach 1873 und die sich daran anschließende wirtschaftliche Depression[20] neuen Auftrieb erfahren hatten. Statt die Ursachen der Wirtschaftskrise im kapitalistischen System selbst zu suchen – wie später auch in Inflation und Wirtschaftskrise ab 1928/29, von der der Mittelstand am meisten in seiner sozio-ökonomischen Situation bedroht war, wurde der jüdischen Bevölkerungsgruppe im Sinne der Sündenbocktheorie alle Schuld an den gegenwärtigen wirtschaftlichen und gesellschaftlichen Mißständen in die Schuhe geschoben. Die Stoeckerbewegung – ähnlich wie später die Hitlerbewegung eine Bündelung verschiedener politischer Richtungen, deren Bindeglied der Antisemitismus war –[21] trug insgesamt einen reaktionären Charakter, entwickelte keine in sich geschlossene Weltanschauung, argumentierte zwar antisemitisch, aber lehnte sich noch nicht an Rassentheorien an, die in Frankreich in der ersten Hälfte des 19. Jahrhunderts entstanden, in Deutschland aber erst Ende des Jahrhunderts aufgegriffen wurden und mit dem Aufkommen des Nationalismus im Wilhelminischen Zeitalter größere Verbreitung gewannen. Der Antisemitismus der Stoeckerbewegung – anders als der der späteren Hitlerbewegung – war noch gespeist und argumentierte mit den traditionellen Vorurteilen gegen das Judentum.

Die Christlich-soziale Partei – die Stoecker- oder Berliner Bewegung – war insgesamt antiliberal, antiparlamentarisch und antidemokratisch eingestellt, die Ausprägungsform des Antisemitismus war im Denken der vorindustriellen Gesellschaft verankert. »Der Jude« galt der Stoecker-Bewegung als Vertreter der Moderne und des Kapitalismus, aber noch nicht als Prototyp/Phänotyp einer Rasse. Die Anhängerschaft der Berliner Bewegung bestand im wesentlichen aus Beamten, dem alten Mittelstand – z. B. Handwerkern – auch aus Vertretern von Hof- und Regierungskreisen – aus all jenen, die die politische, gesellschaftliche und industrielle Entwicklung seit der französischen Revolution rückgängig machen wollten, sie ablehnten und bekämpften.

In den 1890er Jahren dagegen wandelte sich das Erscheinungsbild des politischen Antisemitismus. Er gebärdete sich am lautesten als Bauernbewegung in Hessen unter Otto Boeckel und in Pommern unter Hermann Ahlwardt. Diese antisemitischen Bewegungen konnten aber auch – wie die Stoecker-Bewegung – in Sachsen eine breite Anhängerschaft gewinnen. Symptomatisch für diese Strömung des politischen Antisemitismus war die Tatsache, daß der Judenhaß nunmehr unter dem Einfluß der Rassentheorien zu einer Ideologie wurde, die auf Wahnideen beruhte. Sie machte das Judentum nicht nur lediglich für soziale und wirtschaftliche Mißstände verantwortlich, sondern dichtete ihm per se einen verhängnisvollen Einfluß auf die Gesellschaft an. Die SPD versuchte zu dieser Zeit durch Beispiele aus der Geschichte des Judentums diese verhängnisvollen Ideen zu widerlegen. Sie ging von dem Grundsatz aus, daß »die Juden durchschnittlich genommen nicht besser aber auch nicht schlechter als die sogenannten Christen sind.«[22] und daß sie »das Produkt der Verhältnisse gleich den übrigen Menschen sind.«[23] Wurden in der antisemitisch-völkischen Ideologie der 1890er Jahre wie später in der Hitler-Bewegung dem »deutschen Wesen« Tugenden wie »Respekt vor der Tradition, Bemühen um die Erhaltung des in Jahrhunderten Gewachsenen, Ehrfurcht vor der von Gott gewollten Obrigkeit« und »die

Zurückstellung individueller Wünsche hinter die Verpflichtungen gegenüber der Gemeinschaft« zugeordnet,[24] so tauchten in der antisemitisch-völkischen Terminologie zur Kennzeichnung des jüdischen Wesens die Eigenschaften »egoistisch, unsozial, unlauter, häßlich« und »sinnlich« auf,[25] und »das Judentum« wurde in dieser antisemitischen Terminologie zur »bloßen Kontrastfigur des germanisch-deutschen Wunsch- und Idealtypus«.[26] Auch politisch trug der völkische Antisemitismus im Gegensatz zur Stoecker-Bewegung einen anderen Charakter: Er war nationalistisch und scheinbar radikaldemokratisch. Die antisemitische Bewegung war nunmehr zur Protestbewegung des sog. kleinen Mannes geworden, der verarmten Mittelschichten, in der Hauptsache aber der Bauern, die unter der mit der Depression im Industriesektor einhergehenden Agrarkrise zu Beginn der 1890er Jahre stark verschuldet waren und ins Proletariat abzusinken drohten.

Funktion und Erscheinungsbild des Antisemitismus im 19. Jahrhundert prägten die Stellungnahme und Haltung der SPD zum Antisemitismus entscheidend. Vor dem Aufkommen des politischen Antisemitismus hatte die Sozialdemokratie ihn in erster Linie als Privatmeinung einzelner Personen registriert und nur dann reagiert, wenn andere Komponenten der ideologischen und politischen Beeinflussung für die Arbeiterschaft hätten gefährlich werden können.[27]

Erst mit dem Auftreten der Stoecker-Bewegung wurde der Antisemitismus von der SPD als parteipolitische und gesellschaftliche Gefahr ernstgenommen, so daß man es für notwendig befand, seine politische Funktion aufzudecken und die in SPD und Gewerkschaften organisierte Arbeiterschaft gegen den Antisemitismus zu immunisieren. Sogleich wurde um Verständnis für die jüdische Minderheit geworben und der Antisemitismus künftighin als politischer Faktor im Auge behalten. Die SPD legte dabei – wie in späteren antisemitischen Wellen – eine den heutigen Erkenntnissen entsprechende Analyse des Antisemitismus vor, die auf den Grundsätzen ihres politischen und sozio-ökonomischen Weltbildes basierte: So betonte sie bei ihrem Feldzug gegen den Antisemitismus der Stoecker-Bewegung zu Recht, daß die Judenfeindschaft der subjektive Ausdruck für die in der wirtschaftlichen Depression ab 1873 in wirtschaftliche, gesellschaftliche und weltanschauliche Unsicherheit geratenen Mittelschichten sei.

Die Regierung und konservativen Parteien unter Bismarck hatten den Antisemitismus bewußt als antiliberale und antisozialistische

Ideologie eingesetzt, um Anhänger für eine Politik zu gewinnen, die zwar eine demokratische Massenbasis zur Stabilisierung des in die Krise geratenen Systems schaffen, inhaltlich und politisch jedoch nicht deren Interessen vertreten wollte. So führte Wilhelm Liebknecht 1893 in einer Rede über den Kölner Parteitag der SPD aus: »Gewiß, wäre das Vorurteil gegen die Juden und die wirtschaftliche Not nicht gewesen, so hätte die Judenhatz nicht zu einer antisemitischen Bewegung werden können, allein gewiß ist aber auch: wenn Stoecker und die ersten Mitstoecker am Kragen gepackt und ins Gefängnis gesteckt worden wären, statt von oben gehätschelt und ermutigt zu werden, dann hätten wir nie etwas von einer antisemitischen Bewegung gehört.«[28]

Die SPD ging außerdem davon aus, daß Sozialistengesetz und antisemitische Bewegung denselben Wurzeln entsprangen: Sie sollten die Unzufriedenheit der Bevölkerung von den wirtschaftlichen und gesellschaftlichen Mißständen ablenken und auf die beiden, in der Bevölkerung und vom Staat gleichermaßen verfolgten Minderheiten übertragen:

So analysiert ein Artikel im *Sozialdemokrat* am 6. Februar 1881: »Belagerungszustand und Judenhetze, diese Schandbeulen des Volkes der Dichter und Denker im 19. Jahrhundert, gedeihen und wachsen zu Nutz und Frommen der ›nationalen Größe‹ und des nationalen Kampfes. ›Sozialistenhatz‹ und ›Judenhatz‹ haben dieselben Wurzeln. Sie entspringen einerseits dem Streben, die allgemeine Unzufriedenheit auf gewisse Objekte abzulenken, gegen welche die Vorurteile besonders stark sind und andererseits derselben Brutalität, Gemeinheit und Gewissenlosigkeit, wie sie im Hohenzollernreich seit jeher gepflegt wurden.«

Dieses Erklärungsmodell für den konservativ geprägten Antisemitismus wurde von der Sozialdemokratie immer dann im In- und Ausland (vor allem Rußland) angewandt, wenn der Antisemitismus quasi als »Verschleierungsideologie« auftrat, d. h. im Vorfeld oder als integraler Bestandteil von politischen Parteien, die einen Strukturwandel des Gesellschaftssystems verhindern wollten oder wenn der Antisemitismus seitens der Regierung bewußt als Ablenkungsmanöver gegen sich bereits abzeichnende revolutionäre Prozesse gesteuert wurde. Doch die Stärke der Partei, mittels ihrer Gesellschaftstheorie eine zutreffende Analyse der Funktion und Anhängerschaft des politischen Antisemitismus vorzulegen, die sich weitgehend mit den

Erkenntnissen der modernen Antisemitismusforschung deckt, erwies sich zugleich als ihre Schwäche. Denn sie beurteilte mit dem sozioökonomischen Erklärungsmodell einseitig alle Strömungen des modernen Antisemitismus. Indem die Sozialdemokratie den Antisemitismus grundsätzlich als Krisenideologie der bürgerlichen Gesellschaft begriff, stellte sie die Intensität des Abwehrkampfes auf den Grad des Auflösungsprozesses der bestehenden Verhältnisse ein, den sie in direkter Relation zum Erscheinungsbild des Antisemitismus abzulesen vermeinte. Sie sah sich demzufolge nicht durchgängig gezwungen, spezielle Kräfte für die Abwehr einer Ideologie freizumachen, deren sozio-ökonomischer Basis sie kaum mehr Lebenschancen einräumte und die sie politisch ohnehin bekämpfte.

So erklärt sich die geschlossene und spontane Abfuhr, die Parteiführung und -basis, Tages- und Unterhaltungspresse dem Stoecker-Antisemitismus in den 1880er Jahren zur Zeit des Sozialistengesetzes erteilte aus den besonderen Handlungsbedingungen der SPD und der Funktion des Antisemitismus: Da der politische Aktionsradius der Partei stark eingeschränkt war, sie für den Bestand ihrer Organisation und die Aufrechterhaltung demokratischer Errungenschaften gleichermaßen kämpfen mußte, außerdem die Folge von Ausnahmegesetzen am eigenen Leib spürte, verwandte sie sich nicht nur theoretisch aufs schärfste gegen den Antisemitismus, sondern suchte darüber hinaus um Verständnis und Sympathie für die verfolgte jüdische Minderheit zu werben. Gerade weil der SPD eine Theorie zur Verfügung stand, die die historische Entwicklung als dialektisch verlaufenden Klassenkampf verstand, und die Krisen der Wirtschaft als Gesetzmäßigkeiten des kapitalistischen Systems erklären konnte, hatte sie es weder nötig, nach einem Sündenbock für die Mißstände der Gegenwart zu suchen, noch den sozialpsychologischen Mechanismus anzuwenden, aufgrund der Verweigerung eigener gesellschaftlicher Anerkennung angestaute Aggressionen auf eine andere diskriminierte Minderheit abzuladen, um so den eigenen Standort im gesamtgesellschaftlichen Gefüge zu festigen und den Verlust von Selbstwertgefühl auszugleichen. Während das Zentrum und die katholische Presse zu diesem Mechanismus geneigt haben soll,[29] als die katholische Bevölkerung unter den Repressionsmaßnahmen des Bismarckschen Kulturkampfes in ähnlicher Weise litt wie die Sozialdemokraten später unter dem Sozialistengesetz, vermied die SPD in dieser Konfliktsituation nicht nur bewußt die damals geläufigste Form der Gesellschaftskritik – die Identifikation von Judentum und Kapitalismus – sondern trat bei politischen Entscheidungen und in ihrer Bildungsarbeit dem Antisemitismus offensiv und provokativ entgegen. So lehnte sie bei Wahlkämpfen jegliche Angebote der Christlichsozialen Stoecker-Partei zu einem Zusammengehen bei Stichwahlen ab, stellte ihrerseits jüdische Kandidaten auf und warnte in Wahlaufrufen nachdrücklich vor der Kandidatur des Hofpredigers: So schrieb das *Berliner Volksblatt* – der spätere *Vorwärts* – am 3. Oktober 1884:

»Herr Stoecker ist speziell aber nicht bloß konservativ, sondern auch der Führer der Antisemiten, die jüngst in ganz ungeschminkter Weise die Austreibung der Juden forderten.«

Die SPD verwandte sich ferner gegen die in Parlament und Öffentlichkeit betriebene Diskussion um Ausnahmegesetze für die Juden, die in der sog. Antisemitenpetition von 1880 gefordert wurden. Man wollte dabei die Judenemanzipation von 1869 bzw. 1870/71 rückgängig machen, d.h. die bürgerlichen und staatsbürgerlichen Rechte der Juden wieder suspendieren. Außerdem stellte die SPD als eigenen Kandidaten bei Reichstagswahlen der 1880er Jahre Paul Singer auf, der die antisemitische Stimmung in zweifacher Hinsicht herausfordern mußte: er war Jude, Sozialdemokrat und zudem Kleiderfabrikant und entsprach damit dem antisemitischen Stereotyp, das selbst von dem Berliner Universitätsprofessor Heinrich Treitschke propagiert wurde.[30]

Unterstützend zum politischen Abwehrkampf gegen den Antisemitismus, den die SPD in der Öffentlichkeit führte, setzte sich die sozialdemokratische Unterhaltungspresse (z. B. die *Neue Welt*, der *Süddeutsche Postillon*) bis 1890 mit den Problemen des Judentums auseinander. Dabei standen im Vordergrund das Judentum als jahrhundertelange unterdrückte und rechtlose Minderheit und die Hervorhebung seiner Verdienste für die Kulturgeschichte Deutschlands durch Lebensbeschreibungen einzelner jüdischer Philosophen, Wissenschaftler und Dichter. (Moses Mendelssohn, Heinrich Heine)

In den 1890er Jahren und nach der Jahrhundertwende, als das Sozialistengesetz aufgehoben worden war und sich der Antisemitismus zu einer ideologisch und politisch komplizierteren Erscheinung entwickelt hatte, reagierte die SPD in Analyse und Politik zwar differenzierter, aber teilweise auch zwiespältiger und gleichgültiger als im vorangegangenen Jahrzehnt. Die unterschiedliche Haltung gegenüber dem Antisemitismus resultierte jedoch bei der Sozialdemokratie aus ihren gewandelten politischen und gesellschaftlichen Rahmenbedingungen und dem gewandelten Erscheinungsbild des Antisemitismus, nicht etwa aus einer grundsätzlich anti- oder philosemitischen Einstellung ihrer Mitglieder.[31]

1890 nach Aufhebung des Sozialistengesetzes sah sich die Partei einerseits mit der Möglichkeit konfrontiert, neue Wählerschichten zu gewinnen und über ihre immer stärker werdende parlamentarische Macht Einfluß auf die Gestaltung der Wirtschafts- und Gesellschaftsstruktur auszuüben, andererseits mit dem Problem der Zuspitzung der wirtschaftlichen Krise. Sie interpretierte Ende des 19. Jahrhunderts die Überschneidung des Konjunkturabschwungs im industriellen wie agrarischen Sektor im Gegensatz zu den Krisen der Weimarer Republik vorschnell als den Beginn des Zusammenbruchs der kapitalistischen Wirtschaft und der bürgerlichen Gesellschaft.

So basierte die Abwartehaltung der Parteiführung – nicht der Basis – gegenüber dem völkischen Antisemitismus, der sich zu Beginn der 1890er Jahre wie später in Krisenzeiten der Weimarer Republik besonders radikal gebärdete, nicht etwa auf ideologischen Übereinstimmungen oder gar Sympathien für den Antisemitismus, sondern auf der einseitigen Betonung des ökonomischen Determinismus im Geschichtsverlauf und dem Glauben an den baldigen Zusammenbruch der bestehenden Verhältnisse seitens der Sozialdemokratie. Diese Betrachtungsweise behinderte die SPD (im Gegensatz zu 1928), ein Agrar- und Mittelstandsprogramm zu entwickeln und damit ein Alternativkonzept gegen den sich verselbständigenden und radikalisierenden Antisemitismus zu erarbeiten. Angesichts der vermeintlichen Auflösungs- und Fäulnisprozesse der bürgerlichen Gesellschaft meinte die Partei, u. a. unter dem Einfluß von Franz Mehring,[32] dem Treiben der Antisemiten und dem Verhalten der bürgerlichen Parteien gegenüber dem Antisemitismus gleichmütig gegenüberstehen zu können, weil diese Erscheinungen mit dem Untergang des Gesellschaftssystems von selbst verschwinden würden. Der *Vorwärts* urteilte am 13. April 1892: »Der Antisemitismus ist nur eine kleine Episode in dem Kampfe gegen den Kapitalismus, und er wird verschwinden vor dem sozialistischen Geiste, der die Ausbeutung in jeder Form bekämpft und der die kapitalistische Wirtschafts- und Gesellschaftsform vernichten wird.« Im übrigen hoffte die Sozialdemokratie zu Beginn der 1890er Jahre, daß die soziale Spannung, der der

Antisemitismus Ausdruck gab, über kurz oder lang zu einer allgemeinen Kapitalismuskritik anwachsen werde und daß die erstmals durch den Antisemitismus politisch erwachten Kleinbürger und Bauern mit der nötigen Aufklärungsarbeit in das Lager der Sozialdemokratie überwechseln würden, der Antisemitismus also gleichsam als »Durchgangsstadium« zum Sozialismus betrachtet werden könne.[33]

Diese Meinung brachte die auf dem Kölner Parteitag der SPD verabschiedete Resolution 1893 zum Ausdruck:

»Da nun die Sozialdemokratie der entschiedenste Feind des Kapitalismus ist, einerlei ob Juden oder Christen seine Träger sind, und da sie das Ziel hat, die bürgerliche Gesellschaft zu beseitigen, indem sie deren Umwandlung in die sozialistische Gesellschaft herbeiführt, wodurch aller Herrschaft des Menschen über den Menschen, wie aller Ausbeutung des Menschen durch den Menschen ein Ende bereitet wird, lehnt es die Sozialdemokratie ab, ihre Kräfte im Kampfe gegen die bestehende Staats- und Gesellschaftsordnung durch falsche und darum wirkungslos werdende Kämpfe gegen eine Erscheinung zu zersplittern, die mit der bürgerlichen Gesellschaft steht und fällt. Die Sozialdemokratie bekämpft den Antisemitismus als eine gegen die natürliche Entwicklung der Gesellschaft gerichtete Bewegung, die jedoch trotz ihres reaktionären Charakters wider ihren Willen schließlich revolutionär wirkt, weil die von dem Antisemitismus gegen die jüdischen Kapitalisten aufgehetzten kleinbürgerlichen und kleinbäuerlichen Schichten zu der Erkenntnis kommen müssen, daß nicht bloß der jüdische Kapitalist, sondern die Kapitalistenklasse überhaupt ihr Feind ist und daß nur die Verwirklichung des Sozialismus sie aus ihrem Elende befreien kann.«[34]

Aber weder Einstellung noch Zögern der Parteiführung in den frühen 1890er Jahren hatten Einfluß auf Position und Politik der an der Basis und in den Hochburgen des Antisemitismus arbeitenden Parteimitglieder gehabt. Diese fühlten sich zwar den Agitationsmethoden der Antisemiten nicht gewachsen, aber in ihren Reihen hatte sich das Bedürfnis aus dem vergangenen Jahrzehnt erhalten, dem Antisemitismus schnell und entschieden gegenüberzutreten. Sie verlangten ein aufklärendes Eingreifen der Parteiführung, weil aus ihrer Erfahrung den bäuerlichen und kleinbürgerlichen Schichten ein tieferes Verständnis für ökonomische und gesellschaftliche Zusammenhänge fehle und die SPD in der Gefahr stünde, diese potentiellen Wählergruppen an den Antisemitismus zu verlieren. So stellte das »Volksblatt für Hessen und Waldeck« am 28. Juni 1893 fest: »Wir haben schon oft darauf hingewiesen, daß es wirtschaftliche Ursachen sind, die eine wirtschaftlich zerrüttete, im Niedergang befindliche Gesellschaftsklasse, deren Blick noch nicht durch langjährige politische Tätigkeit geschärft ist, für die Ergründung verwickelter Erscheinungen, zunächst einigen plumpen Demagogen in die Arme getrieben haben.« Und deshalb forderte der Abgeordnete Zapay aus Marburg, einer Hochburg des Boeckel-Antisemitismus, schon 1890 auf dem Parteitag in Halle: »Daß für die ländliche Bevölkerung etwas geschehen muß, wenn anders wir Boeckels Agitation gegenüber nicht in einzelnen Distrikten zurückweisen sollen.«[35]

Aufklärungsarbeit gegen den Antisemitismus und Landagitation lagen in den 1890er Jahren eindeutig bei den Parteimitgliedern, die in den Hochburgen des Antisemitismus in Hessen, Sachsen und Pommern arbeiteten. Sie forderten die Parteiführung mehrfach auf, Analysen und Stellungnahmen zum radikalen Antisemitismus vorzunehmen, vor allem weil sie nicht uneingeschränkt der von der Parteiführung propagierten Zusammenbruchstheorie des kapitalistischen Wirtschaftssystems anhingen. Das Grundsatzreferat von August Bebel zum Antisemitismus wurde erst 1893 vorgelegt und 1906 nochmals als Broschüre veröffentlicht. Es gibt eine detaillierte und heute noch gültige Analyse des modernen Antisemitismus und seiner Anhängerschaft. Es kann als grundsätzliche Stellungnahme der SPD zum Antisemitismus gewertet werden, die auch Jahre später noch maßgeblich für die Partei sein sollte. Es spiegelt ihren Fortschrittsglauben und ihr rationales Menschenbild wider. An der Parteibasis wurde die Aufklärungsarbeit gegenüber dem Antisemitismus den tagespolitischen Bedürfnissen angepaßt. Als Beispiel mag eine Broschüre dienen, die anläßlich von Ritualmordgerüchten 1892 in Xanten am Niederrhein entstand und überregional verbreitet wurde. Sie griff in einfacher und eingängiger Sprache die Argumente des religiösen und rassistischen Antisemitismus auf und versuchte, sie in überzeugender Form zu widerlegen.

III

Nach der Jahrhundertwende und in der Weimarer Republik änderte sich die Einstellung der SPD gegenüber dem Antisemitismus nicht mehr grundlegend. Die entscheidende Prägung ihrer Haltung hatte sie in den 1880er und zu Beginn der 1890er Jahre erfahren. Auch wenn das Gesellschaftssystem nicht zusammengebrochen war und der Antisemitismus nach der Jahrhundertwende vorübergehend wieder ins konservative Lager zurückkehrte, um sich dann in den Krisenzeiten von Krieg und Revolution, Inflation und Wirtschaftsdepression wieder zu radikalisieren, revidierte die SPD nicht grundsätzlich ihre Einstellung zum Antisemitismus. Alle Kräfte waren auch künftighin auf den Kampf gegen die negativen Auswirkungen der kapitalistischen Wirtschafts- und Gesellschaftsordnung konzentriert und gleichsam darunter wurde der Kampf gegen den Antisemitismus geführt. Als in den Krisenzeiten der Weimarer Republik der gesellschaftliche und politische Antisemitismus starken Auftrieb erhielt, fand sich die SPD bereit, in Publizistik und Öffentlichkeit gegen ihn zu Felde zu ziehen. Sie führte als einzige große demokratische Organisation den Abwehrkampf gegen NSDAP und Antisemitismus auf breiter Front zusammen mit den jüdischen Abwehrorganisationen, z. B. dem Centralverein deutscher Staatsbürger jüdischen Glaubens. Man tauschte Informationsmaterial für die Presse aus, unterstützte sich gegenseitig finanziell bei Wahlkämpfen und versuchte durch Veranstaltungen und Publikationen die antisemitischen Argumente aus den Angeln zu heben.[36]

Von Bruno Weil, einem führenden Funktionär des Centralvereins liegt sogar die spätere Äußerung vor, »daß tatsächlich außer der SPD keine einzige Partei geneigt gewesen (sei), auf die Warnungen und Hinweise des Centralvereins den Nationalsozialismus betreffend einzugehen.«[37]

Allenfalls die KPD zeigte die Neigung, in der Revolutionsphase, 1923 beim sogenannten Schlageter-Kurs und ab 1928 mit Anlehnungen an die antisemitische und nationalistische Stimmung in der Bevölkerung Stimmen für sich zu gewinnen.[38] Aber das blieb nur punktuell. Im großen Ganzen verzichtete auch sie – genau wie die SPD – darauf, durch Anlehnung an den Antisemitismus, eigene politische Vorteile zu erzielen.[39]

Auch wenn die SPD im Kaiserreich in der Unterhaltungspresse und in Kalendern gelegentlich ihre offizielle Haltung gegenüber dem Antisemitismus unterlief und ihrerseits Karikaturen, Romane und Erzählungen verbreitete, die antijüdische Klischeevorstellungen und Stereotype aufgriffen, sind diese Züge der sozialdemokratischen Kulturarbeit politisch nie zum Tragen gekommen. Obgleich sich die Sozialdemokratie zur Aufgabe gestellt hatte, die geläufigen Vorurteile über das Judentum, die durch die Sozialisation der Parteimitglieder (Familientradition, Schule, Kirche, Militär) auch innerhalb der SPD weiterlebten, abzubauen, konnten die der Unterhaltung dienenden Veröffentlichungen diesen Anspruch in der Praxis nicht einlösen. Denn ab 1890 tauchten in Karikaturen, Witzen, Romanen und Erzählungen des »Wahren Jakob«, der »Neuen Welt« und des »Süddeutschen Postillon« sowie in den Arbeiterkalendern gerade diejenigen Klischeevorstellungen über das Judentum auf, die sich im Kaiserreich als soziale Norm durchgesetzt hatten und von der politischen Bildungsarbeit der Sozialdemokratie bekämpft wurden. Die Unterhaltungspresse der Arbeiterbewegung druckte zwar weiterhin Romane und Erzählungen ab, die sich mit dem Judentum als unterdrückter Minderheit auseinandersetzten, z. B. Heinrich Heines »Rabbi von Bacharach« oder Aage Madelungs »Ein Pogrom«, tendierte aber ab 1890 auch dazu, Gesellschaftskritik als Identifikation von Judentum und Kapitalismus zu äußern. So wurden z. B. Passagen aus dem Roman von Wilhelm von Polenz »Der Büttnerbauer« in der »Neuen Welt« veröffentlicht, der die Verschuldung des bäuerlichen Mittelstandes einseitig den als Zwischenhändlern und Geldverleihern auftretenden jüdischen Geschäftsleuten in die Schuhe schob. Besonders die Karikaturen der Unterhaltungspresse vermittelten unkritisch die den Juden nachgesagten Eigenheiten und körperlichen Merkmale, die auf der politischen Ebene noch 1914 von Karl Kautsky in seiner umfangreichen Broschüre »Rasse und Judentum« widerlegt und ad absurdum geführt wurden. Die sozialdemokratische Unterhaltungspresse aber personifizierte Ausbeutung, Gefühlskälte, materialistisches Denken, Eitelkeit, Prunk- und Prahlsucht, Unordnung und Unruhe in Figuren, deren physiognomische Kennzeichnung aus der Rassentheorie entlehnt wurden.

Dieses gewissermaßen unreflektierte Vorgehen mag darin begründet sein, daß die Sozialdemokratie zwar ihren Ansprüchen im politischen Bereich gerecht wurde, nicht aber ihren Ansprüchen als kultureller Emanzipationsbewegung, d. h. daß es ihr nicht gelungen war, gegenüber der herrschenden bürgerlichen Kultur ein Alternativprogramm zu entwickeln. Diese Tatsache lag begründet in den Problemen der Subkultur bzw. Arbeiterkultur, die jedoch an dieser Stelle nicht bearbeitet werden können.

Für die Frage, ob sich diese Diskrepanz im Verhalten der Arbeiterbewegung, einerseits der Kampf gegen den Antisemitismus auf der politischen Ebene und andererseits die unkritische Wiedergabe geläufiger Klischeevorstellungen der wilhelminischen Gesellschaft über das Judentum im Bereich der Unterhaltungspresse, auch zur Zeit der Weimarer Republik nachweisen läßt, steht eine Detailuntersuchung noch aus. Selbst wenn man zu ähnlichen Ergebnissen wie im Kaiserreich kommen sollte, hat sich dieses Manko weder im Kaiserreich noch in der Weimarer Republik politisch bedeutend ausgewirkt. Die Sozialdemokratie galt mit allen ihren anhängenden Organisationen wie den Freien Gewerkschaften und dem Reichsbanner in der Weimarer Republik als der »beste Bundesgenosse« der jüdischen Abwehrorganisationen gegen die Auflösung der Demokratie und die Gefahren der NSDAP – so auch des anwachsenden Antisemitismus.[40] Daß die Arbeiterbewegung diesen Prozeß nicht aufhalten konnte und den Antisemitismus in seinen letzten Konsequenzen – dem Holocaust – wie wir ihn kennen, unterschätzte, mag drei Gründe haben: Einmal, daß sie aus dem Vormärz und den Erfahrungen im Kaiserreich eine antipluralistische Konzeption der Judenfrage übernommen und entwickelt hatte, die die allmähliche Assimilation und damit Integration der jüdischen Bürger in die Gesamtgesellschaft vorsah und sich keine Alternativen vorstellen konnte. Zum anderen, daß sie mit der Auflösung der bürgerlich-kapitalistischen Gesellschaft und dem Übergang zum Sozialismus mit dem Prinzip der Gleichheit aller Menschen auch die Diskriminierung und Verfolgung der jüdischen Minderheit durch den Antisemitismus aufgehoben sah. Und zum dritten, daß sie sich aus ihren Erfahrungen der eigenen Diskriminierung als Minderheit unter dem Sozialistengesetz für Deutschland doch nicht vorstellen konnte, daß der Antisemitismus jemals offizielle Regierungspolitik werden könnte. So spiegelte August Bebel, als er 1906 den deutschen und russischen Antisemitismus verglich (Pogrome nach der Revolution von 1905 in Rußland), sicherlich die Meinung der Parteiführung und -basis wider sowie das auf Fortschrittsglauben und Rationalität basierende Welt- und Menschenbild der Sozialdemokratie: »Der Antisemitismus, der nach seinem Wesen nur auf die niedrigsten Triebe und

Instinkte einer rückständigen Gesellschaftsschicht sich stützen kann, repräsentiert die moralische Verlumpung der ihm anhängenden Schichten. Tröstlich ist, daß er in Deutschland nie Aussicht hat, irgendeinen maßgebenden Einfluß auf das staatliche und soziale Leben auszuüben.«[41]

Anmerkungen

1 D. Blasius, Judenfrage und Gesellschaftsgeschichte, in: Neue Politische Literatur XIII, (1978), H. 1, S. 17–33, S. 33.

2 E. Silberner, Sozialisten zur Judenfrage, Berlin 1962, S. 291–293.

3 R. Rürup, Emanzipation und Antisemitismus. Studien zur Judenfrage der bürgerlichen Gesellschaft (= Kritische Studien zur Geschichtswissenschaft 15), Göttingen 1975, S. 111.

4 R. Leuschen-Seppel, Sozialdemokratie und Antisemitismus im Kaiserreich. Die Auseinandersetzungen der Partei mit den konservativen und völkischen Strömungen des Antisemitismus 1871–1914 (= Forschungsinstitut der Friedrich Ebert-Stiftung, Reihe Politik und Gesellschaftsgeschichte), Bonn-Bad Godesberg 1978.

5 Zahlreiche Beispiele dazu in E. Silberner, a. a. O..

6 Ähnlich in der Beurteilung Hans-Helmuth Knütter, Die Linksparteien, in: W. E. Mosse/A. Paucker (Hg.), Entscheidungsjahr 1932. Zur Judenfrage in der Endphase der Weimarer Republik, Tübungen 1965, S. 323–345, S. 326.

7 E. Silberner, a. a. O., S. 202 f; H. H. Knütter, Die Juden und die deutsche Linke in der Weimarer Republik 1918–1933 (= Bonner Schriften zur Politik und Zeitgeschichte 4), Düsseldorf 1971, S. 154.

8 E. Bernstein, Sozialdemokratische Lehrjahre, Berlin 1928, S. 26 ff.; weitere Beispiele für judenfeindliche Ressentiments der »Lassalleaner« gegenüber den »Eisenachern« vgl. R. Leuschen-Seppel, a. a. O., S. 38–50.

9 Vgl. H. H. Knütter, Die Linksparteien, a. a. O., S. 340.

10 Vgl. ders., Die Juden und die deutsche Linke, a. a. O., bes. S. 174–205, S. 212; ders., Die Linksparteien, a. a. O., S. 334 ff.

11 Vgl. Internationales Symposion zur Reichspogromnacht am 6. 11. 88 in Bonn.

12 Vgl. H. H. Knütter, Die Juden und die deutsche Linke, a. a. O., S. 207.

13 Vgl. A. Paucker, Der jüdische Abwehrkampf gegen Antisemitismus und Nationalismus in den letzten Jahren der Weimarer Republik (= Hamburger Beiträge zur Zeitgeschichte, Band IV), Hamburg ²1969, bes. S. 87 ff., S. 95 ff..

14 K. Felden. Die Übernahme des antisemitischen Stereotyps als soziale Norm durch die bürgerliche Gesellschaft Deutschlands. 1875–1900, Diss. phil., Heidelberg 1963.

15 Vgl. dazu ausführlich R. Leuschen-Seppel, a. a. O..

16 Vgl. ebd., bes. S. 227 ff.; H. H. Knütter, Die Linksparteien, a. a. O., S. 340 f..

17 A. Paucker, Der jüdische Abwehrkampf, a. a. O., S. 87 ff., 94 ff.; W. E. Mosse, Der Niedergang der Weimarer Republik und die Juden, in: Entscheidungsjahr 1932, a. a. O., S. 6.

18 A. Paucker, Der jüdische Abwehrkampf, S. 29, S. 89, S. 94, S. 101.

19 Vgl. dazu ausführlich W. Jochmann, Struktur und Funktion des deutschen Antisemitismus, in: W. E. Mosse/A. Paucker (Hg.), Juden im Wilhelminischen Deutschland, 1890–1914. Ein Sammelband (= Schriftenreihe wissenschaftlicher Abhandlungen des Leo Baeck Instituts, Bd. 33), Tübingen 1976, S. 389–477.

20 Vgl. H. Rosenberg, Große Depression und Bismarckzeit. Wirtschaftsablauf, Gesellschaft und Politik in Mitteleuropa (= Veröffentlichungen der Historischen Kommission beim Friedrich-Meinecke-Institut der Freien Universität Berlin, Bd. 24), Berlin 1967.

21 H. H. Knütter, Die Juden und die deutsche Linke, S. 209 ff.

22 A. Bebel, Nachtrag zu »Antisemitismus und Sozialdemokratie« (Broschüre), Berlin 1906, S. 34.

23 W. Liebknecht, Rede über den Kölner Parteitag mit besonderer Berücksichtigung der Gewerkschaftsbewegung. Gehalten zu Bielefeld am 29. Oktober 1893, Bielefeld 1893, (Broschüre), S. 33.

24 W. Jochmann, Struktur und Funktion des deutschen Antisemitismus, S. 403.

25 Vgl. P. W. Massing, Vorgeschichte des politischen Antisemitismus, Frankfurt/Main 1959 (engl. Ausgabe: Rehearsal for Destruction, New York 1949), S. 107.

26 H. G. Zmarzlik, Der Antisemitismus im Kaiserreich von 1871, in: ders., Wieviel Zukunft hat die Vergangenheit? Aufsätze und Überlegungen eines Historikers vom Jahrgang 1922, München 1970, S. 32–50, S. 41.

27 So die Einflußmöglichkeiten des Berliner Privatdozenten Eugen Dühring auf die frühe Arbeiterbewegung, der Friedrich Engels zu begegnen suchte: F. Engels, Herrn Eugen Dührings Umwälzung der Wissenschaft, in: MEW 20, S. 5–292. Auch als »Anti-Dühring« bekannt.

28 W. Liebknecht, Rede über den Kölner Parteitag, S. 31.

29 Vgl. dazu A. Haase, Katholische Presse und die Judenfrage. Inhaltsanalyse katholischer Periodika am Ende des 19. Jahrhunderts (= Dortmunder Beiträge zur Zeitungsforschung 20), Pullach 1975.

30 Vgl. dazu W. Boehlisch (Hg.), Der Berliner Antisemitismusstreit, Frankfurt/Main 1965.

31 Wie E. Silberner in seinem Buch »Sozialisten zur Judenfrage« nachzuweisen suchte, S. 201 ff..

32 F. Mehring, Anti- und Philosemitisches, in: Die Neue Zeit, 9. Jg. (1890/91), Bd. 2, S. 585–588.

33 H. H. Knütter, Die Juden und die deutsche Linke, S. 212.

34 Resolution »Antisemitismus und Sozialdemokratie«, in: Protokoll über die Verhandlungen des Parteitages der Sozialdemokratischen Partei Deutsch-

lands. Abgehalten zu Köln a. Rh. vom 22.–28. Oktober 1893, Berlin 1893, S. 223 f..

35 Protokoll über die Verhandlungen des Parteitages der Sozialdemokratischen Partei Deutschlands. Abgehalten zu Halle a. S. vom 12.–18. Oktober 1890, Berlin 1890, S. 48.

36 Vgl. dazu ausführlich A. Paucker, Der jüdische Abwehrkampf, S. 29, S. 37, S. 87, S. 89, S. 94, S. 96 f..

37 A. a. O., S. 94.

38 Nach H. H. Knütter, Die Juden und die deutsche Linke, S. 174–205.

39 A. Paucker, Der jüdische Abwehrkampf S. 166 berichtet von einer Analyse des C. V. in der Weimarer Republik, daß Nationalsozialismus und Antisemitismus in den »festgefügten Kreisen des SPD und KPD im Gegensatz zu den bürgerlichen Parteien nichts habe anhaben können«.

40 A. a. O., S. 89.

41 A. Bebel, Zweiter Nachtrag zu »Antisemitismus und Sozialdemokratie« (Broschüre), Berlin 1906, S. 38.

Günter van Norden

Die Evangelische Kirche und die Juden im »Dritten Reich«

Es handelt sich hier um die Analyse jener kurzen 12 Jahre 1933 bis 1945, in der historischen Tiefendimension langdauernder Prozesse und Strukturen ein fast nicht begreifbares Zeit-Minimum, in dem eine jahrhundertealte jüdische Kulturtradition zerschlagen wurde. Das Jahr 1933 bezeichnet auf diesem Feld der Analyse einen gravierenden Einschnitt von Diskontinuität. Bei allen verbleibenden und fortwirkenden Kontinuitäten, die durch die Hervorhebung des Jahres 1933 manchmal verdeckt werden, benennt »1933« einen Sprung, einen Einschnitt, weil mit diesem Jahr die sog. Judenfrage einen neuen Stellenwert erhält. Sie hatte sich in den vergangenen Zeiten immer wieder einmal in tobenden Ausbrüchen und – territorial unterschiedlich – in schleichenden Diskriminierungen präsentiert, sie war im 19. Jahrhundert in Deutschland in völkisch-rassistischen Kreisen ebenso plump wie lautstark, aber ohne politische Relevanz erörtert worden – sie tritt jetzt mit dem Jahr 1933 aus der Peripherie in das Zentrum der regierungsamtlichen Aktivitäten. Sie wird sozusagen hoffähig. Das, was im 19. Jahrhundert in bürgerlichen, kleinbürgerlichen und bäuerlichen Kreisen – angeheizt von einzelnen Gruppen radikaler Antisemiten – sich in einem mehr oder weniger hämischen Vorurteilsverhalten äußerte, wird jetzt manifestes offizielles Programm der Herrschenden.

I

Was ist das für ein Programm? Es gibt in dem diffusen nationalsozialistischen Weltanschauungskonglomerat zwei Feindbilder, die sozusagen feste programmatische Kerne bildeten: sie prägten die nationalsozialistischen Glaubenslehren »Antibolschewismus« und »Antisemitismus«. Ohne hier auf den wissenschaftlichen Diskurs zwischen den Intentionalisten und Funktionalisten eingehen zu wollen, kann man sicher sagen, daß diese beiden Vorstellungen das nationalsozialistische Potential einigten, so diffus es auch war. Es war von seiner soziologischen, ökonomischen und mentalen Struktur her trotz gewisser Schwerpunkte ebenso diffus – vom Prinzen bis zum Proletarier – wie der Weltanschauungsbrei, der dieses Potential erfüllte. Im Antisemitismus waren die Nationalsozialisten, so unterschiedlich sie sonst fühlten und dachten, relativ einig. Man kann also, wenn man an dem Funktionsbegriff festhalten will, sagen, daß dies die Funktion des Antisemitismus war: Verbindungskitt zu sein im diffusen nationalsozialistischen Potential. Aber sicher ging die funktionale Integrationskraft des Antisemitismus noch weit darüber hinaus: sie baute Barrieren ab, sie führte breite bäuerliche, kleinbürgerliche und bürgerliche Schichten, die von einem mehr oder weniger latenten Antisemitismus geprägt waren, in die Nähe des Nationalsozialismus, wenn nicht gar in die NS-Bewegung hinein; und sie fand auch bei den nichtnationalsozialistischen konservativen deutschen Herrschaftseliten positive Resonanz, so daß von da her eine Widersetzlichkeit gegen antisemitische nationalsozialistische Aktivitäten von 1933 an kaum zu erwarten war.

Was war das für ein Antisemitismus, der die Antwort auf die »Judenfrage« gab?

Es läßt sich im Rahmen eines zeitlich begrenzten Vortrags immer nur verkürzt sprechen. Das muß ich auch an dieser Stelle tun, wo differenzierte längere Ausführungen nötig wären, gerade weil in unseren Tagen diese Frage so kontrovers abgehandelt wird. Es handelt sich zum einen um eine aggressive rassistische Diskriminierung einer minderheitlichen Bevölkerungsgruppe, eine Diskriminierung, die sich im 19. Jahrhundert in der Folge einer neuen biologistischen Weltsicht entwickelte (»Sozialdarwinismus«). Diese neue Weltsicht wuchs zum anderen in einer Gesellschaft, die immer noch in großen Teilen in einer traditionell christlichen, antijudaistischen Mentalität lebte, so daß der rassistische Antisemitismus bald eine enge Verbindung mit dem traditionellen christlichen Antijudaismus einging, zumindest in den breiten Schichten der bäuerlichen und kleinbürgerlich-bürgerlichen Bevölkerung, die den Hauch der Aufklärung und ihrer Folgen nicht gespürt hatten. Der so entstehende vulgäre gesellschaftliche antijudaistische Antisemitismus ist auch der der

Nationalsozialisten gewesen, zumindest in seiner Entstehungsphase und in großen Teilen seiner Anhängerschaft.[1] Denn schließlich war der Nationalsozialismus ein Produkt der Gesellschaft, die auch im 20. Jahrhundert ihre alten christlichen Prägungen – trotz aller Säkularisierung der Moderne – nicht einfach über Bord hatte werfen können, vielleicht aus dem Gehirn, aber nicht aus den tieferen Beständen der Mentalität. Bezeichnend dafür ist, daß Hitler seinen unerbittlichen Judenhaß von seiner ersten antijüdischen Rede an »Warum wir gegen Juden sind« am 13. August 1920 ebenso offen rassistisch wie verbrämt christlich begründete. Es war ein antijudaistischer Antisemitismus, wie wir ihn in der Mentalität des Volkes weit verbreitet finden, auch bei den Meinungsproduzenten, z.B. bei Houston Stewart Chamberlain, der seinen Judenhaß mit tiefer Ehrfurcht vor Jesus Christus verband, bzw. den Haß aus der Ehrfurcht ableitete. Hitler konnte in »Mein Kampf« schreiben: »So glaube ich heute im Sinne des allmächtigen Schöpfers zu handeln: indem ich mich des Juden erwehre, kämpfe ich für das Werk des Herrn«.[2]

Aus diesen Befunden ergibt sich auch mit ziemlicher Sicherheit, daß die Behauptung, der rassistische Antisemitismus des 19. und 20. Jahrhunderts habe nichts mit dem christlichen Antijudaismus der vorherigen Zeiten zu tun, falsch ist. Vielmehr sind beide ursprünglich unterschiedlichen Motivationsstränge in den Empfindungen und Argumentationen der breiten Bevölkerungsmehrheiten eine enge, kaum lösliche Verbindung eingegangen.

Vor einigen Jahren haben mehrere evangelische Theologieprofessoren aus Bonn die These vertreten, die »nationalsozialistische Ideologie« sei »ebenso offen« antichristlich gewesen wie antijüdisch.[3] Ein solcher Satz Hitlers aus »Mein Kampf« und viele andere Sätze von ihm und von vielen seiner Unterführer zwischen 1930 und 1934 widerlegen diese These. Es war nicht so einfach, es war eben nicht »offen«, es war viel komplizierter und insofern auch undurchschaubarer: es gab da offenkundig in dem diffusen nationalsozialistischen Weltanschauungsbrei »christliche« Bestände (Artikel 24 des Parteiprogramms vom »positiven Christentum«) – ob sie nun taktisch gemeint waren oder intentional, ist hier in diesem Zusammenhang nicht relevant –, die auf eine Mentalität in breiten Kreisen zumindest der bäuerlichen, kleinbürgerlichen und bürgerlichen Bevölkerung stießen, die aufnahmebereit war, weil sie ähnliche Bestände aufwies. Dazu gehörte auch der Antisemitismus.

Von daher ist ja das Verhalten der 98% getauften Christen in Deutschland, der aktiven und passiven Christen, und das Verhalten ihrer starken Institutionen, der Kirchen, erst zu erklären.

II

Wenn ich mich jetzt dem Verhalten der Evangelischen Kirche zuwende, um es genauer zu analysieren, so tue ich das aus zwei Gründen, einmal aus dem Interesse, etwas von der Gruppe zu erfahren, mit der ich mich identifiziere – und auch hier gilt die Regel, daß man der Gruppe, der man sich verbunden weiß, mit besonders kritischem Blick begegnen sollte, um der Versuchung ihrer Verherrlichung zu entgehen –, und zum anderen aus dem Interesse, diejenige Großgruppe so differenziert wie möglich zu untersuchen, in der man doch wohl auch Bestände vermuten darf, die sich nicht völlig dem Totalitätsanspruch der NS-Weltanschauung unterwerfen konnten, weil sie aus eigenen, anderen Wurzeln kamen.

Was war das für ein Verhalten angesichts der beginnenden und sich bald steigernden Diskriminierung und Verfolgung der jüdischen Bürger (1. Phase: 1933–1935)? Das Verhalten der Kirchen unterschied sich auch hier nicht von dem der deutschen Gesellschaft insgesamt, d.h. ihr Anspruch, gegenüber einer säkularisierten Welt Hüter und Bewahrer der hohen sittlichen Normen des Evangeliums zu sein, war hohl angesichts der Tatsache, daß sie das Vorurteilsgeflecht des antijudaistischen Antisemitismus nicht durchschauten, weil sie es selbst weithin internalisiert hatten. Darüber hinaus kam für den lutherisch geprägten Kirchenprotestantismus noch hinzu, daß er von der Trennung der Gewalten Kirche und Staat zutiefst überzeugt war und von daher auch eine Eigenverantwortlichkeit der staatlichen Gewalt, wenn nicht sogar eine Autonomie, zugestand.

Es gab einige wenige frühe Warner. Ich will nur drei nennen:
– den Bochumer Pfarrer Dr. Hans Ehrenberg, einen der wenigen »judenchristlichen« Theologen in der deutschen evangelischen Kirche. Er hat seit seinen Hattinger Vorträgen im Jahre 1927 über das Problem »Kirche und Antisemitismus« vor dem Nationalsozialismus gewarnt.[4]
– die Kölner Vikarin Ina Gschlössl, die 1932 in einem Aufsatz des

weitverbreiteten Sammelwerkes »Die Kirche und das dritte Reich« Hitlers Buch »Mein Kampf« angriff und von dem »unmenschlichen Fanatismus« sprach, der darin lebendig sei: »Wer heute hetzt, mit Gewalttat droht, der hat sich morgen mit der Schuld für Totschlag und alle Rohheit belastet«.[5]

– den Berliner Privatdozenten Lic. Dietrich Bonhoeffer, der im April 1933 in seinem Aufsatz »Die Kirche vor der Judenfrage« deutlich machte, daß die Kirche in die Lage kommen könne, nicht nur die Leidenden unter dem Rad zu verbinden, sondern unmittelbar dem Rad in die Speichen zu fallen.[6]

Diese Stimmen jedoch sind Ausnahmen.

Warum haben die meisten geschwiegen? Es gibt neben den bereits genannten Erwägungen eine Menge von Beweggründen für das Schweigen. Karl Barth hat damals offenbar gemeint, die Herausforderung der Kirche läge nicht in der sog. »Judenfrage«, sondern in der Häresie der Deutschen Christen, also in einer Bekenntnisfrage.[7] Einen ganz anderen Beweggrund nannte der Landesbischof von Mecklenburg, D. Heinrich Rendtorff. Als der Deutsche Evangelische Kirchenausschuß, das höchste kirchenleitende Gremium der Kirche, im April 1933 darüber beriet, ob die Kirche nicht angesichts der beginnenden Verfolgung der jüdischen Bürger ein Wort der Solidarität sagen müsse, da warnte er vor einer öffentlichen Stellungnahme mit dem Argument:

»Die Kirche habe mit Dank begrüßt, daß endlich einmal wieder eine Obrigkeit vorhanden sei. Wenn das so liegt, dann verstoße es gegen den Glauben, dem weltlichen Schwert in den Arm zu fallen, zumal es sich für die Regierung nicht um eine periphere Sache, sondern um einen zentralen Punkt ihres Programms handle. Redner warnt, die jetzt allgemeine Beurteilung der Judenfrage unevangelisch zu nennen. 1700 Jahre hätten die Juden unter Ausnahmerecht gestanden unter völliger Billigung der Kirche. Ihre Befreiung stehe im Zusammenhang mit dem Fortschreiten der aufklärerischen Denkweise. Die(se) Fortschrittsgedanken dürften nicht mit evangelischen Normen identifiziert werden ... «[8]

Mit anderen Worten: Die aus der Aufklärungsphilosophie erwachsene Judenemanzipation zu Beginn des 19.Jahrhunderts war für die Kirche irrelevant, da sie nicht »evangelischen Normen« entspricht! 1700 Jahre Akzeptanz eines jüdischen Ausnahmerechtes wird 1933 nahtlos wiederaufgenommen. Die Kontinuität der Geschichte siegt hier über den Bruch der Moderne. Sie wird betont. Sie verschleiert auch den Einschnitt von 1933. Hier wird deutlich, daß viele Zeitgenossen – besonders aus dem weiten Lager des Konservatismus – den Einschnitt von 1933 gar nicht als solchen empfanden.

Grundsätzlich kann man wohl mit Eberhard Bethge und anderen zeithistorischen Forschern sagen: Die Kirche hat geschwiegen nicht aus der Sünde der Schwäche, sondern aus der Sünde ihrer Stärke, ihrer stolzen Bekenntnis-Stärke, »sola Ecclesia« = es geht allein um die Kirche, und aus ihrer exclusiven Christologie, »solus Christus« = es geht allein durch und mit Christus. Die Juden gehörten hier nicht hin, sofern sie nicht Christen wurden. Die Theologie der Enterbung Israels – Gott hat Israel verworfen, da es den Messias Jesus ans Kreuz schlug, und hat an Israels Stelle den neuen Bund der Erwählung mit der Kirche geschlossen – hat die Christenheit gegenüber Israel verhärtet.

Zwei Jahre nach der sog. Machtergreifung begann die 2. Phase der Judenverfolgung:

Nach den Nürnberger Gesetzen im September 1935 fand eine große öffentliche Synode der Bekennenden Kirche in Steglitz statt, und es war manchen Synodalen schon klar, daß die Kirche hier ein Wort zur Entrechtung der Juden sagen müsse. Pfarrer Heinrich Vogel aus Dobbrikow/Mark Brandenburg wollte dies anregen in seinem theologischen Vortrag über die Synodalerklärung »Die Freiheit der Gebundenen«. Aber führende Männer der Bekennenden Kirche, ganz abgesehen von den BK-Bischöfen Marahrens, Meiser und Wurm auch Präses Koch u. a., haben vor einem solchen Wort zur Judenfrage gewarnt und erklärt, wenn so etwas beabsichtigt sei, dann könne die Synode überhaupt nicht stattfinden. Die Befürworter einer Solidaritätsadresse haben sich dem gebeugt, und Pfarrer Vogel konnte lediglich im Einverständnis mit der Synode fordern, daß die Kirche einem Juden die Taufe, wenn er sie begehre, nicht verweigern dürfe. Das war in einer politischen Situation, in der die sog. Judentaufe in der Öffentlichkeit geschmäht und verhöhnt wurde, immerhin ein Wort, denn damit wurde grundsätzlich das rassistische Dogma Jude = Jude bestritten. Aber angesichts der Nürnberger Rassegesetze war es nur ein Minimum. Vogel sagte es selbst in seinem Referat: »Wir lassen uns die größte Zurückhaltung auferlegt sein und sagen nur jenes Minimum des Notwendigen – ach, vielleicht nicht einmal das Minimum! –, das wir nicht verschweigen dürfen ... «.[9] Aber dann fügte er doch hinzu den bezeichnenden Satz (bezeichnend, weil er die Kirche so einfach aus der Verantwortung entläßt-): »Die Kirche greift dem Staat nicht in sein Amt, das er vor Gott zu verantworten hat ...«[10] Der Synode hatte eine Denkschrift vorgelegen »Zur Lage der deutschen Nichtarier«, in der eine der tapferen Frauen der Bekennenden Kirche, Marga Meusel, ein schonungsloses Bild der brutalen Verfolgung der jüdischen Bürger aufgezeichnet hatte. Am Ende dieser Schrift stehen die Sätze:

»Warum tut die Kirche nichts? Warum läßt sie das namenlose Unrecht geschehen? Wie kann sie immer wieder freudige Bekenntnisse zum nationalsozialistischen Staat ablegen, die doch politische Bekenntnisse sind und sich gegen das Leben eines Teiles ihrer eigenen Glieder richten? Warum schützt sie nicht wenigstens die Kinder? Sollte denn alles das, was mit der heute so verachteten Humanität schlechterdings unvereinbar ist, mit dem Christentum vereinbar sein?« »Warum betet sie nicht für die, die dies unverschuldete Leid und die Verfolgung trifft? Warum gibt es nicht Fürbittegottesdienste, wie es sie gab für die gefangenen Pfarrer? Die Kirche macht es einem bitter schwer, sie zu verteidigen.«[11]

Drei Jahre später: die sog. »Reichskristallnacht«! Beginn der 3. Phase der Judenverfolgung. Die radikale BK-Pfarrerschaft Württembergs, die Kirchlich-Theologische Sozietät, trat an ihren hochverehrten Landesbischof Wurm heran mit der Bitte, von allen Kanzeln Württembergs laut und öffentlich gegen das Unrecht an den Juden zu protestieren. Aber der Landesbischof, einer der anerkannten Führer der Bekennenden Kirche, lehnte solchen öffentlichen solidarischen Widerspruch ab. Er schrieb einen Brief an den Reichsjustizminister Dr. Gürtner am 6. 12. 1938, in dem er vorsichtig gegen den Pogrom protestierte, eingefaßt in Bedenklichkeiten und Zugeständnisse: »Ich bestreite mit keinem Wort dem Staat das Recht, das Judentum als ein gefährliches Element zu bekämpfen«.[12]

Hier zeigt sich diese typische Zerspaltenheit eines Teils des bekennenden Protestantismus. Das Entsetzen vor dem Unrecht an unschuldigen Menschen vermischte sich mit dem uralten eingewurzelten Vorurteil: Die Juden sind unser Unglück, denn sie sind ja die Christusmörder. Dieses jahrhundertealte Vorurteil tötete die Solidarität mit den Leidenden. Einen Tag bevor Bischof Wurm seinen Brief schrieb, am 5. Dezember 1938 hatte Karl Barth in seinem schon erwähnten Wipkinger Vortrag über »Die Kirche und die politische Frage von heute« in klarem Bezug auf die Pogromnächte in Deutschland gesagt, daß »der Antijudaismus das entscheidende und ausreichende Kennzeichen der Gegenkirche und des politischen Unrechtsstaates ist« – so hat Bertold Klappert völlig zutreffend die Aussagen Barths zusammengefaßt.[13] »Antisemitismus ist Sünde gegen den heiligen Geist«, sagte Barth, und: »Da wird die christliche Kirche in ihrer Wurzel angegriffen und abzutöten versucht ... Was wären, was sind wir denn ohne Israel?«[14]

Wenige Tage später hat die Bekennende Kirche auf ihrem Kirchentag in Steglitz ein Wort zu den Verfolgungen gesagt und sich mit denen solidarisiert, die f ü r die Juden eingetreten sind. Es heißt in dem Beschlußtext: »Andere haben auch angesichts des Vorgehens gegen die Juden die Zehn Gebote Gottes mit Ernst gepredigt und sind dafür verfolgt worden«. Vielleicht dachte der Kirchentag dabei an den württembergischen Pfarrer von Jahn, der als einer der ganz wenigen Pastoren in Deutschland am Bußtag nach der »Reichskristallnacht« (16. 11 .1938) in seiner Predigt die Dinge beim Namen genannt hatte oder an den rheinischen Pfarrer Winter/Kölschhausen, der seiner Gemeinde zurief: »Als Christen muß es uns tief schmerzen, daß unser Volk so weit heruntergekommen ist.«[15] In einem Wort an die Gemeinden forderte der Kirchentag die Christen auf, die Verbundenheit »mit allen Christusgläubigen aus den Juden« zu bewahren und sich nicht von ihnen zu trennen.

»Wir ermahnen unsere Gemeinden und Gemeindeglieder, sich der leiblichen und seelischen Not ihrer christlichen Brüder und Schwestern aus den Juden anzunehmen, auch für sie im Gebet vor Gott einzutreten«.[16]

Immerhin war es ein Wort der Solidarität mit den christlichen Juden. Viel im damaligen System der Judenhetze, als die Angst beherrschender war als die Tapferkeit, als vor allem sich der Fanatismus des Hasses sich vieler Christen bemächtigte. Beispielhaft dafür ist der thüringische Landesbischof Martin Sasse, der die Vernichtung der jüdischen Gotteshäuser an Luthers Geburtstag bejubelte:

»Am 10. November 1938, an Luthers Geburtstag, brennen in Deutschland die Synagogen ... In dieser Stunde muß die Stimme des Mannes gehört werden, der als der deutsche Prophet im 16. Jahrhundert aus Unkenntnis einst als Freund der Juden begann, der, getrieben von seinem Gewissen, getrieben von den Erfahrungen und der Wirklichkeit, der größte Antisemit seiner Zeit geworden ist, der Warner seines Volkes wider die Juden«.[17]

War angesichts dieser Atmosphäre nicht das, was der Kirchentag von Steglitz sagte, viel? Wenigstens ein kleines, leises Wort für die Christen unter den Juden? Aber es war natürlich vielzu wenig angesichts der Angst und Not der jüdischen Bürger.

III

Wie tief und offenbar unüberwindbar das christlich-antijudaistische Vorurteil wurzelte, wird besonders auch da deutlich, wo wir es bei den konservativen Gegnern des Nationalsozialismus finden. Christoph Dipper hat an sehr eindrücklichen Beispielen aufgezeigt, wie gebrochen der tapfere deutsche bürgerliche Widerstand in der sog. Judenfrage war:[18] Um nur an den Freiburger Widerstandskreis zu erinnern, der ja in einem gewissen Kontakt zu Bonhoeffer stand. Dieser Kreis hat 1942/43 eine Denkschrift erarbeitet für den Aufbau Deutschlands nach Hitlers eventueller Beseitigung, und Constantin von Dietze, aufrechter Widerständler, nach dem Attentat auf Hitler verhaftet, Präses der Evangelischen Kirche in Deutschland 1955 – 1961, hat zu dieser Denkschrift einen Anhang verfaßt mit dem Titel »Vorschläge für eine Lösung der Judenfrage in Deutschland«. Hier kann man lesen:

»Es ist Aufgabe der Christenheit, allen Völkern das Evangelium zu bringen ..., auch gegenüber dem jüdischen Volk, dessen entscheidende Schuld es ist, daß es der Offenbarung Gottes in Jesus Christus bis zum heutigen Tage widerstrebt ... Wo aber Glaube ist, da darf die Taufe gewährt werden in der Zuversicht, daß Gottes Heiliger Geist ... helfen kann, gefahrvolle Anlagen und Charaktereigenschaften zu überwinden ... «

Constantin von Dietze meinte, daß man nach dem Umsturz auf Sonderbestimmungen für die Juden verzichten könne, »und zwar deshalb, weil die Zahl der Überlebenden und nach Deutschland zurückkehrenden Juden nicht so groß sein wird, daß sie noch als Gefahr für das deutsche Volkstum angesehen werden können«.[19]

Wenn die Befangenheit in den Traditionen des antijudaistischen Antisemitismus bis in die Kreise des Widerstandes hinein so tief prägend war, ist es nicht verwunderlich, daß die große Institution Evangelische Volkskirche, die sich den Herausforderungen der Bekennenden Kirche nach 1935 immer deutlicher entzog, gegenüber der sich steigernden Brutalität der nationalsozialistischen Judenverfolgung eine Position einnahm, die gekennzeichnet war von Hilflosigkeit bis hin zur Beihilfe am Verbrechen. Diese Kirche war kein Störfaktor im Getriebe des 3. Reiches, wie es häufig wieder behauptet wird in Anknüpfung an eine Legendenbildung, die nach 1945 die Kirche in den Rang einer Widerstandsorganisation erhob. Sie war kein Störfaktor mit ihrer allsonntäglichen Normaltheologie und ihrem auf sich bezogenen volkskirchlichen Eigeninteresse, sondern vom Staat her gesehen weithin eine Quantité négligeable, eine Belanglosigkeit, die man nicht störte, weil sie nicht störte.[20]

Ein »Störfaktor« waren hingegen jene Gruppen, Gemeinden und Einzelnen in der Bekennenden Kirche, die es wagten, Radikale in der Nachfolge Jesu Christi zu sein. Ich will hier stellvertretend auch für andere nur zwei nennen: die Breslauer Stadtvikarin Lic. Katharina Staritz und den Elberfelder Pastor Helmut Hesse. Helmut Hesse hat am 6. Juni 1943 in seiner Predigt vor der Öffentlichkeit seiner Bekenntnisgemeinde erklärt – es saß auch ein Gestapobeamter dabei, der mitschrieb –:

»Als Christen können wir es nicht mehr länger ertragen, daß die Kirche in Deutschland zu den Judenverfolgungen schweigt. Was uns dazu treibt, ist das einfache Gebot der Nächstenliebe. Die Judenfrage ist eine evangelische und keine politische Frage. Die Kirche hat jedem Antisemitismus in der Gemeinde zu widerstehen. Dem Staat gegenüber hat die Kirche die heilsgeschichtliche Bedeutung Israels zu bezeugen und (gegen) jeden Versuch, das Judentum zu vernichten, Widerstand zu leisten. Jeder Nichtarier, ob Jude oder Christ, ist heute in Deutschland der unter Mörder Gefallene«.[21]

Es wird in dieser Predigt Hesses und besonders in Aussagen seiner Vernehmung vor der Gestapo deutlich, daß er zu den wenigen Theologen in Deutschland gehörte, die bei aller Verhaftung in traditionellen Glaubensvorstellungen von Karl Barth her über Hermann Diem (Münchener Laienbrief) zu Ansätzen einer neuen Israeltheologie kam, vor allem zu der Erkenntnis, daß die Erwählung der Juden durch Gottes Gnadenwahl nicht aufgehoben ist, sondern fortbesteht, ja daß sie unentbehrlich ist für das Heil der Welt. Mit anderen Worten: der traditionelle Antijudaismus bricht in einigen christlichen Gemeinden, die sich trotz ihrer Vorurteilsbelastung aus Gründen der verachteten Humanität/Nächstenliebe für die leidenden

Juden einsetzten, zusammen bzw. er wird durch neue theologische Einsichten zersetzt.

Darüber hinaus zeigt die Predigt seiner treuen Gemeinde (von ca. 150 Leuten), daß die »Nachfolge« der Christen notwendigerweise politische Konsequenzen hat: hier war es der Aufruf zum Widerstand!

Es gibt bekanntlich neben mancherlei Hilfeleistung durch das Büro Grüber und durch einzelne tapfere Christen und Gemeinden, die Juden halfen, einige wenige Worte der Kirche, die einen Hauch von Solidarität spüren ließen; etwa die Briefe des württembergischen Landesbischofs Wurm von 1940 bis 1944 oder die Auslegung des 5. Gebotes durch die Bekenntnissynode in Breslau oder den erwähnten Münchener Laienbrief von 1943.[22] Aber sie gingen unter in dem Meer des Schweigens – nicht nur des Schweigens.

Das Kapitel »Die evangelische Kirche und die Juden« kann nicht abgeschlossen werden, ohne zu erwähnen, daß unsere Kirche auch immer wieder in unbefragter Staatsloyalität bis hin zum blinden antisemitischen Fanatismus die Verfolgungsmaßnahmen des Staates mit ihrer Zustimmung begleitet hat. Ich will das an zwei Beispielen verdeutlichen:

1. Als die deutschen Juden nach den Synagogenbränden und den folgenden Terrormaßnahmen des Regimes im November 1938 sich in der immer auswegloseren Situation einer totalen Verfolgung befanden, da traten führende Repräsentanten der Deutschen Evangelischen Kirche – Bischöfe, Präsidenten, Oberkonsistorialräte, Professoren, Pfarrer – am 4. April 1939 mit einem Aufruf an die Öffentlichkeit, in dem sie nun auch ihrerseits die Verfolgung der Juden propagierten. Sie verkündeten laut, daß sie »in unwandelbarer Treue zu Führer und Volk« stünden, daß der »Kampf des Nationalsozialismus gegen jeden politischen Machtanspruch der Kirchen, sein Ringen um eine dem deutschen Volke artgemäße Weltanschauung« die Vollendung des Werkes Martin Luthers sei, daß mit dieser Einsicht »das wahre Verständnis des christlichen Glaubens wieder lebendig« geworden sei; und sie verkündeten: »Der christliche Glaube ist der unüberbrückbare religiöse Gegensatz zum Judentum«. Damit dies nicht nur Proklamation bleibe, beschlossen sie die Gründung eines »Instituts zur Erforschung des jüdischen Einflusses auf das kirchliche Leben des deutschen Volkes«, das am 6, Mai 1939 feierlich auf der Wartburg eröffnet wurde. Junge Theologen konnten hier ihre christliche Judenfeindschaft wissenschaftlich begründen. Als Motto stand

über diesem »christlichen« Forschungsinstitut der Satz: »Die Entjudung von Kirche und Christentum ... ist die Voraussetzung für die Zukunft des Christentums«.[23]

2. Zwei Jahre später, in den Weihnachtstagen 1941, als die deutschen Christen die Geburt ihres jüdischen Heilands feierten, als die letzten noch lebenden Juden in Deutschland verpflichtet waren, einen großen gelben Judenstern auf ihrer Kleidung zu tragen, da erklärten sieben deutschchristliche Landeskirchenführer – und dem schloß sich die Deutsche Evangelische Kirchenkanzlei an – :

»Als Glieder der deutschen Volksgemeinschaft stehen die unterzeichneten deutschen Evangelischen Landeskirchen und Kirchenleiter in der Front dieses historischen Abwehrkampfes, der u.a. die Reichspolizeiverordnung über die Kennzeichnung der Juden als der geborenen Welt- und Reichsfeinde notwendig gemacht hat, wie schon Dr. Martin Luther nach bitteren Erfahrungen die Forderung erhob, schärfste Maßnahmen gegen die Juden zu ergreifen und sie aus deutschen Landen auszuweisen«.

Zugleich riefen sie ihren evangelischen Christen zu, daß »rassejüdische Christen« in ihren Kirchen »keinen Raum und kein Recht« mehr hätten.

»Die unterzeichneten deutschen evangelischen Kirchen und Kirchenleitungen haben deshalb jegliche Gemeinschaft mit Judenchristen aufgehoben«.[24]

An dieser Stelle setzte der Protest der Breslauer Stadtvikarin Lic. Katharina Staritz an, die in einem Rundschreiben ihre Amtsbrüder aufforderte, sich um die bedrängten Judenchristen zu kümmern, sie zu begleiten, sich in der Kirche neben sie zu setzen, sie zu schützen vor Pöbeleien. Und das Presbyterium von Unterbarmen wies die Pfarrer der Gemeinde an, »ohne Unterschied allen Gemeindemitgliedern, die ihren Dienst am Wort begehren, diesen Dienst zu leisten, da sie sich sonst in Widerspruch setzen würden zu dem Missionsbefehle des Herrn Jesus und der von der Kirche mit der Taufe übernommenen Verpflichtung«.[25]

Ein Historiker hat in den vergangenen Auseinandersetzungen eine angebliche »Schuldbesessenheit« der Deutschen beklagt, weil sich damit keine nationale Identität aufbauen lasse. Ich weiß nicht, ob wir eine solche brauchen. Aber wenn wir sie brauchen sollten, dann kann sie nur aufgebaut werden in der Annahme unserer *ganzen* Geschichte, nicht in einer Harmonisierungseuphorie, sondern in der nüchternen

Anerkenntnis der schuldhaften Verstrickung unseres Volkes und unserer Kirche. Die Auseinandersetzungen in der deutschen Öffentlichkeit, genannt »Historikerstreit«, um die Frage der Einzigartigkeit des Holocaust oder um die Frage, ob die Stalinschen Verbrechen nicht der auslösende Faktor oder ob die Verfolgungen durch Pol Pot oder Nebukadnezar nicht ebensolche Verbrechen gewesen seien, muten vor dem Hintergrund unserer jüngsten deutschen Geschichte wie ein obzönes Glasperlenspiel an, das die Unfähigkeit zu trauern verdeutlicht. Ich hoffe sehr, daß gegen diesen Trend die Erinnerung lebendig bleibt, weil nur sie Versöhnung ermöglicht, und die offene Auseinandersetzung mit unserer Vergangenheit die humanen Kräfte in unserer Gesellschaft stärkt, die für die politische Kultur der Bundesrepublik unverzichtbar sind.

Anmerkungen

1 Zu diesem Komplex jetzt auch: H. U. Thamer, Protestantismus und »Judenfrage« in der Geschichte des Dritten Reiches, in: J.-Chr. Kaiser / M. Greschat (Hg.), Holocaust und die Protestanten. Analysen einer Verstrickung, Frankfurt/M. 1988, S. 216–240.

2 Adolf Hitler, Mein Kampf, München 1939, S. 70.

3 Vgl. dazu meine Replik: Schuld oder Mitschuld von Christen? Erwägungen zur siebten Bonner These, in: Heinz Kremers (Hg.), Die Juden und Martin Luther, Martin Luther und die Juden. Geschichte, Wirkungsgeschichte, Herausforderung, Neukirchen-Vluyn 1985, S. 301–318.

4 G. Brakelmann, Hans Ehrenberg – ein judenchristliches Schicksal im »Dritten Reich«, in: Jahrbuch für Westfälische Kirchengeschichte, Bd. 72 (1979), S. 125–150; W. Liebster, Ein Judenchrist beginnt den Kirchenkampf, ebd. Bd. 79 (1986), S. 265–286.

5 Die Kirche und das Dritte Reich, Fragen und Forderungen deutscher Theologen, hrsg. von L. Klotz, Bd. 2, Gotha 1932, S. 55–61, bes. S. 60.

6 D. Bonhoeffer, Die Kirche vor der Judenfrage, in: Gesammelte Schriften, München 1959, Bd. 2, S. 44–53; zuletzt hierzu: G. Ringshausen, Die lutherische »Zwei-Reiche-Lehre« und der Widerstand im Dritten Reich und Chr. Strohm, »Zwei-Reiche-Lehre« und antiliberales Rechtsverständnis bei Bonhoeffer?, in: KZG 2/1988, S. 215–266.

7 Er hat diese Position noch 1938 verteidigt. In seinem Wipkinger Vortrag am 5. Dezember 1938 sagte er, »daß der Nationalsozialismus in der ersten Zeit seiner Macht in der Tat den Charakter eines politischen Experiments wie andere hatte und daß die Kirche in Deutschland damals – das ist noch heute meine Überzeugung – das Recht und die Pflicht hatte, sich daran zu halten,

ihm als einem politischen Experiment zunächst Zeit und Chance zu geben und sich also zunächst selbst wirklich neutral zu verhalten«, in: K. Barth, Eine Schweizer Stimme 1938–1945, Zürich 1945, S. 80.

Natürlich sah er das Unrecht an den Juden. Am 31. Oktober 1933 stellte er in einer Aussprache im Haus des Berliner Pfarrers G.Jacobi, in der das Problem erörtert wurde, ob man noch in dieser DC-Kirche bleiben könne, die Frage:»Wer sagt etwas zu dem, was man den Juden angetan hat und antut?« und antwortet:»Wer dazu etwas Eindeutiges sagen wollte, der müßte ein Prophet sein«. Damals sah er sich offenbar nicht zu einem solchen prophetischen Einspruch in der Lage. Fotokopie des Protokolls der Aussprache im Besitz d. Vfs. – Der Vergleich mit dem Bericht Erica Küppers vom 11. 11. 1933 über diese wichtige Aussprache zeigt, wie sehr die Verfasserin die Inhalte verkürzt hat, vgl. H. Prolingheuer, Der Fall Karl Barth. Chronographie einer Vertreibung 1934–1935, Neukirchen-Vluyn 1977, S. 236–240; Karl Barths Stellungnahme in seiner Vernehmung am 30. 4. 1934, ebd., S. 243–245.

8 Zit. bei H. E. Tödt, Judendiskriminierung 1933. Der Ernstfall für Bonhoeffers Ethik, in: W. Huber und I. Tödt (Hg.), Ethik im Ernstfall. Dietrich Bonhoeffers Stellung zu den Juden und ihre Aktualität, München 1982, S. 163.

9 Zit. bei W. Niemöller (Hg.), Die Synode zu Steglitz. Die dritte Bekenntnissynode der Evangelischen Kirche der Altpreußischen Union. Geschichte – Dokumente – Berichte (AGK 23), Göttingen 1970, S. 183.

10 Ebd., S. 184.

11 Ebd., S. 47; siehe dazu auch W. Gerlach, Als die Zeugen schwiegen. Bekennende Kirche und die Juden, Berlin 1987, S. 138–159.

12 Zit. bei E. Busch, Kirche und Judentum im Dritten Reich, in: G. van Norden (Hg.), Zwischen Bekenntnis und Anpassung, Köln 1985, S. 165. Der vollständige Text des Briefes in: G. Schäfer, Die evangelische Landeskirche in Württemberg und der Nationalsozialismus. Eine Dokumentation zum Kirchenkampf, Bd. 6, Stuttgart 1986, S. 116–118.

13 B. Klappert, Barmen I und die Juden, in: J. Moltmann (Hg.), Bekennende Kirche wagen. Barmen 1934–1984, München 1984, S. 99.

14 K. Barth, Die Kirche und die politische Frage von heute (1938), in: ders., eine Schweizer Stimme 1938–1945, Zollikon-Zürich 1945, S. 90.

15 Kopie der Predigt im Besitz des Vfs..

16 J. Beckmann (Hg.), Kirchliches Jahrbuch für die Evangelische Kirche in Deutschland 1933–1944, Gütersloh ²1976, S. 266, S. 268.

17 M. Sasse (Hg.), Martin Luther über die Juden: Weg mit ihnen!, Freiburg 1938, S. 2.

18 Christoph Dipper, Der deutsche Widerstand und die Juden, in: Geschichte und Gesellschaft 9 (1983), S. 349–380.

19 Zit. bei Wolfgang Gerlach, Als die Zeugen schwiegen, a. a. O., S. 360–364, bes. S. 361 u. S. 364.

20 Vgl. hierzu die gegensätzliche Forschungsposition bei K.Nowak, Evangelische Kirche und Widerstand im Dritten Reich, in: GWU 6/1987, S. 352–364 und K. Meier, Die historische Bedeutung des Kirchenkampfes für den

Widerstand im »Dritten Reich«, in: ders., Evangelische Kirche in Gesellschaft, Staat und Politik 1918–1945, Berlin (Ost) 1987, S. 132–154.

21 Vgl. hierzu den Aufsatz d. Vfs., Helmut Hesse – ein Bekenntnispfarrer, den die Bekennende Kirche nicht ertrug, in: MEKR, Jg. 29 (1980), S. 241–268. Hesse hat in seiner Predigt Formulierungen aus dem sog. Münchener Laienbrief übernommen, abgedruckt in: G.van Norden / P. G. Schoenborn / V. Wittmutz (Hg.), Wir verwerfen die falsche Lehre. Arbeits- und Lesebuch zur Barmer Theologischen Erklärung und zum Kirchenkampf, Wuppertal 1984, S. 196–198.

22 Die einzelnen Schritte des Protestes habe ich in dem Aufsatz: Widerstand im deutschen Protestantismus 1933–1945, in: Kl. J. Müller (Hg.), Der deutsche Widerstand 1933–1945, Paderborn 1986, S. 108–134, geschildert; über das Büro Grüber liegt jetzt eine leider noch unveröffentlichte, vorzügliche Untersuchung von H. Ludwig vor: Die Opfer unter dem Rad verbinden. Vor- und Entstehungsgeschichte, Arbeit und Mitarbeiter des »Büro Pfarrer Grüber« (Habil.-Schrift, Sektion Theologie, Humboldt-Universität Berlin), Kurzfassung: Zur Geschichte des »Büros Pfarrer Grüber«, in: G. Wirth (Hg.), Beiträge zur Berliner Kirchengeschichte, Berlin (Ost), S. 305–326.

23 J. Beckmann (Hg.), Kirchliches Jahrbuch 1933–1944, a. a. O., S. 286 ff..

24 Ebd., S. 460.

25 G. van Norden, Unterbarmen im Kirchenkampf, in: ders., Zwischen Bekenntnis und Anpassung, a. a. O., S. 312 f.

Konrad Repgen

*1938 – Judenpogrom und katholischer Kirchenkampf**

Das Grundmuster des politischen Selbstverständnisses der Bundesrepublik Deutschland ist die konsequente Absage an das Dritte Reich.
Deshalb haben unsere zeitgeschichtlichen Gedenktage einen besonderen Stellenwert. Sie angemessen zu begehen, ist jedoch schwierig,
weil das Rationale mit wachsendem zeitlichem Abstand in zunehmen-
dem Maße von Emotionalem überlagert und statt Urteilskraft Gesinnung gefragt wird.[1] Wenn nun heute, zum Abschluß der Vortragsreihe, ein Profanhistoriker[2] eingeladen worden ist, dann ist für einen
bewußt rational-historischen Ansatz vorentschieden worden. Das
bedeutet nicht Teilnahmslosigkeit oder Unbeteiligtsein.

Wie könnte man auch unberührt bleiben, wenn 50 Jahre seit den
schändlichen Ausschreitungen vergangen sind, die niemand vergessen
wird, der sie auch nur aus der Ferne miterlebt hat.[3] Ich nenne diese
Vorgänge bewußt »Pogrom« und nicht »Kristallnacht«;[4] denn es
handelte sich um erheblich mehr als um zerschlagenes Glas, also um
Gewalt gegen Sachen, nein: Es war im weitesten Umfang auch Gewalt
gegen Personen, es war Terror, der von oben angeregt worden war
und der unten ausgeführt worden ist.

Die offenbar improvisierte »Aktion« ist von dem, eigentlich in jeder
Hinsicht dafür unzuständigen, Reichspropagandaminister Goebbels,
sicherlich nach einer etwa auf den 8. oder 9. November zu datieren-
den Absprache mit Hitler, der im Hintergrund blieb, durch eine
interne Rede am Ende eines Essens der Spitzenfunktionäre der
Partei am Abend des 9. November in München gegen 22 Uhr in
Gang gebracht worden. Unmittelbar danach wurde dies durch telefo-
nische Anweisungen an die Parteigliederungen auf regionaler und
lokaler Ebene umgesetzt. Nach circa zwanzig Stunden, am Abend des
10. November, ist die »Aktion« durch Goebbels, nunmehr öffentlich,
für »beendet« erklärt worden. Der Pogrom wurde – fast stets unter
befohlener Duldung durch die Polizei – in den ländlichen Gemeinden

oft von den lokalen Parteigrößen, in den Städten meist von SA-Führern geleitet und von deren Gesinnungsgenossen, auch vom Straßenmob und, gelegentlich, auch von sonst ganz »normalen«, wie in Massenpsychose versetzten, meist jüngeren Menschen besorgt.

Begleitet wurden diese Ausschreitungen von einer großen Verhaftungswelle. Deren Opfer waren vornehmlich wohlhabendere jüdische Männer, etwa jeder achte oder neunte. Sie sollten dadurch gefügiger gemacht werden, eine riesige Vermögensabgabe (1 Milliarde Reichsmark) zu leisten, welche die Reichsregierung nach dem Pogrom, am 12. November, als sogenannte »Sühne« für die Ermordung des deutschen Diplomaten vom Rath durch einen jungen jüdischen Attentäter in Paris verfügt hat. Hauptzweck des Pogroms war, die Juden zur Emigration zu drängen.

Nicht die Vertreibung der Juden aus Deutschland, sondern die Ausschreitungen gegen sie am 10. November stehen im Mittelpunkt dieses Vortrages. Die Bilanz ist bekannt: 91 Tote; hunderte verbrannte und verwüstete Synagogen und geschändete Friedhöfe; tausende geplünderte Geschäfte und Wohnungen, dazu zahllose einfache, gefährliche und schwere Körperverletzungen, von Nötigung und anderem ganz zu schweigen. Das geltende Strafrecht hatte am 10. November offenbar den Kurswert Null. Die zuständigen Justizbehörden blieben in der Regel auch nachher aus der eigentlich fälligen Strafverfolgung ausgeschaltet.[5] Die meisten der zahllosen Delikte dieses Tages sind daher, wenn überhaupt, erst nach 1945 gerichtlich geahndet worden. Offenbar hieß das Grundgesetz für Staat und Gesellschaft 1938: »Als Recht gilt, was der Bewegung nützt; als Unrecht, was ihr schadet«.[6]

I

Goebbels hatte die deutschen Zeitungen zunächst gezwungen, den Pogrom als »spontane judenfeindliche Kundgebungen« zu qualifizieren. Aber diese Version ließ sich nicht durchhalten. Intern räumte man im Februar 1939 offen ein: »Auch die Öffentlichkeit weiß bis auf den letzten Mann, daß politische Aktionen wie die des 9.[7] November von der Partei organisiert und durchgeführt sind, ob dies zugegeben wird oder nicht«.[8]

Sehr deutlich beschrieb diesen Sachverhalt ein erst jüngst bekannt gewordener, instruktiver Bericht des belgischen Generalkonsuls in Köln vom 12. November.[9] Sein Hauptthema war der Nachweis, daß die einheitliche Kommentierung der Pogrome durch die deutsche Presse auf Regie von oben zurückzuführen sei, weil die beobachtbaren Tatsachen in unüberbrückbarem Widerspruch zu Goebbels Behauptungen stünden. Er selbst habe sich am Donnerstagnachmittag (10. November) das Zerstörungswerk angesehen. Daraus ergebe sich eindeutig: »Es war eine befohlene Sache«.

Dies erschloß er aus dem völlig passiven Verhalten der Zuschauer und Passanten, welche an den Geschäftsverwüstungen, die von »Menschen der untersten Schicht« besorgt worden seien, ganz unbeteiligt blieben. Die »sogenannten ›spontanen Kundgebungen‹ vollzogen sich ohne Geschrei, ohne Schimpfwort, sogar ohne eine einzige Drohung«.

Diese Beobachtungen passen gut zu dem, was der britische Generalkonsul von Köln nach London berichtet hat.[10] Im Mittelstand, der nervös sei, herrsche Ablehnung vor, auch wenn diese sich nicht öffentlich zu äußern wage. Eine Frau, die in der Straßenbahn offen ihre Meinung gesagt habe, sei sofort von einem Nazitrupp verhaftet worden. Noch deutlicher formulierte der Belgier: »Mehrere Personen haben meinen hier bereits länger wohnenden Kollegen, die vertraulichen Kontakt zu den besseren Kreisen der Kölner Gesellschaft haben, ihren Abscheu über diese organisierten Szenen zum Ausdruck gebracht. Sie schämten sich, Deutsche zu sein«.

Am 15. November hat der belgische Diplomat erneut über die Ausschreitungen berichtet und die Aufzeichnung eines »hochgestellten Katholiken« mit guten Beziehungen zur Kölner Kirche beigefügt. Diese Niederschrift gibt interessante Auskünfte über die Haltung der Bevölkerung. Der Kreis der Pogromaktivisten setze sich einerseits aus SS-[11] und SA-Leuten und anderen Parteimitgliedern zusammen, zum anderen seien es junge, bereits nationalsozialistisch erzogene Menschen gewesen, die infolgedessen das Privateigentum nicht mehr achteten und keinen Respekt vor der Nation hätten. Wer Mitleid mit den Juden geäußert habe, sei brutal zurechtgewiesen oder sogar mißhandelt worden. Der urteilsfähige Teil der erwachsenen Bevölkerung habe sich von den sadistischen Vandalenakten ferngehalten, und man habe oft hören können: »Eine Schande. Wir müssen uns schämen, Deutsche zu sein«. Die Bevölkerung sei in höchstem Grade empört über die lügenhafte Propaganda Dr. Goebbels', der von spontaner Volkswut spreche, während es sich um von der Partei organisierten und bis ins Detail hin systematisch vollführten Terror handele. Ebenso enträstet sei man darüber, daß nun die Juden auch noch selbst für die Schäden aufkommen müßten. Diese Beobachtungen und Einschätzungen ergänzte der Belgier durch eine Bewertung dessen, was die Bevölkerung insgesamt getan und unterlassen habe. Daraus ergab sich für ihn als politische »Lektion« der »tatsächlich bolschewistische Charakter dieser letzten Tage«.

Dieser belgische Augenzeuge verstand die heimatliche, rechtsstaatliche und gewaltenteilig organisierte Demokratie als den selbstverständlich »normalen« Staat, dessen Verhältnisse seinen Urteilsmaßstab bestimmten. Was sich für ihn als Chiffre des ganz Negativen im Begriff des »Bolschewismus« konzentrierte, wurde auch damals schon auf katholischer Seite als *Totalitarismus* verstanden.[12] Dieser Schlüsselbegriff[13] ist auch heute noch am besten geeignet, Wesentliches für das dem nationalsozialistischen wie dem sowjetrussischen Herrschaftssystem Gemeinsame zu erklären: Die Ausschaltung der Gewaltenteilung und des Rechtsstaates, der Verzicht auf das staatliche Gewaltmonopol zugunsten der Parteiformationen, der Anspruch des politischen Systems auf Omnikompetenz – bis hin zur Gewissensnormierung der angeblichen Rechtfertigung von Verbrechen durch Bezug auf »höhere« Befehle und Zwecke, die In-Dienst-Nahme des blanken und offenen, massenhaft organisierten Terrors als Herrschaftsmittel nicht nur gegen spezielle Zielgruppen (hier waren es die Juden, morgen könnten es die Katholiken oder die Reichen sein), sondern auch zur präventiven Einschüchterung der übrigen Bevölkerung – all das sind wesentliche Charakteristika der totalitären Systeme unseres Jahrhunderts. In diesem wird das Staatsvolk in gewissem Sinne selbst Gefangener. Deshalb lehnte der Belgier es entschieden ab, die Passivität der offenkundig terrorisierten Bevölkerung in einen Kollektivvorwurf gegen »die Deutschen« umzumünzen. Unabhängig davon prognostizierte er, daß dieses System von unter her, durch einen »Aufstand«, weder auszuhebeln noch aufzuheben sei. Diese Voraussage hat sich bestätigt. Sie entspricht unserer seitherigen geschichtlichen Erfahrung mit anderen totalitären Systemen. Diese lassen sich nicht von unten, sondern nur von außen (oder: vielleicht, von oben) verändern.

Und es gehört sogar zu diesem System, daß die schamlose Öffentlichkeit, die den Terror des 10. November geprägt hat, nicht einmal die in ihren Folgen schlimmste Seite dieses Regimes war. Mit diskreter Verwaltung und geheimer Administration ließ sich noch weit mehr bewirken. Auschwitz fand nicht auf dem Marktplatz statt, sondern in der Verborgenheit der Vernichtungslager des Ostens. Das konkrete Ziel des Pogroms hingegen war bekanntlich (noch) nicht die physische Vernichtung, die Ermordung der Juden. Diese hätte sich, wie die negative Reaktion so vieler Menschen auf den ostensiblen Terror des 10. November lehrte, öffentlich kaum bewerkstelligen lassen. Es ging Hitler, wie sich ziemlich sicher erschließen läßt, mit der November-Aktion 1938 vielmehr um vier Dinge: Erstens um Behebung einer akuten finanziellen Notlage des Reiches; zweitens um die seit Ende 1937 in Gang gebrachte Ausschaltung der jüdischen Deutschen aus der Wirtschaft; drittens um ihre Verbannung aus der Öffentlichkeit in eine diskriminierte Randexistenz.[14] Und viertens stand vor allem dahinter: die Juden in die Emigration zu treiben. Um diese Ziele zu erreichen, war der Pogrom nicht unerläßlich, aber überaus nützlich. Deshalb wurde er inszeniert. Der »Führer« konnte dabei völlig im Hintergrund bleiben.

II

Der Nationalsozialismus bezog die Rechtfertigung seiner Judenpolitik aus Hitlers sozialdarwinistischer Pseudoreligion, der Rassenideologie. Diese war auch ein wesentlicher Grund dafür, daß im Winter 1933/34 der katholische Kirchenkampf gegen das nationalsozialistische System unausweichlich wurde. Die Frage nach Zusammenhängen von Judenpogrom und Kirchenkampf bezeichnet insofern kein theoretisch-nachträgliches Problem. Sie entspricht zeitgenössischem Verständnis. Das aber war in vielem anders orientiert als wir heute.

Gegenwärtig wird zu unserem Thema zunächst vor allem gesagt, daß ein Protest oder wenigsten eine öffentliche Geste der Kirchen damals ausgeblieben sei.[15] Daraus folgern viele, daß das Wächteramt wahrzunehmen, das schuldige Zeugnis abzulegen, versäumt worden sei. Dies kann – je nach kirchenpolitischem Standpunkt – mit Bedauern oder als Vorwurf formuliert werden.

Eine solche Kirchenkritik, die hauptsächlich Kirchenführungskritik ist,[16] war, was die katholische Seite betrifft, 1938 wenig üblich. Dort dachte man in etwas anderen Kategorien und sah sich vor ganz anderen konkreten Handlungsalternativen stehen. Man wurde selbst schwer angegriffen, stand in der Verteidigung – und duckte sich. So gab es auch von katholischer Seite keine aktualisierte Stellungnahme der Gesamtkirche, wohl aber Handlungen einzelner, die sich an die Seite der Juden stellten und auf die ich hier nicht näher eingehen möchte.[17] Für die nationalsozialistische Seite und ihre Anhänger spielte das Ausbleiben einer expliziten Stellungnahme der Gesamtkirche jedoch keine entscheidende Rolle. Das Reichssicherheitshauptamt der SS hielt unter den Anklageposten für die katholische Kirche im Rückblick auf das Jahr 1938 fest, daß sie »anläßlich der Judenaktion des 9./10. November alsbald wieder mit dem internationalen Judentum Front gegen Deutschland« bezogen habe[18] und sprach von »vatikanischer Schützenhilfe für die Judenschaft«. Das gleiche prangerte Martin Sasse, Landesbischof von Thüringen, der zu den »Deutschen Christen« gehörte, an. Er begrüßte nicht nur am 23. November öffentlich den Synagogensturm als Erfüllung lutherischen Vermächtnisses, sondern verband das mit scharfer Polemik gegen die katholische Kirche allgemein[19] und gegen jene protestantischen Kräfte, die hinter der ökumenischen Bewegung standen, indem er erklärte: »Der Weltkatholizismus und der Oxford-Weltprotestantismus erheben zusammen mit den westlichen Demokratien ihre Stimmen als Judenschutzherren gegen die Judengegnerschaft des Dritten Reiches«.[20] Er urteilte also umgekehrt wie heute wir, die es bedrückt, daß die Christenheit als Ganzes stumm blieb, auch die katholische.

Daß der damals allerdings schon sterbenskranke, aber durchaus noch handlungsfähige Papst Pius XI. (1922–1939) sich nicht öffentlich geäußert hat, ist insofern erstaunlich, als dieser erklärte Gegner der nationalsozialistischen Rassenideologie es liebte, sich in den Audienzen ziemlich unverblümt auszudrücken. Schon 1926 hatte er gesagt, »es ist gegen das katholische Prinzip, die Juden zu verfolgen«[21] und 1928 den Antisemitismus auf Schärfste verurteilt;[22] und noch am 3. September 1938 hatte er sich sichtbar vor die Juden gestellt, indem er erklärte: »Geistlich sind wir alle Semiten«.[23] Einen solchen Satz hat er im November/Dezember nicht wiederholt. Seine unveränderte Ablehnung der deutschen Rassenideologie aber wurde auch im November 1938 deutlich. Täglich berichtete seine Tageszeitung, der Osservatore Romano, vom 11. November an über die deutsche Judenverfolgung,[24] und er gab dem Widerspruch der Weltkirche zur nationalsozialistischen Rassenpolitik breiten Raum.[25] Thema Eins der vatikanischen Politik aber war im Herbst 1938 nicht Deutschland, sondern Italien; denn Mussolini war dabei, die deutschen Rassengesetze von 1935 in das italienische Eherecht zu übertragen, das am 17. November 1938 in Kraft getreten ist.[26]

Der Papst hatte schon im Juni 1938 auf die erste öffentliche Forderung nach einer solchen Familienrechts-Novellierung geradezu leidenschaftlich reagiert.[27] Er hat seinen Widerspruch nicht aufgegeben. Damit vermochte er die Gesetzesnovelle zwar nicht zu verhindern; aber er erkannte sie nicht als rechtens an und machte dies in jeder Phase auch nach außen deutlich. Indem er sich so gegen Italiens Rassengesetzgebung wendete, stellte und stemmte er sich zugleich gegen Hitlers Rassenpolitik – indirekt, aber vernehmlich. Als er im Februar 1939 starb, bezeugte das Exekutiv-Kommittee des Jüdischen Weltkongresses, man werde diesen »großen Papst« wegen seiner Verteidigung der Freiheit und menschlicher Würde und wegen seines Schutzes der zahllosen Opfer der Rassenverfolgungen »nie vergessen«.[28]

Von den *deutschen Bischöfen* ist aus den Novemberwochen 1938 wenig Aktenmaterial vorhanden. Speziell zur Judenpolitik hat sich nichts Einschlägiges finden lassen.[29] Sie bemühten sich, wie bisher, auch im Jahre 1938 um systematische Meinungsführung und Gewissensbildung des Kirchenvolkes. Damit widersprachen sie den totalitären Ansprüchen des Regimes und seiner Rasseideologie. Ihre aktuelle Hauptsorge aber richtete sich auf die Zukunft der Kirche in Deutschland. Die Lage war düster. Der gemeinsame Fuldaer Hirtenbrief vom 19. August 1938 sagte: Es geht um »Zerstörung des katholischen Lebens innerhalb unseres Volkes, ja selbst um die Ausrottung des Christentums überhaupt«.[30] Das war keine rhetorische Figur, sondern präziser Ausdruck des Selbstverständnisses des Episkopates. In einer handlungsleitenden internen Denkschrift für den Papst von 1937 hieß es bereits: »Man will grundsätzlich und definitiv die Vernichtung des Christentums und insbesondere der katholischen Religion oder doch wenigstens ihre Zurückführung auf einen Zustand, der vom Standpunkt der Kirche mit Vernichtung gleichbedeutend wäre«.[31]

Welche Güterabwägung bestimmte angesichts einer solchen Lageanalyse den deutschen Episkopat im November 1938? Wir kommen angesichts der schlechten Quellenlage ohne Hypothesenbildung nicht aus. Wahrscheinlich waren zwei Überlegungen maßgebend, die beide von teleologischem Denken ausgingen. Eine dieser Argumentationen ist, leider nur indirekt,[32] von dem münsterischen Bischof Graf Galen überliefert. Sein ehemaliger Sekretär hat berichtet, daß die Juden sich an den Bischof gewandt und um einen öffentlichen Protest gebeten hätten.[33] Dieser habe sich dazu bereit erklärt, am nächstfolgenden Sonntag (13. November) von der Kanzel herab Stellung zu beziehen. Vorbedingung aber sei, daß die Juden bereit wären, die eventuelle Konsequenz – einen Vorwand für einen erneuten Pogrom zu liefern – in Kauf zu nehmen. Das habe man auf jüdischer Seite beraten und danach sei die Bitte um öffentliches Protestieren zurückgezogen worden. Es spricht für die Verläßlichkeit dieses Berichtes, daß die jüdischen Kondolenzschreiben zum Tode des Kardinals Galen 1946 von hoher und uneingeschränkter Wertschätzung für Person und Wirken dieses Bischofs getragen sind.[34]

Historisch läßt sich im Nachhinein weder beweisen noch bestreiten, ob Galen und die münsterischen Juden die Wahrscheinlichkeit eventueller Konsequenzen eines offenen bischöflichen Protestes richtig eingeschätzt haben. Ungeschehene Ereignisgeschichte ist historisch wenig reflektierbar. Aber moralisch läßt sich diese Episode interpretieren. Das Schweigen des Bischofs zum Judenpogrom war Ergebnis einer Güterabwägung, der man Moralität und Stringenz kaum absprechen kann.

Die zweite Güterabwägung der Bischöfe im Jahr 1938 betrifft einen erheblich komplexeren Sachverhalt: Es ist die primäre Verantwortung des Bischofs für seine eigenen Gläubigen und die Seelsorge an diesen. Diese hirtenamtliche Pflicht hat allgemein bei der Frage nach der besten Kirchenkampfs-Strategie eine ausschlaggebende Rolle gespielt. Sie dürfte auch für das Verhalten angesichts der Judenverfolgung 1938 sehr wichtig gewesen sein.

Alle katholischen Bischöfe gingen im Dritten Reich von drei Prämissen aus. Erstens: Es ist nicht Sache der Kirche als Kirche, politische Revolution durchzuführen. Zweitens: Die Kirche ist nicht Kontrollinstanz des Staates, die gegen jedes Unrecht der Staatslenker öffentlich Verwahrung einzulegen hätte. Drittens: Auch der totalitäre Staat ist Staat und darf im Rahmen des Erlaubten[35] von den katholischen Christen Loyalität verlangen. Zugleich betonten sie freilich: »Wenn die Gesetze des Staates mit dem Naturrecht und den Geboten Gottes in Widerspruch geraten, gilt das Wort, für das die ersten Apostel sich geißeln und in den Kerker werfen ließen: ›Man muß Gott mehr gehorchen als den Menschen««.[36] Aus diesen drei Prinzipien aber ließ sich nicht unmittelbar ableiten, wie die Kirche sich im Dritten Reich am besten behaupten könne.

Praktisch gab es zwei Möglichkeiten.[37] Das eine war eine strikt defensiv orientierte Politik mit laufendem internem Protest gegen jeden Rechtsbruch unter Ausschluß der Öffentlichkeit. Dies war die Linie des Breslauer Kardinals Adolf *Bertram*, der im Episkopat aufgrund seines Alters (geboren 1859) und seiner Erfahrungen und Leistungen als Diözesanbischof und Vorsitzender der Fuldaer Bischofskonferenz (seit 1906 resp. 1920) großes Ansehen genoß. Der Exponent der anderen Linie war der Berliner Oberhirt Graf Preysing, 21 Jahre jünger als Bertram, ursprünglich Diplomat, und erst seit 1932 Bischof, ein Kirchenfürst mit besonders gutem Kontakt zum Kardinalsstaatssekretär Pacelli, dem späteren Papst Pius XII. Er plädierte für gezielte Mobilisierung der Öffentlichkeit und für eine Politik des offensiven Protestes, weil das Regime nicht auf Argumente höre, sondern nur auf politischen Druck und Gegendruck reagiere. Dies war die Strategie der Kirche bei der Enzyklika »Mit brennender Sorge« im März 1937 gewesen. Als Preysing danach diesen Kurs fortzusetzen empfahl, stieß er auf das unnachgiebige Nein des Breslauer Kardinals, der damals, 1937 (später weniger) die meisten anderen Bischöfe mit seiner vorsichtigen, defensiv-internen Protestpolitik hinter sich wußte oder hinter sich brachte.

In der Breslauer Strategie bezeichnete also das jeweilig minimale Risiko für die weitere Funktionsfähigkeit der Großorganisation »Seelsorgskirche« die handlungsleitende Priorität eines strikt pastoral orientierten Bischofs. Von dieser Konzeption aus war schwerlich zu einem nachträglichen Wort für die am 10. November mißhandelten Juden zu gelangen, zumal dem katholischen Episkopat in diesem Falle vom Regime die Aktivlegitimation, überhaupt zu sprechen, bestritten werden würde. Ich erinnere an die bekannte Hetzparole: »Henkt die Juden, stellt die Pfaffen an die Wand«.[38] Doch Bertrams Defensiv-Strategie galt viel prinzipieller. Auch wenn *katholische Bischöfe* tätlich angegriffen wurden, verhielt er sich nicht anders. Es gibt seit Anfang 1934 eine laufende Kette von Anschlägen auf Bischofsresidenzen und Ausschreitungen gegen Bischöfe selbst.[39] Sie haben zwar nicht mit Mord und Totschlag geendet, waren aber ebenso wie der Pogrom von 1938 ungerechte Anwendung von Gewalt gegen Personen und Sachen, Entfesselung offenen Terrors. In all diesen Fällen bewahrte

der Gesamtepiskopat nachträgliches Schweigen: So, als der Rottenburger Bischof Sproll nach pogromartigen Massendemonstrationen
und Pöbelaktionen am 24. August 1938 von der Gestapo aus seiner
Diözese vertrieben wurde, die er bis 1945 nicht mehr betreten
konnte;[40] so beim Sturm auf das Erzbischöfliche Palais des Kardinals
Innitzer in Wien am 8. Oktober 1938;[41] und ebenso bei der Verwüstung
des Faulhaber-Palais in München, die am 11. November 1938 geschah
und erklärtermaßen als Teil des Münchener Judenpogroms inszeniert
war; denn der entsprechende Aufruf des Gauleiters Wagners besagte:
»Das nationalsozialistische München demonstriert heute abend ...
gegen das Weltjudentum und seine schwarzen und roten Bundesgenossen«.[42] Offenbar wollte also ein großer, wenn nicht der größere Teil
der deutschen Bischöfe die noch vorhandenen kirchlichen Möglichkeiten zur Glaubensverkündigung und Sakramentenspendung ebenso
wie Kardinal Bertram nicht durch spektakuläre, ausdrückliche (und:
notwendig erst nachträgliche) Verurteilung oder Distanzierung von
konkreten Terrorakten gefährden – gleichgültig ob die ungerechte
Gewaltanwendung sich gegen Juden oder gegen Bischöfe gerichtet
hatte.

Dies hätte natürlich nicht ausgeschlossen, daß einzelne Bischöfe für
sich öffentlich Stellung bezogen hätten; denn das stand jedem Bischof
frei. So haben sich einige im Sommer öffentlich hinter Sproll gestellt,[43]
nicht aber hinter Innitzer und Faulhaber im Oktober und November.[44]

Faßt man diese beiden Gesichtspunkte, die wahrscheinlich das
Verhalten des Episkopates bestimmten, zusammen, so lassen sie sich
auf zwei Frageformeln bringen. Die erste lautet: Verbessert oder
verschlechtert ein bischöflicher Protest die tatsächliche Lage der
Juden vermutlich? Die zweite: Können wir uns angesichts unserer
eigenen bedrängten Lage einen solchen Protest überhaupt leisten? In
dem ersten Falle hieß die Antwort Ja, im zweiten Nein; in dem einen
Falle dachte man vor allem an die anderen, in dem anderen Falle vor
allem an die eigenen Menschen. Ob damit *alle* notwendigen Fragen
formuliert waren oder sind, will ich im Schlußteil erörtern.

Für diese »eigenen« Menschen der Bischöfe, das *katholische Kirchenvolk*, soweit es bereit war sich in einem Normenkonflikt zwischen
politischem System und Episkopat nach den vom kirchlichen Lehramt
verkündeten Grundsätzen zu richten, ist die Quellenlage noch erheblich schlechter. Zwei Dinge aber lassen sich mit wohl ausreichender
Gewißheit sagen: Erstens, daß der alte, religiös und sozial, auch

kulturell begründete katholische Antijudaismus (der nicht mit dem biologisch begründeten modernen, rassischen Antisemitismus verwechselt werden darf) das praktizierende Kirchenvolk nicht verleitet hat, den Judenpogrom zu unterstützten. Eine Zustimmung zu dem Pogrom wie sie von Martin Sasse überliefert ist, war im katholischen Milieu kaum möglich. Zweitens, daß im Kirchenvolk, (heute würde man sagen:»an der Basis«) ähnlich düstere Prognosen für die Lage und die Zukunftsaussichten der Kirche in Deutschland gestellt wurden wie von Seiten der Bischöfe.

Sonst wäre schwer verständlich, was der katholische Gewährsmann dem belgischen Generalkonsul in Köln über die kirchenpolitische Bewertung des Judenpogroms berichtet hatte. Es lautet:»Ein großer Teil der Bevölkerung erblickt in diesen Verfolgungsakten eine Generalprobe der künftigen Angriffe auf die katholischen Kirchen und die evangelischen Gotteshäuser für den Fall, daß die Mitglieder der Bekennenden Kirche oder die katholischen Bischöfe und Priester sich nicht passiv dem Ausrottungskampf (gegen das Christentum) fügen, den die Heiden der nationalsozialistischen Partei führen«.[45] Ein merkwürdiger Satz: Judenpogrom als Generalprobe für die Endlösung der christlichen Kirche.

Es ist sicher, daß Hitler und seine Umgebung zu *diesem* Zeitpunkt dies nicht beabsichtigten; die Vernichtung der katholischen Kirche stand zwar auf seinem Programm, aber nicht zu diesem Zeitpunkt und nicht mit dieser Methode.[46] Die Einschätzung der Lage war also objektiv falsch. Aber für die Überzeugungskraft ist nicht die Richtigkeit einer Ansicht entscheidend, sondern ihre Glaubwürdigkeit. Der belgische Generalkonsul hat seinen Gewährsmann in diesem Punkte für vertrauenswürdig gehalten – mit Recht. Tatsächlich dachte nämlich so nicht allein ein einzelner verängstigter Kölner Katholik. Er selbst hat gesagt, daß er die Meinung eines großen Teiles der Bevölkerung wiedergebe. Diese Aussage war richtig, wie man nachkontrollieren kann: Die gleiche Ansicht verbreiteten auch die kommunistische Untergrund-Propaganda[47] sowie der Exilvorstand der Sozialdemokratischen Partei,[48] und ähnlich dachte man in jüdischen Kreisen. Anfang Dezember stand in einem Düsseldorfer Tagebuch, daß im Pogrom dem »Pöbel« die Macht übergeben worden sei, und daß »dieselben Bestien, die heute die Synagogen verbrannten und zerstörten, morgen gegen die katholische Kirche und Klöster und übermorgen allgemein gegen die Besitzenden vorgehen wollen«.[49]

Was hier für das Rheinland nachgewiesen wird, findet sich ebenso bei deutschen Katholiken im Ausland und in der Emigration, die offen reden und schreiben konnten, aber auch außerhalb des katholischen Bereiches. Friedrich Muckermann im niederländischen Exil versteht am 20. November das derzeitige »Trommelfeuer« der NS-Propaganda gegen die katholische Kirche in militärischem Sinne als »letzte Stunden, die einem Großangriff vorangehen«;[50] Johannes Maier-Hultschin in Kattowitz nimmt am gleichen Tag als Titel-Überschrift für Seite 1: »Heute die Synagogen – morgen die Kirchen!«;[51] der in Paris redigierte »Kulturkampf« bespricht am 5. Dezember die kirchliche Lage in Deutschland unter der Fragestellung: »Und nun der Christenpogrom?«;[52] und Wilhelm Solzbacher in Luzern hielt noch im Frühjahr 1939 fest: »Mancher Christ mag sich im Schein der brennenden Synagogen gefragt haben: ›Wann wird es den Kirchen ebenso ergehen?‹«.[53] Die in Westdeutschland verbreitete Meinung, daß die Lage der Kirche ähnlich prekär sei wie die der Juden, war also auch im Ausland präsent. Sie ließe sich übrigens auch in Frankreich oder Amerika nachweisen.[54] Das ist hier nicht nötig.

Wir können daher als sicher annehmen, daß zumindest ein wichtiger Teil des katholischen Kirchenvolkes den 10. November als Generalprobe eines unmittelbar bevorstehenden Sturms auf die eigenen Kirchen verstanden hat. Für diese Menschen ergab sich ein innerer Zusammenhang von Judenpogrom und Kirchenkampf von selbst: hinter beidem erblickten sie den gleichen Vernichtungswillen des Nationalsozialismus. Diesem Vernichtungswillen begegnete man nicht offensiv (was, wenn es hätte wirkungsvoll sein sollen, letztlich auf Revolution, für die – unmittelbar nach Hitlers Triumph in der Sudetenkrise – schlechterdings alle Voraussetzungen fehlten, hätte hinauslaufen müssen), sondern defensiv: Durch Nichtanpassung und Verweigerung, durch Leiden und durch Dulden – und auch: Durch Schweigen, wenn das Regime Zustimmung erheischte.

III

Ein Teil der Historiker hat in den letzten 25 Jahren das Verhalten der Kirche gegenüber Hitlers Judenpolitik als Fortwirkung einer traditionellen antijüdischen Haltung des Katholizismus erklärt, die ein entschiedeneres Handeln gehemmt oder verwehrt habe.[55] Diese These läßt sich nicht wie eine Tatsache quellenmäßig beweisen, sondern ist nur interpretativ zu erschließen. Das gleiche gilt auch für die Gegenthese, die ich für weit plausibler halte. Sie lautet: Der christliche Antijudaismus hat die konsequente Ablehnung der nationalsozialistischen Rassenpolitik durch die Kirche keineswegs behindert. Der Kampf gegen die Rassenideologie aber war die wichtigste Ebene des kirchlichen Widerstandes gegen den Nationalsozialismus. Er hat im Dritten Reich weltanschaulich immunisierend gewirkt. Gleichzeitig hat er dazu beigetragen, eine theologische Entwicklung in Gang zu bringen, die es dem Zweiten Vatikanischen Konzil erlaubt hat, das Verhältnis von Kirche und Judentum theologisch neu zu beschreiben.

Der bis in die Urkirche zurückreichende *Antijudaismus*[56] war im Kern durch die religiöse Entgegensetzung von Judentum und Christentum begründet. Uneingeschränkt galt daher auch mit Bezug auf die Juden der zentrale Obersatz der katholischen Theologie von der grundsätzlichen Würde eines jeden Menschen (unabhängig von allen, vielleicht biologisch, soziologisch oder historisch begründbaren Unterschieden der Menschen und ihrer sozialen Gruppierungen), von der Gleichheit eines jeden Menschen vor Gott, von dem universalen Missionsauftrag der Kirche, der sich an unterschiedslos alle Menschen richtet, und von der Taufe, die für jeden, der glaubt, den Zugang zur Kirche eröffnet. Antijudaismus beruht also auf einem theologischen Dissens, der für geistige Auseinandersetzung und religiöse Entscheidung prinzipiell offen ist. Hingegen behauptete das kategoriale System des modernen, rassisch begründeten *Antisemitismus*, das Hitler vom späten 19. Jahrhundert übernommen hat, daß es strukturelle Unterschiede zwischen den Menschen und ihren sozialen Gruppierungen gebe, die auf genetisch fixierten und damit unabhebbaren biologischen Vorgegebenheiten beruhten. Das Verhältnis der Rassen zueinander sei durch Kampf bestimmt, dessen Ausgang über die Herrschaft entscheide. Antisemitismus ist also eine (biologistische) Gesellschaftstheorie und zielt auf Eliminierung der (unter diesem Aspekt) Minderwertigen. Nur von diesen sozialdarwinistischen Dogmen aus konnte es einen schließlich konsequenten Weg nach Auschwitz geben, und nicht vom Antijudaismus her.

Nun war der politische Katholizismus Ostmitteleuropas, was in diesem Falle Österreich einschließt, programmatisch und aktuelltagespolitisch im späten 19. und im 20. Jahrhundert zuweilen oft nahe an den rassischen Antisemitismus herangerückt. In Deutschland aber waren die Verhältnisse etwas anders. Schon im Kaiserreich hatte das Zentrum sich unter Ludwig Windhorst (1812–1891)[57] gegen rechtliche Diskriminierung der Juden wie überhaupt gegen Diskriminierung von Minderheiten gewendet. Damit war eine Tradition begründet worden, die zwar nicht prinzipiell judenfreundlich, aber auch nicht prinzipiell judenfeindlich war, sondern die als prinzipiell nicht-judenfeindlich zu beschreiben ist. Ein schlagender Beweis für diese These ist eine neue Untersuchung mit überraschenden Ergebnissen über die Einstellung der katholischen Tageszeitungen zum Themenkomplex »Judentum« und »Antisemitismus« in den Jahren 1923 bis 1933, die auf einer repräsentativen Analyse der katholischen Tageszeitungen in Deutschland und Österreich beruht.[58] Während in diesem Jahrzehnt zwischen 40 bis 60 Prozent der einschlägigen Berichte und Kommentare in den österreichischen Zeitungen eine antijüdische Tendenz aufweisen, beträgt die entsprechende Zahl für die deutschen Zeitungen, von Bayern über das Rheinland bis nach Ostdeutschland hin, nur Null bis 1,1 Prozent. Da die Positionen und Haltungen der Tageszeitungen weitgehend den Haltungen und Positionen ihrer Bezieher entsprochen haben dürfen, zeigt sich, wie gering die Affinität jener zwei Drittel der praktizierenden Katholiken, die bis 1933 Zentrum oder Bayerische Volkspartei gewählt hatten, für die politischen Parolen des rassischen Antisemitismus gewesen sein muß. Damit soll nicht bestritten werden, daß es auch sehr andere Positionen im deutschen Katholizismus gegeben hat.[59] Aber sie sind für das Kirchenvolk insgesamt offenkundig weniger repräsentativ gewesen. Denn die Zentrumsparole lautete, wie es im Mai 1933 der Danziger Prälat Sawatzki noch einmal öffentlich formulierte: »Die Judenfrage ist für uns nicht eine Frage der Sympathie oder der Antipathie, für oder gegen die Juden, sondern eine Frage des Rechts ... Recht muß jedem Bürger des Staates werden, auch dem jüdischen, sonst sind wir nicht mehr ein Kulturstaat«.[60] Das meinte auch der Frankfurter Stadtpfarrer Eckert, der am 4. April 1933 geschrieben hatte: »Hier geschieht deutsches Unrecht«.[61]

Daher brauchten die Bischöfe mit ihrer dezidierten Ablehnung der nationalsozialistischen Rassenideologie vor und nach 1933 kaum rassischen Antisemitismus der katholischen Bevölkerung zu überwinden; der Antijudaismus aber stand der weltanschaulichen Abwehr des Nationalsozialismus nicht im Wege. Vom Antijudaismus aus konnte man auch nicht zu einem Arierparagraphen innerhalb der Kirche gelangen, jenes unchristliche Organisationsprinzip, das seit 1933 das evangelische Deutschland gespalten und den evangelischen Kirchenkampf ausgelöst hat, der im Kern ein interner Streit über das Wesen von Christentum und Kirche war. In der katholischen Kirche hingegen war für einen Arierparagraphen kein Platz, weder vor 1933 noch nach 1933. Der katholische Kirchenkampf war folgerichtig etwas sehr anderes als der evangelische. Er war von Anfang an ein Streit nach außen, war Selbstbehauptungswille und autonomer Gestaltungsanspruch der Kirche gegenüber dem System, war Kampf »konkurrierender Wertsysteme«[62] um die Köpfe und die Herzen der Menschen. Dabei ging es um zwei Zentralkomplexe: um den Totalitarismus und – noch mehr – um die Rassenideologie.

Die Einzelheiten dieser weltanschaulichen Auseinandersetzung lasse ich beiseite,[63] muß aber betonen, daß der Episkopat dabei ständig verläßlichen Flankenschutz des Vatikans erhielt. Schon 1928 hatte Pius XI. vom Heiligen Offiz daran erinnern lassen, daß der Heilige Stuhl auch früher die Juden gegen Ungerechtigkeiten in Schutz genommen habe. »Der Papst«, heißt es da, »verdammt aufs schärfste den Haß gegen das einst von Gott auserwählte Volk, jenen Haß nämlich, den man allgemein heute mit den Namen des ›Antisemitismus‹ zu bezeichnen pflegt«.[64] Kaum war Rosenberg am 24. Januar 1934 von Hitler zum Beauftragten für die »Schulung und Erziehung der Partei und aller gleichgeschalteter Verbände« ernannt worden,[65] da setzte bereits am 7. Februar das Hl. Offiz dessen Hauptwerk, den »Mythus des 20. Jahrhunderts«, auf den Index der verbotenen Bücher.[66] Im energischen Kampf gegen Rosenbergs Ideenwelt wurde das weltanschauliche System des Dritten Reiches in seinem Kern, in der Rassenideologie, als Ganzes angegriffen.

Diese Linie hat 1937 in der Enzyklika »Mit brennender Sorge« einen ersten Höhepunkt erreicht. Deren wichtigste lehramtliche Aussage entzog der nationalsozialistischen Weltanschauung den Boden: »Wer die Rasse oder das Volk oder den Staat oder die Staatsform, die Träger der Staatsgewalt oder andere Grundwerte menschlicher Gemeinschaftsgestaltung – die innerhalb der irdischen Ordnung einen wesentlichen und ehrenden Platz behaupten – aus dieser ihrer irdischen Wertskala herauslöst, sie zur höchsten Norm aller, auch der religiösen Werte macht und sie mit Götzenkult vergöttert, der verkehrt und fälscht die gottgeschaffene und gottbefohlene Ordnung der Dinge«.[67] Rom schätzte eben als das »auf die

Dauer Gefährlichste« am Nationalsozialismus die Ideologie ein.[68] Das hatte der Papst schon 1934 in einer großen Protestnote an die Deutsche Reichsregierung, einer veritablen Kampfansage an den Totalitarismus und die Rassenlehre, zum Ausdruck gebracht: »Menschliche Norm ist undenkbar ohne Verankerung im Göttlichen. Diese letzte Verankerung kann nicht liegen in einem gewillkürten ›Göttlichen‹ der Rasse. Nicht in der Verabsolutierung der Nation. Ein solcher ›Gott‹ der Rasse oder des Blutes wäre nichts weiter als das selbstgeschaffene Widerbild eigener Beschränktheit und Enge«. Und man hatte angekündigt: »Die Kirche kann nicht widerstandslos zusehen, wenn der Jugend ... die ... Trugbotschaft eines neuen Materialismus der Rasse gepredigt wird«.[69]

Im heutigen Geschichtsbild stellt die Enzyklika »Mit brennender Sorge« den Gipfel des katholischen Kirchenkampfes gegen Hitler dar. Von Pius XI. aus gesehen war das anders. Er befürchtete nämlich, daß die nationalsozialistische Rassenlehre sich auch außerhalb Deutschlands ausbreite. Deshalb hat er 1938 den Versuch unternommen, die gesamte Weltkirche dagegen zu mobilisieren.

Dieses Unternehmen ist heute ziemlich vergessen. Die Zeitgenossen aber haben es beachtet. Die »Nationalsozialistischen Monatshefte« rechneten 1939, als der Papst gestorben war, das Unternehmen, von dem zu berichten ist, zu den zwölf wichtigsten Entscheidungen, die Pius XI. in den 17 Jahren seines Pontifikates getroffen habe.[70] Das ist natürlich nicht das wohlüberlegte Urteil eines abwägenden Historikers, sondern das Diktum eines Angegriffenen. Aber es zeigt, *wie* Pius XI. eingeschätzt worden ist, der nach Meinung des Reichssicherheitshauptamtes der SS die katholische Kirche an die Seite der Demokratien in eine »Einheitsfront gegen die totalitären Staaten, insbesondere aber gegen den Nationalsozialismus«, geführt hatte.[71]

Die Problematik wurde zuerst im Hl. Offiz beraten, das sich am 23. November 1937 schriftlich an die Studienkongregation wandte[72] und erklärte, daß die Erfolge des Nationalsozialismus auf weltanschaulichem Gebiet erschreckend seien, und daß die deutschen Katholiken aller wirksamen Verteidigungsmittel entbehrten. Um ihnen zu Hilfe zu kommen und um, so weit nur irgend möglich, die Ausbreitung dieser ganz schrecklichen Irrlehren außerhalb Deutschlands zu verhindern, müßten die Katholiken auf der ganzen Welt eine kontinuierliche Gegenpropaganda entwickeln und die nationalsozialistischen Irrlehren philosophisch, naturwissenschaftlich und historisch bekämpfen. Die Studienkongregation möge die Beschäftigung mit diesen Lehren und ihre Widerlegung in Gang bringen, sei es durch Aufnahme in die Unterrichtspläne oder durch Tagungen oder durch Bücher, Kleinschriften und häufige Artikel in den angesehensten wissenschaftlichen Zeitschriften der katholischen Universitäten.

Hier wurde also eine geistige Generalmobilmachung gegen Hitlers Religion skizziert, die Organisation des geistigen Widerstandes auf Weltkirchen-Ebene – ein Plan mit weiten Perspektiven. Das Ergebnis ist ein Reskript der Studienkongregation vom 13. April 1938,[73] ein Text, der Anfang Mai durch eine gezielte Indiskretion in die französische Presse lanciert wurde, als gezielter Affront gegen Hitler, der gerade auf Italienbesuch war und ostentativ, den Papst zu besuchen, unterlassen hat.[74]

Das Reskript erinnert zunächst an die schwere Verfolgung der Kirche in Deutschland. Besonders aber bedrücke es den Hl. Vater, »daß zur Entschuldigung dieses Unrechts ... höchst verderbliche Lehrmeinungen und Begriffsverwirrungen weit verbreitet werden, um die Geister irrezuführen und dadurch die wahre Religion auszurotten«. Daher würden alle katholischen Universitäten und Fakultäten aufgefordert, »alle Sorge und Mühe aufzuwenden, um gegen diese grassierenden Irrtümer die Wahrheit zu verteidigen. Deshalb sollen die Hochschullehrer sich mit den einschlägigen Argumenten aus Biologie, Geschichte, Philosophie, Apologetik, Rechts- und Sittenlehre eifrig darum bemühen, die ganz abwegigen Lehrsätze, die hier folgen, gründlich und überzeugend zu widerlegen«. Es folgten nun acht Thesen mit knapp und abstrakt formulierten Lehrsätzen des Rassismus. Man hat sich bei ihrer Abfassung der Form bedient, welche Rom seit dem Hochmittelalter immer anwendete, wenn es um Verwerfung bestimmter Lehrmeinungen ging. Der Text lautet in der Übersetzung der deutschen Bischöfe vom Sommer 1938:[75]

»1. Die Menschenrassen unterscheiden sich durch ihre angeborenen, unveränderlichen Anlagen so sehr voneinander, daß die unterste Menschenrasse von der höchsten weiter absteht als von der höchsten Tierart.

2. Die Lebenskraft der Rasse und die Reinheit des Blutes müssen auf jede Weise bewahrt und gepflegt werden. Was zu diesem Zwekke geschieht, ist ohne weiteres sittlich erlaubt.

3. Aus dem Blute, in dem die Rassenanlagen erhalten sind, gehen alle

geistigen und sittlichen Eigenschaften als aus seiner hauptsächlichen Quelle hervor.

4. Hauptzweck der Erziehung ist die Entwicklung der Rassenanlagen und Weckung der Liebe zur eigenen Rasse, weil sie den höchsten Wert darstellt.

5. Die Religion untersteht dem Gesetze der Rasse und ist ihr anzupassen.

6. Die erste Quelle und höchste Regel der gesamten Rechtsordnung ist der Rasseinstinkt.

7. Das einzig lebende Wesen, das existiert, ist der Kosmos oder das Weltall. Alle Dinge, der Mensch selbst eingeschlossen, sind nichts Anderes als verschiedene Erscheinungsformen des lebendigen Weltalls, die sich im Laufe langer Zeiträume entwickeln.

8. Die einzelnen Menschen existieren nur durch den Staat und um des Staates willen. Alles Recht, das sie besitzen, haben sie nur auf Grund einer Verleihung durch den Staat«.

Die katholische Presse in Paris hat im Mai 1938 für diese Thesen den Namen »*Syllabus gegen den Rassismus*« in die politische Tagessprache eingeführt.[76] Das ist von nationalsozialistischer Seite übernommen worden.[77] Syllabus war ein Terminus des kirchlich-politischen Lebens, der damals, allein als Vokabel benutzt, schon geradezu elektrisierende Wirkung ausüben konnte, weil mit »Syllabus« die so umstrittenen antiliberalistischen und antimodernistischen Verwerfungen von 1864 und 1907 bezeichnet wurden.[78] Beide päpstliche Entscheidungen die von 1864 wie die von 1907, hatten für katholisches Selbstverständnis und katholische Theologie 1938 noch erhebliche Bedeutung.[79] Die Zusammenstellung der nationalsozialistischen Irrlehren durch Pius XI. mit diesem Begriff zu bezeichnen, beweist die große Tragweite, welche diesen Sätzen von den Zeitgenossen zugemessen wurde. Der Papst hatte mit dem genuinen Anspruch seines Amtes auf verbindliche Feststellung von Wahrheit und Irrtum reagiert. Er sagte: Hitlers Rassenlehre ist häretisch.

Eine genauere Interpretation der Verwerfungen von 1938 ist hier nicht nötig. Wir halten nur fest, daß Pius XI. mit seinem neuen »Syllabus« ein kristallklares Nein zur Rassenideologie gesagt hatte. Daran war nach Meinung der deutschen Bischöfe jeder Katholik im Gewissen gebunden.

Der Syllabus vom April 1938 war aber nicht allein normative Theologie, sondern Teil eines Aktionsplanes, der bald in der Weltkirche Wirkung zeigte. So hat im Winter 1938/39 der Episkopat Europas, darunter hochangesehene Kardinäle, sich in wichtigen Ansprachen mit den Themen und Thesen des April-Reskripts beschäftigt. Zu nennen ist zunächst der Münchener Kardinal Faulhaber mit einer Predigt vom 6. November über »Individuum und Gemeinschaft«.[80] Er hatte schon 1930 die nationalsozialistische Rassenlehre intern als eine »Häresie« betrachtet[81] und öffentlich erklärt: »Die germanische Rasse ist nicht der Gesetzgeber der sittlichen Ordnung, sondern ein Untertan der von Gott gegebenen Sittengesetze. Sittlichkeit und Volkstum sind keine Gleichung«.[82] Jetzt stellte er die Pflichten, aber auch die Rechte des Einzelnen gegenüber dem Staat heraus und verdeutlichte in homiletischer Gegenüberstellung des Alten und des Neuen Bundes den fundamentalen Unterschied zwischen dem katholischen Glauben und dem nationalsozialistischen Antisemitismus.

Etwas früher schon hatte der Kardinal von Mecheln[83] vor seinen Priestern der nationalsozialistischen »Theorie der Rasse und des Blutes« eine ausführlich biblisch und patristisch begründete Theologie der Erlösung durch das Blut Christi, das die in der Erbsünde begründete Einheit des Menschengeschlechtes in der erlösten Menschheit erneuert habe, entgegengesetzt. Es schloß mit aktuell-pastoralen Konsequenzen: »Wir haben gesehen«, heißt es da, daß »unsere heilige Religion ... im Gegensatz steht zur Nazi-Philosophie von Blut und Rasse. Jene spaltet die Menschheit in unabänderlich vorgegebene Rassen auf, diese führt sie zur Einheit, oberhalb zweitrangiger Unterschiede, und macht aus allen Menschen gleiche Wesen, Brüder. Im Gegensatz zum Nationalsozialismus, der ... den Menschen auf die Stufe des Tiers erniedrigt, erhebt die katholische Lehre ihn über sich selbst hinaus in die Übernatur und stellt ihn neben den Gottmenschen«.

Der Kardinal von Paris,[84] dem der Mechelner diesen Text zugesandt hatte, hat in einem Brief vom 17. November, der sofort an die Presse ging, die theoretischen Linien konkret ausgezogen und dabei einen direkten Zusammenhang zwischen Rassenideologie und November-pogrom hergestellt: »Ganz nah von uns sind, im Namen von Rasse-Rechten, Tausende und Abertausende von Menschen wie wilde Tiere gejagt und ihres Eigentums beraubt worden, wahre Parias, die vergeblich in der zivilisierten Welt ein Asyl und ein Stück Brot suchen. Ja, das ist das unvermeidliche Ergebnis der Rassen-Theorie«.

Es ließen sich noch viele ähnliche Stimmen anführen, etwa der Kardinal-Patriarch von Lissabon,[85] die Kardinäle von Mailand[86] und

Venedig,[87] der schweizerische Episkopat,[88] der Bischof von Lüttich[89] und andere. Aber die Zeit drängt, und so kann ich auch nicht auf Aufsätze und Bücher[90] eingehen, die zu unserem Thema erschienen sind. All dies zeigt, daß die Generalmobilmachung der Weltkirche gegen Hitlers Rasseideologie in Gang gekommen war.

Am frühesten ist die Auswirkung des April-Reskripts in Deutschland nachzuweisen. Ein Konveniat der westdeutschen Bischöfe empfahl am 13. Juni, die acht Thesen in einem Hirtenbrief zu »verarbeiten« und als Entwurf der nächsten Fuldaer Bischofskonferenz vorzulegen.[91] Dies ist geschehen. Der Entwurf[92] enthält eine kurze Einleitung, welche die Zuständigkeit der Kirche für die Entscheidung derartiger Fragen begründet. Dann wird mitgeteilt, daß der Hl. Stuhl »acht fundamentale Irrtümer« der »falschen Rassenlehre« in »verpflichtender Weise« verworfen habe. Danach bringt der Hauptteil in acht Abschnitten den Text der jeweiligen These mit der stereotyp einleitenden Bemerkung: »Anhänger einer falschen Rassenlehre behaupten« und entfaltet anschließend die jeweils entgegenstehende Lehre der Kirche.

Über diesen Text ist am 17. August 1938 beraten worden.[93] Es lag jedoch gleichzeitig ein Entwurf des Freiburger Erzbischofs über die Situation der Kirche in Deutschland vor. Ob nun die Kirchenverfolgung oder die Rassenhäresie Gegenstand des gemeinsamen Hirtenwortes werden solle, war kontrovers.[94] Schließlich entschied man sich für Gröbers Entwurf, ein eindrucksvoller Text,[95] bei dessen Verlesung Ende August den Frauen die Tränen in die Augen gekommen sein sollen.[96] Der Syllabus-Hirtenbrief wurde jedoch nicht zu den Akten gelegt, sondern als Richtlinie zur Verteilung an den Klerus bestimmt.[97]

Als das entschieden wurde, konnte niemand wissen, daß die Nationalsozialisten zwei Monate später den Novemberpogrom inszenieren würden. Wenn man die Richtlinie jedoch in Kenntnis des später Geschehenen liest, gewinnt sie zusätzliche Aktualität. Dieser Lehr-Text wollte nämlich nicht allein systematisch-abstrakt, sondern auch konkret und aktuell instruieren und dadurch führen. Dies macht vor allem der Schlußteil deutlich. Er enthielt zwei praktische Ermahnungen. Einmal hieß es da: »Der Heiland hat ein umfassendes Gebot der Nächstenliebe gegeben. Es schließt, wie die wunderbare Parabel vom barmherzigen Samaritan zeigt, auch den Volks- und Rassefremden in das Gebot der Nächstenliebe ausdrücklich ein. Die Erlösung verlangt Gerechtigkeit, nein Liebe und Barmherzigkeit gegen alle Menschen ohne jede Ausnahme«. Das war eine klare Sprache. Zweitens stand da: Christentum bedeutet Gleichheit der Menschen. »Will der Staat Unterschiede in der Rasse machen – es ist selbstverständlich, daß er auch dabei an Recht und Billigkeit gebunden ist –, in der Kirche gibt es grundsätzlich keinen Unterschied zwischen Volk und Volk, Rasse und Rasse. Alle Menschen sind in gleicher Weise und ohne Unterschied in Recht und Rang zu Gotteskindern, zu Gliedern der Kirche, zu Genossen der ewigen Seligkeit berufen«. Auch das war eindeutig.

Was in diesen beiden Sätzen beschrieben wurde, waren und sind natürlich nur katholische Selbstverständlichkeiten. Aber sie waren nicht nur unmißverständlich, sondern auch gegenwartsbezogen formuliert. Diese Richtlinie war in Sachen Rassenideologie des Nationalsozialismus die Glaubensformung, die Gewissensbildung und Meinungsführung des Klerus durch den Episkopat unmittelbar vor den Novemberpogromen.[98]

IV

Der Frevel vom 10. November 1938 ist von den deutschen[99] Bischöfen, die seit 1938 ihre praktischen Hilfsmaßnahmen für die Betroffenen verstärkt haben,[100] öffentlich und konkret nicht verurteilt worden, während man sich in der übrigen katholischen Welt sofort danach und wie selbstverständlich in diesem Sinne geäußert hat. Wie ist dieses unterschiedliche Verhalten zu verstehen?

Nicht zweifelhaft war dem Zeitgenossen, das zeigen auch Martin Sasses Invektiven, daß der Papst und alle deutschen Bischöfe die nationalsozialistische Rassenlehre streng verurteilten und immer wieder rechtsstaatliches Verhalten anmahnten, auch öffentlich. Das katholische Kirchenvolk hatte dies oft genug gehört und hat sich offenbar danach gerichtet. Wenn der Münchener Regierungspräsident am 9. Januar 1939 in einem vertraulichen Bericht über die Stimmung der Bevölkerung sagte: »Nur die von der Kirche beeinflußten Kreise gehen in der Judenfrage noch nicht mit«,[101] so dürfte dies keine Besonderheit des oberbayerischen Katholizismus bezeichnen, sondern auch für die anderen Regionen Deutschlands gelten.

Diese Grundhaltung war das Ergebnis der Gewissensbildung und

Glaubensformung des Kirchenvolks durch die Großorganisation Seelsorgskirche, deren Leitung, Bischöfe und Papst, ihren Willen zur religiös-weltanschaulichen Meinungsführung soeben mit dem Syllabus vom April und den Rassenhäresie-Richtlinien vom August eindrucksvoll bestätigt hatte. Die kontinuierliche Seelsorge hatte eine Immunisierung bewirkt, die in diesem, dem religiösen Bereich, eine gut erkennbare Distanzierung vom Nationalsozialismus bedeutete. Vom katholischen Standpunkt aus waren daher der Pogrom ebenso wie seine regierungsamtliche Rechtfertigung oder Entschuldigung bereits gerichtet. Das wußte jedermann, wie ich auch aus eigenem Erleben bezeugen kann.

Aber war dies genug, wenn Hunderte von Synagogen brannten? Hätten die deutschen Bischöfe im November 1938 nicht mit der übrigen Weltkirche öffentlich auftreten und sagen müssen: Hier, in unserem eigenen Lande, ist Schlimmes geschehen! Wäre nicht gerade eine derartige Verurteilung sündhaften Tuns der Dienst gewesen, den die Menschen vom Wächteramt der Kirche in diesem Augenblick erwarteten?

Für uns, die wir aus der Rückschau wissen, daß der 10. November 1938 weder den Höhepunkt noch das Ende der nationalsozialistischen Judenverfolgung bedeutete, und die wir in einer Gesellschaft leben, in der jeder Schritt an die Öffentlichkeit einen besonderen Stellenwert hat, weil die sozialen Großgebilde ihre Ziele nicht ohne öffentliche Bewußtseinsbildung verwirklichen können und in der das Protestieren (gelegentlich ohne Rücksicht auf die Ziele) in der Regel schon eine Prämie erhält – für uns und in unserer heutigen Gesellschaft ist es notwendig, solche Fragen zu stellen und uns solchen Fragen zu stellen. Die Antwort kann aber weder aus einem schlichten Ja noch aus einem einfachen Nein bestehen, und zwar aus zwei Hauptgründen.

Erstens ist erneut an die extrem schlechte Quellenlage zu erinnern. Wir besitzen im Falle des Bischofs Graf Galen eine indirekte Nachricht. Für die übrigen zwei Dutzend deutscher Bischöfe fehlt uns jede direkte Information über die Gründe, welche jeden einzelnen von ihnen veranlaßte, sich öffentlich zum Judenpogrom nicht zu äußern. Dabei ist nicht davon auszugehen, daß überall die gleichen Motive maßgebend gewesen sein dürften: Der vertriebene Bischof von Rottenburg oder der Münchener Kardinal, selbst Opfer des Novemberpogroms, mußten sicherlich eine andere Güterabwägung anstellen als die Erzbischöfe von Freiburg, Köln und Breslau oder die Bischöfe von

Berlin, Aachen und Passau. Wer will mit hinreichender Sicherheit sagen, welches der vielen denkbaren Motive im jeweiligen Falle wahrscheinlich handlungsleitende Priorität hatte?

Zweitens fehlt es der Geschichtswissenschaft, worauf Hürten unlängst mit bedenkenswerten Argumenten hingewiesen hat,[102] an ausreichend klaren Kriterien zur theologischen Beurteilung von richtigem und falschem Verhalten des Einzelnen wie der gesamten Kirche und ihrer Führung in einem totalitären System. Diese Urteilsmaßstäbe kann der Historiker allein aus seinem eigenen, vornehmlich deskriptiv orientierten Fach nicht ableiten. So bewegen wir uns mit unseren retrospektiven theologischen Urteilen über das Verhalten der Kirche im Dritten Reich, ob sie nun positiv oder negativ ausfallen, auf sehr unübersichtlichem Terrain – ganz unabhängig von der Quellenlage.

Die schlechte Quellenlage und die ungenügende Klärung der theologischen Urteilsmaßstäbe bewirkt folglich ein Dilemma. Doch läßt sich weiterkommen, wenn man die Problematik von einer anderen Seite beleuchtet und fragt, ob denn im November 1938 von den Bischöfen überhaupt eine öffentliche Stellungnahme, die auf die konkrete Verurteilung des geschehenen Frevels hätte hinauslaufen müssen, gewünscht oder gefordert worden ist. Läßt man den Fall des Bischofs Galen beiseite, so lautet die Antwort: Nein. Bisher jedenfalls konnten keine Quellen namhaft gemacht werden, die uns den Rückschluß erlauben, daß die gläubigen Katholiken oder die betroffenen Juden oder andere Bevölkerungsgruppen Deutschlands damals ein Wort der deutschen Bischöfe zum Pogrom erhofft oder vermißt haben.[103] Dies ist nur ein (vielleicht vorläufiger) Negativbefund, aber er führt weiter; denn so wie 1938 war es nicht immer. Es hatte im April 1933 Kritik an den Bischöfen gegeben, weil sie nichts Energisches für die Juden getan hätten;[104] es bestand 1934/35 ein massiver Hunger der Gläubigen nach einer klärenden Information über den künftigen Kurs der Kirche,[105] dem in pseudonymen Streitschriften sogar öffentlich Ausdruck verliehen wurde;[106] und im Herbst 1941, als es um die Verteidigung der allgemeinsten Menschenrechte auf persönliche Freiheit und Leben ging, verlangte nicht nur das praktizierende Kirchenvolk von den katholischen Bischöfen »Klärung in schwersten Gewissensfragen und offene Stellungsnahme des deutschen Episkopats«, sondern auch der nichtchristliche Teil Deutschlands, soweit er unter der Last der Rechtlosigkeit und seiner eigenen Ohnmacht gegenüber

Unrecht und Gewalt litt, erwartete »Hilfe und Verteidigung der allgemein menschlichen Rechte durch den deutschen Episkopat«,[107] die dieser in den Kriegsjahren auch versuchte. Im Unterschied aber zu 1934/35 oder 1941 ist 1938 von einer »Vertrauenskrise des katholischen Volkes zur kirchlichen Führung«[108] nicht die Rede. Die deutschen Bischöfe standen im November 1938 offenkundig nicht unter Erwartungsdruck, weder innerhalb Deutschlands noch, soweit man sehen kann, draußen. Diese Feststellung erklärt übrigens gut, warum es uns so sehr an Nachrichten über die konkreten Motive und Erwägungen der deutschen Bischöfe im Herbst 1938 mangelt: was unproblematisch und selbstverständlich ist, steht selten in den historischen Quellen.

Mit dieser Sachverhaltsbeschreibung darf sich unser Fragen aber nicht erschöpfen. Für einen Bischof als Nachfolger der Apostel ist es schließlich nicht entscheidend, was man von ihm erwartet, sondern was sein Gewissen ihm sagt. Wenn – angesichts des befürchteten Sturms auf die Kirchen, den sicherlich niemand provozieren wollte und durfte – eine unvermeidlich ins Politische sich wendende öffentliche Stellungnahme den Bischöfen inopportun erschienen sein mag, blieb dann nicht – unabhängig von den technischen Möglichkeiten der Meinungsbildung, die unverzügliches Handeln schwer machte – immer noch freies Feld für andere Formen sichtbarer Solidarität? Der Kölner Kardinal Schulte, kein Freund von Trotzgebärden oder direkter Konfrontation,[109] hat am 4. September 1938 seine Erzdiözesanen in einer ganz knappen Kanzelverkündigung von acht Zeilen über die zwangsweise Wegführung des Bischofs von Rottenburg aus seiner Diözese informiert und angeordnet, anschließend zu sagen: »Laßt uns alle, Geistliche und Gläubige, für den verbannten Bischof und sein schwer geprüftes Bistum beten: Vater unser ... «.[110] Etwas Vergleichbares, etwa am 13. oder 20. November für die verfolgten Juden in den Kölner Kirchen zu sprechen, hat Schulte nicht angeordnet. Warum, wissen wir nicht. Aber daß es nicht geschah, das eigentlich ist es, was viele Christen, die wissen, was danach geschehen ist und was bis heute noch alles geschieht (und von diesem Wissen kann und soll man nicht abstrahieren) – das ist es, was sie in der Rückschau bedrückt. Das Geschehene hätte dadurch nicht ungeschehen gemacht werden können. Die katholischen Gläubigen bedurften keines erneuten bischöflichen Wortes, um zu wissen, was sie von den Verbrechen und Verbrechern des 10. November zu halten hätten. Aber gibt es nicht Situationen, in denen einfach Zeugnis verlangt wird? Und zwar nicht nur vom Bischof, sondern auch vom einfachen Priester und vom Laien?

Indem wir uns bewußt werden, wie zentral und wie immer noch aktuell solche Fragen sind, die uns vom Geschichtlichen zum Normativen führen, bemühen wir uns, aus der zeitgeschichtlichen Erfahrung zu lernen, gerade an Gedenktagen. Der Pogrom vom 10. November 1938 ist dafür ein trauriges, aber wichtiges Lehrstück. Er war terroristische Gewaltanwendung gegen Personen und Sachen vor den Augen der Öffentlichkeit. Auch heutzutage findet terroristische Gewalt statt gegen Personen und Sachen – in aller Öffentlichkeit, zwar nicht auf Anordnung von oben, aber dennoch: sie findet statt, und viel zu oft ohne geschichtliche Ahndung. Was tun wir dagegen? Wenn wir bei der Erinnerung an das Gestern von 1938 das Heute von 1988 vergessen, nützt die historische Rückbesinnung und Gewissensforschung wenig.

Anmerkungen

* Der Bochumer Vortrag vom 30. November 1988 ist eine zusammenfassende Überarbeitung einer im September 1988 erschienenen Schrift: K. Repgen, Judenpogrom, Rassenideologie und katholische Kirche 1938. Köln 1988 (= Kirche und Gesellschaft S. 152/153).

1 H. Lübbe, Politischer Moralismus. Der Triumph der Gesinnung über die Urteilskraft. Berlin 1987; vgl. ders., Der Nationalsozialismus im politischen Bewußtsein der Gegenwart, in: M. Broszat u. a. (Hg.), Deutschlands Weg in die Diktatur. Internationale Konferenz zur nationalsozialistischen Machtübernahme im Reichstagsgebäude zu Berlin. Referate und Diskussionen. Ein Protokoll, Berlin 1983, S. 329–349.

2 Von daher ergibt sich, trotz thematischer Gemeinsamkeiten, ein anderer Ansatz als bei H. E. Tödt, Die Novemberverbrechen 1938 und der deutsche Protestantismus. Ideologische und theologische Voraussetzungen für die Hinnahme des Pogroms, in: Evangelische Arbeitsgemeinschaft für Zeitgeschichte, Mitteilungen Nr. 9 (1989) S. 4–33. Zu den dahinter stehenden methodologischen Problemen viel Material in V. Conzemius/M. Greschat/ H. Kocher (Hg.), Die Zeit nach 1945 als Thema kirchlicher Zeitgeschichte. Referate der internationalen Tagung in Hüningen (Schweiz) 1985. Mit einer Bibliographie A. Lindt, Göttingen 1988; U. von Hehl/K. Repgen (Hg.), Der deutsche Katholizismus in der zeitgeschichtlichen Forschung, Mainz 1988; J.Mehlhausen, Zur Methode kirchlicher Zeitgeschichtsforschung, in: Evangelische Theologie 48 (1988), S. 508–521. Meine Konzeption von Geschichte am grundsätzlichsten in: Christ und Geschichte (1982), -

136

ND in: K. Repgen, Von der Reformation zur Gegenwart. Beiträge zu Grundfragen der neuzeitlichen Geschichte, hrsg. von K. Gotto/H. G. Hokkerts, Paderborn u. a. 1988, S. 319–334.

3 Über den Pogrom des 10. November 1938 neuestens H. Graml, Reichskristallnacht. Antisemitismus und Judenverfolgung im Dritten Reich, München 1988. Vgl. im übrigen R. Thalmann/E. Feinermann, Die Kristallnacht, Frankfurt/Main 1987 (französisch 1972); W. Mairgünther, Reichskristallnacht, Kiel 1987; W. H. Pehle (Hg.), Der Judenpogrom 1938, Frankfurt/Main 1988.

4 Vgl. dazu H. Lauber, Judenpogrom. »Reichskristallnacht« November 1938 in Großdeutschland. Gerlingen 1981, S. 41–46. Michael Wolffsohn ist anderer Auffassung; damals, 1938, habe der Berliner Volksmund mit dieser Vokabel seinen Widerwillen gegen die organisierten Aktionen bekundet. »Heute, aus der jetzigen Sicht, scheint es eine Verharmlosung zu sein. Damals war es wirklich wider Willen, wenngleich kein Widerstand« (Brief an mich vom 4. Oktober 1988). Vgl. im übrigen die klugen und weiterführenden Beobachtungen in ders., Ewige Schuld? 40 Jahre deutsch-jüdisch-israelische Beziehungen, München, Zürich 1988.

5 Vgl. L. Gruchmann, Justiz im Dritten Reich, München 1988, S. 484–496. Die Aufzählung der Straftatbestände bei Mairgünther, a. a. O., S. 135, ist keineswegs vollständig.

6 Punkt 6 des Dienststrafrechts der SA von 1933; Nachweisung bei Gruchmann, a. a. O., S. 493, Anm. 31.

7 Es hat bereits am 8. November in Hessen und Magdeburg-Anhalt von Lokalgrößen inszenierte Ausschreitungen gegen Juden gegeben, am 11. und 12. November an einigen anderen Stellen »Nachholaktionen«. Der Pogrom als Ganzes konzentrierte sich aber auf den 10. November, beginnend ungefähr nach Mitternacht des 9. zum 10. November.

8 Bericht des Obersten Parteigerichts vom 13. Februar 1939 (= Nürnberger Dokument PS-3063), Der Prozeß gegen die Hauptkriegsverbrecher (IMG), XXXII, Nürnberg 1948, S. 20–29.

9 G. van Schendel. Zum folgenden vgl. K. Repgen, Ein belgischer Augenzeuge der Judenpogrome im November 1938 in Köln, in: H. Dickerhof (Hg.), Festschrift H. Hürten zum 60. Geburtstag, Frankfurt/Main u. a. 1988, S. 397–419, besonders die französischen Texte, ebd., S. 414–419. Ich bringe hier nur meine Übersetzung ins Deutsche.

10 Text (in deutscher Übersetzung in: A. Faust, Die »Kristallnacht« im Rheinland, Düsseldorf 1987, S. 166 f.

11 Die SS sollte sich eigentlich, auf Weisung Hitlers und Himmlers, von den öffentlichen Ausschreitungen fernhalten; es gab aber Ausnahmen davon: vgl. für Geldern und Xanten Faust, a. a. O., S. 93.

12 Die lehramtliche Abgrenzung von der seit 1925 entwickelten faschistischen Totalitarismus-Konzeption erfolgte durch Pius XI. am 26. April 1931; vgl. dazu K. Repgen, Vom Fortleben nationalsozialistischer Propaganda in der Gegenwart, in: P. F.-W. Ziegler (Hg.), Festschrift für A. Kraus zum 60. Geburtstag, Kallmünz 1982, S. 455–476, hier S. 456 f; K. Hildebrand, Das Dritte Reich. München [3]1987, S. 128 f. Mit eindeutigem Bezug auf Natio-

nalsozialismus und Kommunismus hatten die belgischen Bischöfe im Weihnachtshirtenbrief 1936 erklärt: »Nous désapprouvons formellement les tendances de l'une ou l'autre forme de fegime totalitaire ou dictatorial«, La Documentation Catholique 38 (1937), S. 728–725, hier S. 732; dieses Zitat verdanke ich der Staatsexamensarbeit 1988 meiner Schülerin Elisabeth Lentz, Totalitarismus-Vorstellungen der katholischen Kirche vor Beginn des Kalten Krieges, mit wichtigen Funden. Die erste Abgrenzung der römischen Jesuiten-Zeitschrift La Civiltà Cattolica gegen Mussolinis »totalitarismo« war 1927 erfolgt. Das Sachregister von La Documentation Catholique enthält seit 1938 ein Stichwort »totalitarisme«.

13 Dazu K. D. Bracher, Totalitarismus, in: Katholisches Soziallexikon, Innsbruck u. a. ²1980, S. 3065–3074.

14 U. D. Adam, Wie spontan war der Pogrom?, in: Pehle, a. a. O., S. 74–93, hier S. 93.

15 Vgl. etwa die Erklärungen eines Gesprächskreises »Juden und Christen« vom 6. Januar 1988 und die Stellungnahme dazu durch den Geschäftsführenden Ausschuß des Zentralkomitees der deutschen Katholiken vom 19. Februar 1988, in: Zentralkomitee der deutschen Katholiken. Dokumentation, 29. Februar 1988 sowie die gemeinsame Erklärung der Berliner, der Deutschen und der österreichischen Bischofskonferenz, »Die Last der Geschichte annehmen«. Wort der Bischöfe zum Verhältnis von Christen und Juden aus Anlaß des 50. Jahrestages der Novemberpogrome 1938, 20. Oktober 1988, hrsg. vom Sekretariat der Deutschen Bischofskonferenz, Bonn 1988.

16 Dazu K. Repgen, Katholizismus und Nationalsozialismus. Zeitgeschichtliche Interpretationen und Probleme, Köln 1983 (= Kirche und Gesellschaft, 99), S. 4 f; ders., Die Erfahrung des Dritten Reiches und das Selbstverständnis der deutschen Katholiken nach 1945, in: Conzemius/Greschat/Kocher, a. a. O., S. 127–179, hier S. 153–161.

17 Einige Angaben für Bayern bei I. Kershaw, Antisemitismus und Volksmeinung. Reaktionen auf die Judenverfolgung, in: M. Broszat/E. Fröhlich (Hg.), Bayern in der NS-Zeit. II: Herrschaft und Gesellschaft im Konflikt, München, Wien 1979, S. 281–348, hier S. 315; zwei andere Beispiele (Zülpich und Berlin) in der Anm. *) zitierten Schrift, S. 10 f. Bei U. von Hehl, Priester unter Hitlers Terror. Eine biographische und statistische Erhebung, im Auftrag der Deutschen Bischofskonferenz, unter Mitwirkung der Diözesanarchive, Mainz 1988, sind die Maßnahmen gegen Geistliche wegen ihrer Haltung im Novmeber 1938 nicht eigens zusammengestellt. Die Tabelle 4 (S. LXXVII) gibt für 1938 die Zahl von 1.776 Maßnahmen gegenüber 2.210 für 1937, 1.681 für 1939 und 1.358 für 1940. In der vorbereiteten Neuauflage wird übrigens die Zahl der Priester, gegen welche – heute noch aktenkundig – sich »Maßnahmen« des Regimes richteten, wesentlich erhöhen: mehr als 10.000 (von insgesamt ca. 24.000) Priester sind ermittelt worden, also 42%. Es wird sich nach der Neuauflage zu unserem Punkt Genaueres sagen lassen.

18 Jahreslagebericht 1938 des Sicherheitshauptamtes des Reichsführers SS (Frühjahr 1939), in: H. Boberach, Berichte des SD und der Gestapo über

Kirchen und Kirchenvolk in Deutschland 1934–1944, Mainz 1971, S. 301–330, hier S. 305. Der Bericht fährt fort: »Nicht zuletzt haben gerade die maßgeblichen kirchlichen Führer den großen Protestkundgebungen in den Metropolen der westlichen Demokratien durch ihre Beteiligung Auftrieb und weiterreichende Bedeutung verschafft«. Vgl. dazu unten Anm. 28.

19 Dies wird durch eine irreführende Zitierweise unterschlagen bei G.B.Ginzel, Martin Luther: »Kronzeuge des Antisemitismus«, in: H.Kremers (Hg.), in Zusammenarbeit mit L.Siegele-Wenschkewitz und Berthold Klappert, Die Juden und Martin Luther – Martin Luther und die Juden. Geschichte, Wirkungsgeschichte, Herausforderung. Mit einem Vorwort von J.Rau, Neukirchen-Vluyn 1985, S. 189–210, hier S. 207.

20 M.Sasse (Hg.), Martin Luther über die Juden: Weg mit ihnen! Freiburg 1938. Diese Flugschrift des »Sturmhut«-Verlages erschien in großer Auflage. Das Exemplar der Landesbibliothek Stuttgart stammt aus dem 60. bis 100. Tausend.

21 C.V.-Zeitung vom 8. August 1926, S.419: »Papst Pius XI. und der Antisemitismus«.

22 Vgl. unten S. 142, Anm. 64.

23 Die Literatur über die Frage nach der Authentizität dieses Diktums bei Repgen, Ein belgischer Augenzeuge, a.a.O., S. 400.

24 So am 11. bis 16., am 18., 20., 23., 24. und 27. November, am 3. und 16. sowie (Proteste amerikanischer Katholiken gegen die deutsche Judenpolitik) am 21., 22. und 24. Dezember 1938. Die Darstellung bei F.Sandmann, Die Haltung des Vatikans zum Nationalsozialismus im Spiegel des »Osservatore Romano« (von 1929 bis zum Kriegsausbruch), Phil. Diss. Mainz 1965, hier S. 211–218, ist in diesem Punkte korrekturbedürftig.

25 Der Osservator Romano dokumentierte am 18. November die einschlägige Predigt des Mailänder Kardinals (vom 15. November), am 19. des Müncheners (vom 6.) am 24. des Mechelner und die Antwort des Pariser Kardinals (vom 17. November), vgl. dazu unten S. 143, Anm. 80.

26 K.Repgen, Die Außenpolitik der Päpste im Zeitalter der Weltkriege, in: Hubert J.K.Repgen (Hg.), Die Weltkirche im 20. Jahrhundert, Freiburg 1979 (Paperback 1985), S. 36–96, hier S. 61 f.

27 K.Repgen, Pius XI. und das faschistische Italien. Die Lateranverträge und ihre Folgen, in: W.Pöls (Hg.), Staat und Gesellschaft im politischen Wandel. Festschrift für W.Bußman, Stuttgart 1979, S. 331–359, hier S. 357.

28 Erster Vierteljahresbericht 1939 des Sicherheitshauptamtes des Reichsführers SS (Sommer 1939), Borberach, a.a.O., S. 330–349, hier S. 332 (Telegramm Stephen Wise an Pacelli).

29 Vgl. L.Volk, Akten deutscher Bischöfe über die Lage der Kirche 1933–1945, IV: 1936–1939, Mainz 1981, S. 592–602. Zu den nationalsozialistischen »Vergeltungs«-Aktionen für die Ermordung vom Raths gehört eine Kampagne des Nationalsozialistischen Lehrerbundes mit der Aufforderung an den Lehrer, keinen konfessionellen Religionsunterricht mehr zu erteilen. Dagegen protestierte Kardinal Bertram am 16. November 1938, ebd., S. 592–594; vgl. besonders S. 594, Anm.4 über die Auswirkungen der Kampagne.

30 Volk, Akten IV, a.a.O., S. 555–564, hier S. 555.
31 Ebd., S. 150–153, hier S. 151. Dieser zentrale Satz steht auch im Protokoll der Plenarkonferenz der deutschen Bischöfe vom 12./13. Januar 1937 in Fulda, ebd. A. 72–88, hier 75.
32 P. Löffler, Bischof Clemens August Graf von Galen, Akten, Briefe und Predigten 1933–1946, I: 1933–1939, Mainz 1988, enthält nichts Einschlägiges.
33 Max Bierbaum, Nicht Lob, nicht Tadel. Das Leben des Kardinals von Galen, München ⁶1966, S. 388 f.
34 Philipp Auerbach an den Kapitularvikar in Münster, Düsseldorf, 27. März 1946: »Der Hingeschiedene war einer der wenigen pflichtbewußten Männer, der den Kampf gegen den Rassenwahn in schwerster Zeit geführt hat«, Zit. bei Löffler, a.a.O., II: 1939–1946, Mainz 1988, S. 1334. Vgl. auch Synagogengemeinde Köln an Kardinal Frings, Köln-Riehl, 27. März 1946, ebd., S. 1335.
35 In diesem Zusammenhang zitierte Bertram an Innitzer, 21. November 1938, Volk, Akten IV, a.a.O., S. 594 f. nicht allein Röm 13, sondern auch Apg 4, 19 f: »Ob es recht ist vor Gott euch mehr zu gehorchen als Gott, das entscheidet selbst; denn wir können unmöglich schweigen von dem, was wir gehört und gesehen haben«.
36 Gemeinsamer Hirtenbrief vom 20. August 1935, B.Stasiewski, Akten deutscher Bischöfe über die Lage der Kirche. II: 1934–1935, Mainz 1976, S. 331–341, hier S. 333 f.
37 Zum folgenden zusammenfassend: L.Volk, Der Deutsche Episkopat und das Dritte Reich, in: K. Gotto/K. Repgen (Hg.), Die Katholiken und das Dritte Reich, Mainz 1983, S. 51–64, hier S. 56–60; vgl. ders., Katholische Kirche und Nationalsozialismus. Ausgewählte Aufsätze, hrsg. von D. Albrecht, Mainz 1987, S. 252–263: A. Kardinal Bertram (1859–1945) sowie ebd., S. 264–276: Konrad Kardinal von Preysing (1880–1950). Zur Beurteilung der beiden Strategien: K. Gotto/H. G. Hockerts/K. Repgen, Nationalsozialistische Herausforderung und kirchliche Antwort. Eine Bilanz, in: Gotto/Repgen, a.a.O., S. 122–139, hier S. 131–137.
38 Vgl. Galen an Lüninck, Münster, 22. Oktober 1937 (Löffler, a.a.O., S. 562) und den Rottenburger Bericht über die Vorgänge (gegen Bischof Sproll) am 23. Juli 1938, in: P. Kopf/M. Miller, Die Vertreibung von Bischof Johannes Maria Sproll von Rottenburg 1938–1945. Dokumente zur Geschichte des kirchlichen Widerstandes, Mainz 1971, S. 186–188, hier S. 186.
39 Ohne Anspruch auf Vollständigkeit nenne ich: 21. Januar 1934 (Faulhaber/München), 4. April (Ehrenfried/Würzburg); 10. und 12. Mai 1935 (Klein/Paderborn); vor dem 30. Juni (Bornewasser/Trier), 12. Juli (Preysing/Eichstätt); 11. April 1937 (Rackl/Eichstätt), 1. Juni (Stohr/Mainz); April, Juli und August 1938 (Sproll/Rottenburg), 3. Juli (Machens/Hildesheim).
40 Vgl. Volk, in Gotto/Repgen, a.a.O., S. 60–63 sowie Kopf/Miller, a.a.O.. Allerdings hatte der Fuldaer Hirtenbrief vom 19. August 1938 auf die Verfolgung des Bischofs von Rottenburg angespielt: »Wenn man an einen deutschen Bischof sogar mit der unbegreiflichen Zumutung herangetreten ist, seine Diözese zu verlassen, und ihn nach seiner pflichtgemäßen

Rückkehr, ohne das verhinderte Eingreifen der öffentlichen Organe, mit beispiellos häßlichen Aufläufen und Gewalttaten immer wieder bedrängte, so kann sich das katholische Volk wohl kaum der Befürchtung entziehen, daß wir Bischöfe überhaupt in absehbarer Zeit solch planmäßig aufgebotenen Massen ausgeliefert werden, Volk, Akten IV, a. a. O., S. 555 f.

41 Vgl. V.Reimann, Innitzer, Kardinal zwischen Hitler und Rom, Wien u. a. 1967, S. 187–198; Maximilian Liebmann, Theodor Innitzer und der Anschluß Österreichs Kirche 1938, Graz u. a. 1988, S. 198–203.

42 Bericht Faulhabers (München, 12. November 1938) in: L.Volk, Akten Kardinal Michael von Faulhabers, II: 1935–1945, Mainz 1976, S. 604–607, hier S. 604; Bericht seines Generalvikars Buchwieser, München, 12. November 1938, in: ebd., S. 607–609, hier S. 607. Buchwiesers Bericht publizierte der Osservatore Romano, offenbar nach einem Agenturbericht der KIPA, in Übersetzung: »Le dimostrazioni contro l'arcivescovado di Monaco«.

43 So (Vor der Vertreibung des Rottenburgers) Galen in einem Hirtenbrief vom 27. Juli 1938 wegen der Ausschreitungen gegen Sproll am 23. Juli, Text bei Löffler, a. a. O., S. 646–653; nach der Vertreibung: Kardinal Schulte/ Köln in einer Kanzelvermeldung vom 4. September 1938, vgl. U.von Hehl, Katholische Kirche und Nationalsozialismus im Erzbistum Köln 1933–1945, Mainz 1977, S. 185; Predigt des Bischofs Bornewasser im Trierer Dom am 28. August 1938, vgl. Jahreslagebericht, a. a. O., hier S. 307.

44 Doch schrieb Galen an Faulhaber, Münster, 19. November 1938, einen Brief, vgl. Volk, Faulhaberakten II, a. a. O., S. 609 f.

45 Repgen, a. a. O., S. 415 f.

46 Dazu H. G. Hockerts, Die Goebbels-Tagebücher 1932–1941. Eine neue Hauptquelle zur Erforschung der nationalsozialistischen Kirchenpolitik, in: D. Albrecht u. a. (Hg.), Politik und Konfession. Festschrift für K. Repgen, Berlin 1983, S. 359–392, hier S. 363–366 und 390–392; H. Hürten, »Endlösung« für den Katholizismus? Das nationalsozialistische Regime und seine Zukunftspläne gegenüber der Kirche, in: Stimmen der Zeit 203, (1985), S. 534–546.

47 Flugblatt vom 15. November 1938, Faust, a. a. O., S. 165.

48 Deutschland-Berichte der Sozialdemokratischen Partei Deutschlands (Sopade), 5. Jg., Paris 1938 (Nachdruck Salzhausen/Frankfurt 1980), S. 1205.

49 Tagebuch Herzfeld, 9. Dezember 1938, Faust a. a. O., S. 159.

50 Der Deutsche Weg, 20. November 1938: »Trommelfeuer auf die Kirche«. Vgl. H. Hürten, »Der Deutsche Weg«. Katholische Exilpuplizistik und Auslandsdeutschtum. Ein Hinweis auf Fr. Muckermann, in: Exilforschung. Ein internationales Jahrbuch, 4 (1986), S. 115–129.

51 Der Deutsche in Polen, 20. November 1938, vgl. H. Hürten, »Der Deutsche in Polen«. Skizze einer katholischen Zeitung 1934–1939, in: Politik und Konfession, a. a. O., S. 415–446.

52 Kulturkampf. Berichte aus dem Dritten Reich. Paris. Eine Auswahl aus den deutschsprachigen Jahrgängen 1936–1939. Eingeleitet und bearbeitet von H. Hürten, Regensburg 1988, S. 213–219.

53 W. Solzbacher, Pius XI. als Verteidiger der menschlichen Persönlichkeit. Die Kirche und die Götzen unserer Zeit. Luzern 1939, S. 133; über Solzbacher vgl. W. Röder/H. A. Strauss, Biographisches Handbuch der deutschsprachigen Emigration nach 1933, I., München u. a. 1980, S. 710.

54 Vgl. den Bericht über eine Ansprache des Mons. Sheen, Katholische Universität Washington vor dem Diplomatischen Korps, in: L'Osservatore Romano, 21. Dezember 1938 (»Dalla Germania. Persecuzioni e persecutori«), und ebd., 22. Dezember 1938 («I tedeschi d'America e il nazismo«); Paul l. Blakely SJ, in: America, 3. Dezember 1938 (nach: La Documentation Catholique 40 (1939) 15–16). Nachweisungen für Thomas Mann und für linksintellektuelle jüdische Emigranten in Paris bei H. Hürten, Verfolgung, Widerstand und Zeugnis, Mainz 1987, S. 36, Anm.26.

55 So die Grundthese von Guenther Lewy, Die katholische Kirche und das Dritte Reich, München 1965 (Amerikanisch 1964), zuletzt noch bei Faust, a. a. O., S. 155; ebenso ders., Die »Reichskristallnacht«. Der Judenpogrom vom November 1938, in: Aus Politik und Zeitgeschichte, B. 43/88 (21. Oktober 1988), S. 14–21, hier S. 18 f.

56 Zum folgenden R.Lill, Antisemitismus, in: Staatslexikon. Recht, Wirtschaft, Gesellschaft, I., Freiburg ⁷1985, S. 189–192. Tödt, a. a. O., unterscheidet zwischen religiösem Antijudaismus und soziokulturell bedingter Judenfeindschaft (neben rassischem Antisemitismus). Das ist eine plausible Differenzierung.

57 M. L. Anderson, Windthorst. A Political Biography, Oxford 1981 (eine deutsche Übersetzung erscheint 1989).

58 Im folgenden benutze ich Ergebnisse der Forschungen meines Doktoranden W. Hannot, Judentum und Antisemitismus in der katholischen Tagespresse Deutschlands und Österreichs zwischen 1923 und 1933.

59 Genannt sei etwa die in Wien geschriebene, aber hauptsächlich in Deutschland verkaufte »Schönere Zukunft«. Vgl. P. Eppel, Zwischen Kreuz und Hakenkreuz. Die Haltung der Zeitschrift »Schönere Zukunft« zum Nationalsozialismus in Deutschland 1934–1938, Wien u. a. 1980. Die Forschungen von H. Greive, Theologie und Ideologie. Katholizismus und Judentum in Deutschland und Österreich 1935, Heidelberg 1969 fußen, wie sich aus Hannot ergibt, auf Quellen, die nicht repräsentativ sind und führen daher zu unzutreffenden Ergebnissen.

60 Danziger Landeszeitung, 15. Mai 1933: »Welche Vorwürfe erhebe ich (Prälat Sawatzki) gegen die Nationalsozialistische Partei?«

61 Vgl. B. Lowitsch, Der Kreis um die Rhein-Mainische Volkszeitung. Mit einem Geleitwort von O. von Nell-Breuning, Wiesbaden/Frankfurt/M. 1980, S. 126 f.

62 L. Siegele-Wenschkewitz, Die evangelische Kirche in Deutschland während des Zweiten Weltkrieges 1939–1945, in: Evangelische Theologie 39 (1979), S. 389–410, hier S. 400 f.

63 Für den ausgesprochenen »Kollisionskurs« der Kirche im Winter 1933/34 vgl. R. Baumgärtner, Weltanschauungskampf im Dritten Reich. Die Auseinandersetzung der Kirchen mit Alfred Rosenberg, Mainz 1977, S. 264.

64 Beschluß vom 25. März 1928, hier nach der deutschen Übersetzung in:

Ecclesiastica 8 (1928), S. 167; vgl. Rudolf Lill, Der Heilige Stuhl und die Juden, in: K. H. Rengstorf/S. von Kortzfleisch (Hg.), Kirche und Synagoge. Handbuch zur Geschichte von Christen und Juden, II., Stuttgart 1970, S. 358–369, hier S. 365. Die C. V.-Zeitung vom 27. April 1928, S. 229, kommentierte das Dekret mit den Worten:»Die Deutlichkeit, mit der der Vatikan den Antisemitismus verurteilt, ist sehr zu begrüßen. Ein so klarer Ausspruch wie: Der Heilige Stuhl verwirft aufs Schärfste ›jenen Haß, der im Antisemitismus in die Erscheinung tritt‹, wird ihren Eindruck auf die katholischen Massen sicher nicht verfehlen«.

65 Baumgärtner, a. a. O., S. 26, Anm. 90.

66 Nachweisungen bei B. Stasiewski, Akten deutscher Bischöfe über die Lage der Kirche 1933–1945, I: 1933–1934, Mainz 1968, S. 539, Anm. 3.

67 Text am besten in: D. Albrecht, Der Notenwechsel zwischen dem Heiligen Stuhl und der Deutschen Reichsregierung, I., Mainz 1965, S. 404, hier S. 410. Vgl. dazu L. Volk, Die Enzyklika »Mit brennender Sorge« (1969), Nachdruck in ders., Katholische Kirche, a. a. O., S. 34–55; H.-A. Raem, Pius XI. und der Nationalsozialismus. Die Enzyklika »Mit brennender Sorge« vom 14. März 1937, Paderborn u. a. 1979; Repgen, Die Außenpolitik der Päpste, S. 75–79.

68 D. Albrecht, Der Hl. Stuhl und das Dritte Reich, in: Gotto/Repgen, a. a. O., S. 36–50, hier S. 40.

69 Promemoria vom 14. Mai 1934, Text bei Albrecht, a. a. O., S. 125–164, hier S. 146 f.

70 Karl Rosenfelder, Zur Weltanschaulichen Lage. Die Weltkirche unter Pius XI., in: Nationalsozialistische Monatshefte 108 (= Jg. 10, 1939), S. 269–271. Zur Einschätzung des jüdischen Urteils über Pius XI. durch das Reichssicherheitshauptamt vgl. Boberach, a. a. O..

71 Ebd.

72 Sbarretti an Ruffini, Rom, 23. November 1937, in: Actes et Documents du Saint Siège relativs à la Seconde Guerre Mondiale. 6: Le Saint Siège et les victimes de la guerre. Mars 1939 – Décembre 1940, Vatikanstadt 1972, S. 529 f.

73 Text in: Actes, a. a. O., S. 530 f; Nachdruck in Volk, Akten IV, S. 505 f.

74 Ausführlich darüber La Documentation Catholique 39 (1938), S. 685–698, mit dem bezeichnenden Titel: »L'Eglise en face du racisme. La visite du Führer en Rome«.

75 Volk, Akten IV, a. a. O., S. 564–574.

76 La Documentation Catholique 39 (1938), S. 690.

77 Vgl. Nationalsozialistische Monatshefte 106 (= Jg. 10, 1939), S. 79; vgl. Rosenfelder, a. a. O., S. 108, S. 271.

78 Vgl. R. Aubert, Syllabus, in: LThK., IX., Freiburg ²1964, S. 1202 f; J. Beumer, Lamentabili, in: ebd., VI., Freiburg 1961, S. 755.

79 Vgl. W. Reinhard, Syllabus, in : LThK., IX., Freiburg ¹1937, S. 920–925.

80 L'Osservatore Romano, 19. November 1938; vgl. La Documentation Catholique 39 (1938), S. 1510 (nach La Croix, 15. November 1938).

81 Stasiewski, Akten I, a.a.O., S. 791–794, hier S. 791; vgl. Hürten, a.a.O., S. 21.

82 Schlußrede beim Katholikentag über »Unsere Kirche und unser Volk«, in: 69. Generalversammlung der Katholiken Deutschlands zu Münster in Westfalen vom 4.–8. September 1930, hrsg. vom Lokalkomitee, Münster 1930, S. 309–317, hier S. 311.

83 J.E. van Roey. Vgl. L'Osservatore Romano, 24. November 1938; La Documentation Catholique 39 (1938), S. 1481–1495.

84 J. Verdier. Der Brief erschien zuerst in La Croix, 20./21. November 1938, dann im Osservatore Romano, 24. November 1938 und schließlich in La Documentation Catholique 39 (1938), S. 1495–1497. – Verdier wandte sich auch ausdrücklich gegen die gesetzliche Zwangssterilisierung in Deutschland und gegen die Euthanasie-Pläne als Konsequenz der nationalsozialistischen Rassenideologie.

85 M. G. Cerejeira, La Documentation Catholique 39 (1938), S. 1502–1510 übernahm den Text aus: Novidades, 19. November 1938. In seiner Weihnachtspredigt 1937 hatte der Kardinal die Gemeinsamkeiten des nationalsozialistischen und kommunistischen Totalitarismus behandelt, a.a.O., S. 262–269.

86 I. Schuster, vgl. L'Osservatore Romano, 18. November 1938 und La Documentation Catholique 39 (1938), S. 1497–1502.

87 A. G. Piazza, vgl. La Documentation Catholique 40 (1939), S. 243–246.

88 L. J. Kerkhofs, vgl. La Documentation Catholique 40 (1939), S. 589–592, beruft sich darauf.

89 Vgl. Kerkhofs, ebd.

90 Vgl. etwa Die Antwort des Vatikans, in: Kulturkampf, a.a.O., S. 177–181; Solzbacher, a.a.O., S. 106–114, Der Syllabus gegen die Rassenideologie; Henri de Lubac, Résistance chrétienne á l'antisémitisme. Souvenirs 1940–1944, Paris 1988, S. 34. Anm. 11 erwähnt (worauf Heinz Hürten mich aufmerksam machte) in diesem Zusammenhang das Buch eines Lucien Valdor, Le Chrétien devant la racisme, Colmar 1938. Nach den bibliographischen Angaben der Pariser Nationalbibliothek wäre dieses Werk die unter Pseudonym erschienene Übersetzung einer Schrift von Romano Guardini. Gegen die Richtigkeit dieser Zuweisung sprechen innere Kriterien: Valdor bietet eine systematisch angelegte Dokumentation zum Rassismus-Syllabus – Guardini schrieb eine andere Handschrift.

91 Protokoll der Sitzung, Kevelaer, 13. Juni 1938; in: Volk, Akten IV, a.a.O., S. 471, (Punkt IV).

92 Text in: Volk, Akten IV, a.a.O., S. 564–577. Referent für diesen Punkt der Tagesordnung war Kardinal Faulhaber, ebd., S. 489.

93 Protokoll der Plenarkonferenz, 17.–19. August, in: Volk, Akten IV, a.a.O., S. 491–505, hier S. 492: »Mitgeteilt wird ein Entwurf von Darlegungen der katholischen Auffassung über die in der Rassenfrage zu beobachtenden Grundsätze, und ihr hoher Wert wird anerkannt. Als Hirtenwort sollen sie vorläufig nicht Verwendung finden, wohl aber dem Klerus als Richtlinien zur Benutzung mitgeteilt werden.

94 Nach den privaten Notizen des Speyerer Bischofs, in: Volk, Akten IV,
   a. a. O., S. 539–547, hier S. 541 trat Faulhaber für die Rassenhäresie-
   Belehrung ein, anscheinend auch Bornewasser/Trier und Galen/Münster;
   Schulte/Köln lehnte den Freiburger Entwurf ab, für den Bertram eintrat.
95 Vgl. Volk, Akten IV, a. a. O., S. 555–564.
96 L'Osservatore Romano vom 5./6. September, »Impressioni olandesi sulla
   Pastorale collettiva die Fulda« und 7. September 1938, Leitartikel (Verfas-
   ser: V.) »Dopo la Pastorale di Fulda«. Goebbels notierte sich am 28.
   August 1938: »Die katholischen Bischöfe geben einen unverschämten
   Hirtenbrief heraus. Der übertrifft alles bisher Dagewesene«, Zit. bei
   E. Fröhlich (Hg.). Die Tagebücher von J. Goebbels. Sämtliche Fragmente, I/3: 1. 1. 1937–31. 12. 1939, München u. a. 1987, S. 520. Das
   Reichssicherheitshauptamt der SS interpretierte den Hirtenbrief als ausgesprochene Kampfansage; vgl. Jahresbericht, in: Boberach, a. a. O.,
   hier S. 308 f: »Der Hirtenbrief ... war der erste Ausdruck dieser groß-
   angelegten Offensive der deutschen Bischöfe, die sich übereinstimmend
   durch die lebhaft interessierte Auslandspresse bestätigen ließen, daß
   der Angriff gegen den Nationalsozialismus noch nie in dieser Schärfe
   vorgetragen worden sei. Die Baseler Nationalzeitung vom 29. 8. 1938
   gab zu dem Fuldaer Hirtenbrief den folgenden Kommentar: ›Die katholische Kirche Deutschlands nimmt den Kampf mit dem Nationalsozialismus auf. Der Hirtenbrief, der gestern in den katholischen Kirchen
   Deutschlands verlesen wurde, stellt wohl die schärfste und eindeutigste
   Verurteilung der nationalsozialistischen Ideologie dar, die je in den
   Jahren seit der Machtergreifung von kirchlicher Seite formuliert
   wurde‹«.
97 Vgl. Protokoll der Plenarsitzung, in: Volk, Akten IV, a. a. O..
98 Kershaw's Behauptung, S. 491–505, Antisemitismus und Volksmeinung,
   a. a. O., hier S. 317, daß in Bayern »die Kirche (vermutlich sind beide
   Kirchen gemeint), alles in allem, keine meinungsführende, den Gläubigen nachdrücklich ›ins Gewissen‹ redende Funktion« in der Judenfrage
   übernommen habe, ist nicht haltbar, findet im übrigen auch in seiner
   eigenen Darstellung der Novemberpogrome 1938 (S. 318–336) keine
   ausreichende Stütze.
99 Das gleiche gilt auch für die österreichischen Bischöfe.
100 So Bischof Berning im Bericht für die Fuldaer Bischofskonferenz am
   24. August 1939, in: Volk, Akten IV, a. a. O., S. 685–687. Über die
   Tätigkeit des bischöflichen Hilfsausschusses für die katholische Nichtarier vgl. Lutz-Eugen Reutter, Katholische Kirche als Fluchthelfer im
   Dritten Reich. Die Betreuung von Auswanderern durch den St. Rapha-
   els-Verein Recklinghausen, Hamburg 1971, S. 73 ff. Das im August
   1938, also vor den Pogromen, gebildete »Hilfswerk« beim Berliner
   Ordinariat, das unter der Leitung von Dr. Margarete Sommer stand
   und das Enormes geleistet hat, entbehrt noch der dringend erwünschten
   wissenschaftlichen Erforschung. Einstweilen W. Knauft, Unter Einsatz
   des Lebens. Das Hilfswerk beim Bischöflichen Ordinariat Berlin für
   katholische ›Nichtarier‹ 1938–1945, Berlin 1988.

101 H. Witetschek, Die kirchliche Lage in Bayern nach den Regierungspräsidentenberichten 1933–1943, I: Regierungsbezirk Oberbayern, Mainz 1966, S. 300.

102 Hürten, a. a. O., insbesondere S. 98–113, sowie ders., Zehn Thesen eines profanen Historikers, in: Kirchliche Zeitgeschichte 1 (1988), S. 116f.

103 Der große Sozialwissenschaftler Gundlach in Rom hingegen hielt intern am 18. November die Opportunität einer (im wesentlichen von ihm vorbereiteten) Rassismus-Enzyklika für noch deutlicher gegeben als bisher »wegen der Entwicklung der Dinge in Deutschland«, Brief an John La Farge SJ, Rom, 18. November 1938, in: Joh. Schwarte, G. Gundlach SJ (1892–1963). Maßgeblicher Repräsentant der katholischen Soziallehre während der Pontifikate Pius' XI. und Pius' XII, München u. a. 1975, S. 83.

104 Gröber an Leiber, Freiburg, 15. April 1933, in: L. Volk, Kirchliche Akten über die Reichskonkordatsverhandlungen 1933, Mainz 1969, S. 15–18, hier S. 18.

105 L. Volk, Die Fuldaer Bischofskonferenz von Hitlers Machtergreifung bis zur Enzyklika ›Mit brennender Sorge‹ (1969), Nachdruck in: ders., Ausgewählte Aufsätze, a.a.O., S. 11–33, hier S. 24–27, S. 32.

106 M. Schaeffler (= A. Dempf), Die Glaubensnot der deutschen Katholiken, Zürich 1934; St. Kirchmann (= W. Gurian), St. Ambrosius und die deutschen Bischöfe, Luzern 1934.

107 »Grund für die Notwendigkeit des Hirtenworts«, Fulda, 15. November 1941, in: Volk, Faulhaberakten II, a.a.O., S. 837f.

108 Ebd.

109 von Hehl, Katholische Kirche und Nationalsozialismus, a.a.O., S. 245.

110 W. Corsten, Kölner Aktenstücke zur Lage der katholischen Kirche in Deutschland 1933–1945, Köln 1949, S. 238.

III. Funktionen

Werner Jochmann

Die Funktion des Antisemitismus in der Weimarer Republik

I

Die politische und gesellschaftliche Ordnung des Kaiserreichs, von der Volksmehrheit als gegeben hingenommen, ja sogar als unerschütterlich angesehen, verfiel infolge ihrer strukturellen Schwächen unter den Belastungen des Ersten Weltkrieges sehr rasch. Die tiefgreifenden Veränderungen führten zur Beunruhigung vieler Menschen und in der Folge zur Politisierung der Bevölkerung. Die Arbeiterschaft, die an allen Fronten und in der Heimat die schwersten Opfer zu bringen hatte, konnte dank ihrer Solidarität und eines hohen Organisationsgrades ihr Gewicht im Staat trotz starker Gegenwehr der Führungsschichten spürbar verbessern. Gerade das aber forderte das Bürgertum heraus, das, fixiert auf die Wahrung des gesellschaftlichen und materiellen Besitzstandes, inaktiv blieb und damit Einfluß verlor. Namentlich die Mittelstandsschichten – Handwerker, Gewerbetreibende, Angestellte, untere Beamte und Freiberufler – fühlten sich zwischen dem Besitz- und Bildungsbürgertum einerseits und der organisierten Arbeiterschaft andererseits zusehends in die Enge getrieben und massiv benachteiligt. Um diesen Zustand der Machtlosigkeit zu überwinden, begannen forcierte Bemühungen im Hinblick auf ständische Zusammenschlüsse und die Gründung einer bürgerlichen Sammlungsbewegung. Dabei war allen Beteiligten bewußt, daß bei den starken Interessengegensätzen im Bürgertum ein solcher Versuch nur dann zum Erfolg führen konnte, wenn der in allen Gruppen und Ständen vorhandene Antisemitismus zur konstitutiven Kraft in einer solchen vaterländischen Großorganisation gemacht wurde.

Mit dem Beginn dieser Versuche, das Bürgertum zu mobilisieren und durch Zusammenschlüsse und Zweckbündnisse politisch zur Geltung zu bringen, setzte eine verstärkte antisemitische Agitation ein. Sie erfaßte alle Gesellschaftsschichten, große Erfolge bei der Sammlung und Vereinigung der zerstrittenen bürgerlichen Gruppen und Interessenverbände erzielten die antisemitischen Organisationsstrategen aber zunächst nicht. Das änderte sich bei Kriegsende, als die Führungsschichten durch die Einführung des allgemeinen Wahlrechts in den Ländern und den Drang zur Verfassungsreform und zur Demokratisierung um ihre Macht bangten. Solange ihnen Herkommen und Besitz die beherrschende Position im Staat gesichert hatten, brauchten sie keine Unterstützung durch das Volk. Nun mußten sie sich im Volk einen Rückhalt schaffen, eine Massenorganisation aufbieten, um in der Demokratie wieder regieren zu können. Die Oberschicht, die bisher den Juden die Gleichberechtigung verweigert, die »Radauantisemiten« aber wegen ihres rüden Verhaltens abgelehnt hatte, mußte nun um deren Beistand werben. Die Folge waren Zugeständnisse an die Agitations- und Kampfmethoden des »Pöbels«.

Um den starken, auf Umgestaltung, ja revolutionäre Veränderung drängenden sozialistischen und bürgerlich-liberalen Parteien wirksam zu begegnen, sie in ihrer Aktivität wenigstens einzuengen, boten die Gegner des Wandels nun alle Kräfte auf. Ganz bewußt und planmäßig machten sie die Juden zu »Blitzableitern« für alle Not und die politischen und ökonomischen Unzuträglichkeiten. Wer im Kaiserreich etabliert oder auch nur zufrieden gewesen war, den Verlust des Krieges nicht verwunden und durch die Revolution auch noch jede Sicherheit verloren hatte, der sollte nun mit antisemitischen Parolen »eingefangen« werden. Die Juden wurden als Vorkämpfer und Wegbereiter der ungeliebten Demokratie angegriffen und deshalb mit allen zu Gebote stehenden Mitteln bekämpft.[1] Ihnen wurde vorgeworfen, sie hätten am Krieg verdient, das kämpfende und arbeitende Volk ausgeplündert und endlich die Verzweifelten für die Revolution präpariert.

Bei dem im Volk offen oder latent vorhandenen Antisemitismus, der schon während des Krieges zielbewußt in Dienst gestellt worden war, fielen diese Parolen auf fruchtbaren Boden. So formierte sich eine starke, wenn auch schlecht organisierte Protestbewegung. Die Mehrheit sammelte sich seit 1919 in der Deutschnationalen Volkspartei, die radikale Minderheit in den zahlreichen völkischen Verbänden der außerparlamentarischen Opposition. Diese politische Bewegung der Inflationszeit, so chaotisch sie in ihrem äußeren Erscheinungsbild oft auch war, trug in den unmittelbaren Nachkriegsjahren den Judenhaß in das ganze Land hinaus und infizierte größere, bislang ganz unpolitische Volksschichten. Damit behinderte sie die Konsolidierung der Republik und ihrer demokratischen Institutionen.

Daß die durch wilde Agitation enthemmten Bürger, ehemaligen Soldaten, Studenten und Angestellten den neuen Staat nicht noch stärker gefährdeten, lag in der inneren Zerrissenheit der antisemitischen Opposition begründet. Die einzelnen Gruppen und Verbände waren sich einig in ihrem Judenhaß, in der Gegnerschaft gegen die Weimarer Verfassung und die sie tragenden Parteien. Auf die Frage, was sie an die Stelle des bekämpften Systems zu stellen gedachten, wußten sie keine gemeinsame Antwort. So viele Gruppen – so viele Vorstellungen, und sie waren meist verworren. Nirgends gab es eine so große Zahl von Sektierern und Fanatikern wie bei den Antisemiten. Jeder von ihnen war überzeugt davon, er allein besitze die richtige Erkenntnis und kenne den unfehlbaren Weg zu »Deutschlands Erneuerung«. Der dadurch bedingte permanente Richtungsstreit im antisemitischen Lager lähmte die destruktiven Kräfte und führte schließlich zum Zerfall dieser Protestbewegung.

Mehr als das Sektierertum der antisemitischen Verbandsfunktionäre trug aber noch ein anderer Faktor zum Scheitern dieser rabiaten Opposition gegen Weimar bei. Die Führungsschichten hatten geglaubt, zur Sicherung ihrer eigenen Interessen das »Volk« in ihren Dienst stellen, ihm eine Mitsprache aber versagen zu können. Das hatte schon während des Krieges nicht mehr funktioniert, als sich der Mittelstand seiner Stärke bewußt wurde und ein stärkeres Selbstbewußtsein entwickelte. Das nationalistisch motivierte und antisemitisch verhetzte Bürgertum hatte bereits vor 1918 die Regierungen in Reich und Ländern und das politische Establishment angeklagt, durch Kompromißbereitschaft und Entscheidungsschwäche Juden und Demokraten privilegiert und geschützt zu haben. Die Fanatiker aus diesen Kreisen waren schon vor Kriegsende der Überzeugung, daß sie die Belange der Nation konsequenter wahrten als die konservative Oberschicht und deshalb künftig mehr politischen Einfluß ausüben müßten. Weitschauende und sensible Konservative erkannten vor dem Ausbruch der Revolution, daß ihnen ihre Gefolgschaft entglitt und die Führungsgremien Gefahr liefen, sich vom radikalen, antisemitischen Anhang das Gesetz des Handelns aufzwingen zu lassen.[2]

Wie klar sie die Entwicklung vorausgesehen hatten, zeigte sich sofort bei der Neubildung der Parteien. Die Masse des nationalistischen Mittelstandes schloß sich zunächst zwar der Deutschnationalen Volkspartei an, aber die antisemitischen Funktionäre schufen sich außerhalb der Partei eigene Machtpositionen – Standesverbände und politische Organisationen –, mit deren Hilfe sie die Parteileitung und namentlich die Vorstände der Landesorganisationen unter Druck setzen konnten. Sie waren sich ihrer numerischen Überlegenheit bewußt und nutzten sie bedenkenlos aus. Da sich die konservativen Eliten nicht der Erkenntnis verschließen konnten, daß sie im demokratischen Staat zum Regieren Mehrheiten brauchten, unterwarfen sie sich den Forderungen der Anhänger und wurden so schon frühzeitig zu Mitläufern extremer Hilfsorganisationen und angeschlossener Verbände.

Wie weit nun aber Minister, Offiziere und Beamte des Kaisers, konservative Hochschullehrer, Unternehmer und Großgrundbesitzer den Forderungen ihrer Anhänger und Wähler im Bereich der Tagespolitik auch entgegenkamen, im Grundsätzlichen verstärkten sich die Gegensätze. Während Parteiführung und Fraktion der Deutschnationalen Volkspartei eine politische und gesellschaftliche Ordnung wiederherstellen wollten, von der sie meinten, sie entspräche deutscher Art und habe sich uneingeschränkt bewährt, träumte ein ständig stärker werdender Flügel der Partei von einem neuen, sozial gerechteren Staat. Besonders die Kriegsgeneration, die die Schützengrabengemeinschaft überhöhte und idealisierte, verneinte die Standesunterschiede. Sie wies die Verantwortung für die Klassengegensätze dem Bürgertum zu, das über dem persönlichen Besitzstreben Wohlfahrt und Zukunft der Nation aus dem Auge verloren habe. Das Sicherheitsbedürfnis der Besitzenden in den Nachkriegswirren und noch mehr die notwendigen Arrangements mit den Organen des demokratischen Staates steigerten dann die antibürgerlichen Affekte beim nationalistischen Mittelstand. Die radikalen rechten Gegner der

Republik sahen darin den Beweis für die politische Instinktlosigkeit der alten Führungsschicht und damit zugleich auch für die Unfähigkeit, die »Judenrepublik« entschlossen zu bekämpfen.

II

Hier sah Hitler die großen Möglichkeiten für sein politisches Wirken. Weil er mit der Bewußtseinslage der Soldaten sowie den Ängsten und Hoffnungen der Mittelschichten aus dem täglichen Umgang mit ihnen vertraut war, konnte er sich zu ihrem Sprecher machen. Im Lager Lechfeld, in dem er sich auf Weisung des Reichswehrgruppenkommandos München um die Immunisierung der Soldaten gegen revolutionäre Ideen bemühte, erlebte er die große Wirkung antisemitischer Agitation. Mehr als den vielen anderen Demagogen der Zeit gelang es ihm, den Judenhaß zu instrumentalisieren, Akademiker und Handwerker, Unternehmer und Arbeiter, Adlige und Tagelöhner, Christen wie Atheisten zusammenzuführen und zum Kampf gegen die Republik zu motivieren.[3]

Im Gegensatz zu den antisemitischen Verbandsfunktionären und unpolitischen Freikorpsführern erkannte Hitler, daß »Massen« einen opferreichen Kampf gegen die Weimarer Demokratie nur dann durchhalten würden, wenn er ihnen die Vision eines von allen Mängeln befreiten, erneuerten und starken Nationalstaates vermittelte. Dies konnte nach Auffassung des instinktsicheren Demagogen nur dann gelingen, wenn er die bisher machtlosen, durch Krieg und Revolution geschädigten, nun aber tatbereiten Volksschichten zu Vorkämpfern und Trägern der neuen, besseren Ordnung erklärte. In Hitlers Zukunftsreich sollten – so wurde nun zum Entsetzen der konservativen Führungsschicht verkündet – Führungspositionen nicht mehr nach Herkunft und Besitz, sondern nach Eignung vergeben werden. Aristokratische Ignoranz und bürgerliche Unentschlossenheit hätten zum Untergang des Reiches beigetragen, weil Juden, Sozialisten und anderen »Staatsfeinden« Schutz und Betätigungsrecht gewährt worden seien.

Eine Rettung Deutschlands, so hämmerte Hitler seinen Anhängern pausenlos ein, könne nur dann gelingen, wenn alle »undeutschen« Kräfte entfernt oder vernichtet seien und die materiellen und geistigen Werte ohne Vorbehalt in den Dienst der nationalen Erneuerung gestellt würden. Zur Durchsetzung eines solchen Programms wären aber Kämpfer und keine Parlamentarier vonnöten. Karrierebewußte Bürger, von des Gedankens Blässe angekränkelt, paßten sich doch nur den Erfolgreichen an, scheuten vor Gewaltanwendung zurück. Diese aber müsse im Interesse der nationalen Zukunft einkalkuliert und bejaht werden.

Mit einem kleinen Kreis antisemitisch, antisozialistisch und antibürgerlich motivierter Menschen trat Hitler in die Politik ein. Der leidenschaftliche Aktivismus, mit dem diese Gruppe sofort Aufsehen erregte, zog Gleichgesinnte an. Ehemalige Soldaten und Freikorpsmitglieder, Studenten und die Jugend der nationalen und antisemitischen Verbände waren beeindruckt, weil die Nationalsozialisten taten, wovon andere nur sprachen oder träumten. Die bürgerliche Bedächtigkeit der deutschnationalen Ortsvereine und die fruchtlosen Debatten und Streitigkeiten in den antisemitischen Ortsgruppen hatten sie abgestoßen. Diese unzufriedenen, radikalisierten Menschen wollten handeln und nicht ständig diskutieren. Damit kam die NSDAP rasch voran. Hitler erntete in diesen Jahren erstmals, was Antisemiten, Alldeutsche und deutschnationale Agitatoren, Hochschullehrer und zahlreiche verirrte Geistliche im Kriege und in den ersten Jahren danach gesät hatten.

War schon der Erfolg, den Hitler mit seiner radikalen Verneinung der deutschen Demokratie erzielte, eine Herausforderung für alle Verteidiger der neuen Ordnung, so noch mehr die Tatsache, daß der ständige Terror der Nationalsozialisten und seine Rechtfertigung durch den Parteiführer von großen Teilen der Bevölkerung hingenommen und sogar begrüßt wurden. Nicht nur die Antisemiten, sondern auch große vaterländische Verbände warben um seine Gunst und suchten Bündnisse mit ihm. Einflußreiche Kreise der nationalen Opposition, denen Mitglieder nicht zu-, sondern fortliefen, hofften durch eine Verbindung mit ihm neue Schubkraft zu gewinnen. Ihnen wurde dabei überhaupt nicht bewußt, daß Hitler sie damit der Öffentlichkeit als schwach und unentschlossen vorführen und um so besser ausschalten konnte.

Die demokratischen Parteien und die Sicherheitsorgane des Staates haben weder diesen Zusammenhang klar erkannt noch realisiert, wie stark mit den permanenten Angriffen auf die Juden der Rechtsstaat erschüttert wurde. Sie führten als gute Demokraten nicht selten die wilden Aktionen auf die wirtschaftlichen und sozialen Notstände zurück und zeigten Verständnis für Empörung und Unzufriedenheit. Daß der Antisemitismus die Probleme im sozio-ökonomischen Bereich nur nutzte, um die politische Ordnung zu untergraben, haben nur wenige erkannt. Namentlich die sozialistische, gut geschulte Arbeiterschaft deutete die antisemitischen Exzesse als Ausdruck mangelnder Bildung und damit als »Wiederkehr unerfreulichster Erscheinungen ... des Mittelalters«.[4] Viele Behörden, allen voran die Polizei, haben in diesen Jahren – ob aus politischer Voreingenommenheit oder Ahnungslosigkeit, muß hier unerörtert bleiben – mehr Verständnis für die antisemitischen Gewalttäter als für die geschmähten und angegriffenen Juden gezeigt.[5]

Nach dem Ende der Inflation, in deren letzter, zerstörerischer Phase das radikale rechte Lager noch einmal starken Zulauf erhalten hatte, kehrte eine gewisse Ruhe ein. Die nationale Opposition, ob in Parteien, vaterländischen Verbänden, Vereinigungen und einflußreichen Klubs organisiert, konnte ihren Anhang nicht halten. Die Aktivisten, die ständig aufzubieten und in Bewegung zu setzen waren, mußten sich zur Existenzsicherung um eine geregelte Arbeit bemühen. Den wohlhabenden Förderern der Antisemiten und nationalen Kampfverbänden fehlten zunächst die Mittel. Aus dem Rückgang der Demonstrationen und spektakulären Aktionen in den folgenden Jahren darf deshalb nicht der Schluß gezogen werden, die Gegner der Republik hätten sich mit dem bestehenden Staat ausgesöhnt und sich nach und nach integrieren lassen. Das war durchaus nicht der Fall.

Ob es reale Chancen gab, die Anhänger Hitlers und der zahlenmäßig sehr viel stärkeren antidemokratischen Bewegung zu mäßigen und für positive Ziele zu gewinnen, kann hier nicht erörtert werden. Voraussetzungen dafür waren gegeben, denn die Gefolgschaft der parlamentarischen und außerparlamentarischen Rechten mußte sich nach 1924 nicht nur um Lohn und Brot bemühen, sondern auch mit dem Versagen und der Unfähigkeit der vielen eigenen Partei- und Verbandsführer auseinandersetzen. Alldeutsche Demagogen, Funktionäre des Deutschvölkischen Schutz- und Trutz-Bundes und der Deutschvölkischen Freiheitspartei, deutschnationale Parlamentarier und zahlreiche Führer mitgliederstarker Wehrformationen waren alle mit Forderungen hervorgetreten, hatten lautstark zum Sturz der Republik und zur Errichtung einer Diktatur aufgerufen. Der vielbeschworene Marsch nach Berlin war aber nie angetreten worden, weil sich diese Führer nicht entschließen konnten und letztlich – wie schon der Kapp-Putsch gezeigt hatte – auch nicht wußten, was sie nach einem Sturz der Regierungen in Reich und Ländern überhaupt tun sollten.

Die Enttäuschung der Mitglieder und Anhänger rechter und antisemitischer Organisationen über die Tatenlosigkeit und Unfähigkeit ihrer Führungsgruppen wußten nun aber nicht die staatstragenden Parteien und Schutzformationen zu nutzen, sondern Hitler. Er war mit seinem Putsch in München im November 1923 ebenfalls gescheitert, verstand es aber, sein Versagen zu kaschieren mit dem Hinweis auf den »Verrat« und die Unentschlossenheit seiner vielen Mitverschworenen. Darauf stellte er seine Verteidigung vor dem Volksgericht in München ab. Er versäumte keine Gelegenheit, auf den großen Kreis der Mitverschworenen hinzuweisen, die alle neben ihm auf der Anklagebank sitzen müßten, sich aber ängstlich der Verantwortung entzögen. Er dagegen, so argumentierte Hitler, übernehme sie ohne Einschränkung. Damit brachte er seine Bundesgenossen und großzügigen Förderer in Mißkredit und empfahl sich als einzigen konsequenten Gegner der Juden und der Republik. Diese Verteidigungsstrategie – die bei dem Wohlwollen der Richter keinen besonderen Mut erforderte – hatte Erfolg. Ein großer Teil der Stimmen, die bei der Reichstagswahl im Mai 1924 für den Völkischen Block abgegeben wurden, stammte von Wählern, die Hitler ihre Sympathie bekunden wollten. Er war inzwischen in ganz Deutschland zum konsequenten Führer aller Antisemiten geworden. Das wirkte sich solange nicht aus, wie er in Landsberg seine Haft verbüßte und die NSDAP verboten war. Auf längere Sicht aber vermochte er die vielen Enttäuschten aus den frühen Jahren der Republik unter seiner Fahne zu sammeln.

Eine Konsolidierung der Demokratie und damit verbunden eine Festigung der Stellung der Juden in Staat und Gesellschaft wurde aber auch aus anderen Gründen verhindert. Der politische Alltag war schmucklos, die Parteien, die den Staat trugen, konnten ihr Streben nach politischer Gerechtigkeit und sozialem Fortschritt angesichts der schweren Kriegsfolgelasten und der Verwüstungen der Inflation der Bevölkerung nicht wirksam vermitteln.[6] Es fehlte trotz beachtlicher Einzelleistungen die gestaltende Kraft und eine bindende Zukunftsperspektive. In diesem Vakuum hatten die Versuche der nationalen Opposition, weltanschauliche Grundlagen für ein anderes, antidemokratisches System zu entwickeln, größere Breitenwirkung. Zwar besaßen auch die rechten Gegner der Weimarer Republik keine Neuordnungsvorstellungen oder Programme, auf die sich Mehrheiten einigen oder die gar zukunftsweisend sein konnten; aber der Antisemitismus als zentraler ideologischer Grundbestand läßt sich in allen diesen Entwürfen und politischen Konzepten nachweisen.

Ausgangspunkt für alle Überlegungen, die in nationalen Kreisen bezüglich neuer politischer Gestaltungen angestellt wurden, war die starke Staatsverdrossenheit, die Kritik an der Arbeit der Parlamente und parlamentarischen Gremien.[7] Die Republik erschien als »Unstaat«, von ihrer Konstruktion her mit Mängeln behaftet und damit zur dauernden Instabilität verurteilt. Um einen Wandel herbeizuführen, müsse sich das deutsche Volk wieder auf seine Werte besinnen und seine Traditionen ins Bewußtsein heben. »Wir Deutschen haben keinen Staat mehr«, behauptete 1923 Freiherr von Vietinghoff-Scheel in seiner Programmschrift über die »Grundzüge des völkischen Staatsgedankens«, er sei untergegangen, weil er schon bei seiner Gründung nicht »unserer deutschen Art wirklich entsprach«.[8] Um diesen Notstand zu überwinden, entdeckte der Aristokrat, dem der einzelne Mensch – namentlich der ungebildete – nicht viel galt, als neue Größe das Volk. Staaten könnten zusammenbrechen, fremden Einflüssen erliegen, sich wandeln, das Volk bleibe eine konstante Größe. Es komme nun darauf an, das Volk zu hegen, es vor Schädigungen zu bewahren, seine Kräfte zu stärken und zu entwickeln. Das Volk müsse sich bewußt werden, daß es Träger des Staates sei. Einen solchen könnten aber nicht alle »deutschen Reichsangehörigen« formen und gestalten, sondern nur »Menschen deutschen Blutes«. Sie allein vermöchten eine feste politische Einheit zu bilden und die notwendige Resistenz gegen fremde Ideen und Einflüsse zu gewährleisten.

Wissenschaftler und Publizisten, Politiker und Theologen mühten sich in den relativ stabilen Jahren der Weimarer Republik um die Bildung eines neuen politischen Bewußtseins der Deutschen. Sie taten es von unterschiedlichen Ansätzen aus, im Ziel aber stimmten sie überein. Deutschland sei unter Bismarck ein Reich geworden, nun müsse es die Entwicklung vollenden und »ein Volk werden«, postulierte der Philosoph Max Wundt.[9] Auch für ihn gab es nicht den geringsten Zweifel, daß an diesem Prozeß der Volkwerdung Juden keinen Anteil haben dürften. Nur »das gemeinsame Blut erzeugt die Liebe, welche die Glieder eines Volkes zur Einheit verbindet. Sie ist die unbewußte Macht, welche das Leben eines Volkes zur sittlichen Gemeinschaft bringt.«[10]

Wie uneinheitlich und vielgestaltig die »völkischen« Vorstellungen und die Intentionen der Volkstumsideologie auch waren, sie liefen immer auf eine Ausgrenzung der Juden aus der Gemeinschaft hinaus. Sie ergab sich mit Notwendigkeit aus der Bestimmung des Volksbegriffs. »Volk ist ein primäres Phänomen, Staat ein sekundäres«, schrieb Wilhelm Stapel, der Herausgeber des »Deutschen Volkstums«, der sich seit 1917 unablässig um eine »volksbürgerliche Erziehung« bemühte. Dann heißt es weiter: »Volk ist ein Stück Natur, Staat ein Stück Geschichte. Volk ist ein unmittelbares Gebilde aus Gottes Schöpferhand, es ist außer dem Bereich des menschlichen Willens gelegen, Staat ist ein Gebilde des menschlichen Willens. Volk ist das Schaffende, Staat das Geschaffene.«[11]

Wenn nun nach dieser weit verbreiteten Auffassung das »Volk« naturgegeben, »ein Gebilde aus Gottes Schöpferhand« war, dann mußten sich die Menschen verpflichtet fühlen, es zu hegen. Jeder Eingriff in die Natur war Frevel, ein Verstoß gegen die göttliche Schöpfungsordnung. Das aber wäre bei einem Versuch der Aufnahme »Fremdvölkischer« in den deutschen Volkskörper geschehen. Die Menschen standen damit vor der Wahl, das Gesetz der Natur beziehungsweise den angeblichen Willen Gottes zu achten und alle Juden – auch die getauften – aus dem deutschen Volk zu verbannen oder aber die Gebote der Humanität, vor allem der christlichen Nächstenliebe, zu befolgen, die Juden als gleichberechtigte Glieder der Gemeinschaft anzuerkennen und so gegen die hier postulierten Naturgesetze zu verstoßen. Eine solche Alternative macht bewußt, wie menschenfeindlich diese politische Theorie war.

Diese unmenschliche Konsequenz ist ihren Propagandisten zunächst nicht bewußt geworden, auch nicht den deutschen Protestanten, die das Volkstum in den Rang der Schöpfungsordnung erhoben.[12] So konnte sich diese Volkstumsideologie immer weiter ausbreiten und das Denken der Bevölkerungsmehrheit beeinflussen. Es gilt, diesen Bewußtseinswandel, der nahezu das gesamte deutsche Bürgertum erfaßte, in seiner Bedeutung richtig zu erkennen, wenn die Ausbreitung des Antisemitismus oder auch nur die Empfänglichkeit für antisemitische Forderungen zutreffend beschrieben werden sollen. Die Beschränkung der Forschung allein auf die antisemitischen Parteien und Organisationen reicht nicht aus. Überaus treffend hat Ernst Jünger schon im Herbst 1930 auf diese Tatsache hingewiesen. Er schrieb: »Wenn man die beiden Richtungen des nationalen Wollens in dieser Zeit betrachtet, auf der einen Seite die traditionell gefärbte, in der bürgerliche, legitimistische, reaktionäre und wirtschaftliche Töne sich vielfältig mischen oder unterscheiden, auf der anderen Seite die revolutionäre, so findet man hier wie dort den Antisemitismus als einen Grundpfeiler der Zusammenhänge, der hier eine mehr oder minder abweisende, dort unverhüllt kriegsfreudige Ornamentierung trägt.«[13]

Wie konkret die Vorstellungen des einzelnen Bürgers von der völkischen Erneuerung auch immer waren, wie vorbehaltlos insbesondere die Christen die theologische Fundierung der Volkstumstheorien akzeptierten, letztlich erhöhten solche Vorstellungen doch die Bereitschaft zur Aufnahme nationalsozialistischer Forderungen und später zur Duldung nationalsozialistischer Politik. Dabei war es nicht entscheidend, ob sich die Menschen vorher, wie Jünger schreibt, »mehr oder minder abweisend« den Juden gegenüber verhalten hatten. Folgenschwer war vielmehr die Tatsache, daß diese Lehren und ideologischen Konstruktionen von den Bildungseinrichtungen vertreten und propagiert wurden. Das begründete ihre Breitenwirkung. Sehr treffend hat Theodor W. Adorno auf diesen Zusammenhang hingewiesen, als er schrieb: »Der Antisemitismus ist nicht erst von Hitler von außen her in die deutsche Kultur injiziert worden, sondern diese Kultur war bis dorthinein, wo sie am allerkultiviertesten sich vorkam, eben doch mit antisemitischen Vorurteilen durchsetzt gewesen.«[14]

In den mittleren Jahren der Republik, in denen sich nach den politischen und wirtschaftlichen Turbulenzen der Zeit von 1919 bis 1923 die Institutionen konsolidierten, Standes- und Wirtschaftsverbände sowie gesellschaftliche Vereinigungen wieder Zukunftspläne entwickelten, begann für die Juden eine neue Periode stiller, aber bewußter Zurücksetzung und Ausgrenzung. An vielen Universitäten wuchs der Widerstand gegen die Berufung jüdischer Kollegen, in zahlreichen Fällen gab es Schikanen und Arbeitsbehinderungen. Begabte junge Forscher gaben angesichts der Schwierigkeiten und Zurücksetzungen auf und verließen Deutschland schon vor Hitlers Machtübernahme.[15] Exemplarische Bedeutung kommt der Tatsache zu, daß die Kaiser-Wilhelm-Gesellschaft nach dem Ausscheiden des Präsidenten Adolf von Harnack bereits 1927 beschloß, keine jüdischen Mitglieder mehr aufzunehmen und damit auch langjährige und engagierte Förderer enttäuschte und abstieß.[16] Auch im Verein für Sozialpolitik, dem jüdische Mitglieder zu Geltung und Ansehen verholfen hatten, fand sich 1928 eine Mehrheit zusammen, die die Wahl Ernst Lederers zum Vorsitzenden mit der Drohung verhinderte, daß in einem solchen Falle prominente Mitglieder demonstrativ austreten würden. Sogar massive antisemitisch-antisozialistische Agitation gegen den Verein kündigten Gegner Lederers an. Nach heftigen Kontroversen konnte wenigstens seine Bestellung zum Leiter eines Unterausschusses durchgesetzt werden.[17]

Auch in Ministerien und einzelnen Zweigen der Verwaltung waren Tendenzen erkennbar, den Vorkriegszustand wiederherzustellen oder die politische und geistige Homogenität der Beamtenschaft durch die Abweisung von Juden zu bewahren. Im Auswärtigen Amt beispielsweise wurde die von Konstantin von Neurath schon 1920 eingeleitete »Reinigung« des Dienstes von »unliebsamen Neulingen« – und hier wurden besonders die Juden genannt – beharrlich fortgesetzt,[18] so daß 1927 nur noch ein jüdischer Generalkonsul für das Reich im Ausland tätig war.[19] Selbst Führungsgruppen der Wirtschaft schlossen sich vereinzelt sehr betont von Juden ab.[20]

Wie schon in der Kaiserzeit hatten es die Juden in der Provinz auch jetzt wieder besonders schwer. Ohne Rückhalt in einer starken Gemeinde vermochten sie sich auch im demokratischen Staat kaum zu behaupten. So wurde ein junger Arzt in einem Kreiskrankenhaus der Altmark sofort entlassen, als bekannt wurde, daß er Jude war. Eine Anrufung der Gerichte bot nicht die geringsten Chancen, weil dies eine völlige gesellschaftliche Isolierung zur Folge gehabt hätte und damit eine sinnvolle Weiterarbeit scheitern mußte. In einzelnen Regionen des Reiches erhielten Juden faktisch kaum eine Chance, in kommunalen oder kreiseigenen Krankenhäusern angestellt zu werden.[21]

III

Daß es sich bei den hier beschriebenen Entwicklungsprozessen nicht um bedauerliche Erscheinungen in Teilbereichen der Gesellschaft oder in einzelnen Regionen handelt, zeigt ein Blick auf das Verhalten der Parteien. Die Deutschnationale Volkspartei, in deren Reihen sich zunächst noch Gruppen gegen die Festlegung auf einen entschiedenen antisemitischen Kurs gesträubt hatten, schwenkte 1924 ein und beschloß, Juden die Mitgliedschaft zu versagen. Nach dem Verlust ihres radikalen völkischen Flügels meinten die Führungsgremien, der allgemeinen Stimmung in den Anhänger- und Freundeskreisen Rechnung tragen zu müssen. Um rabiate Landbundgruppen und alldeutsche Führungskräfte bei der Stange zu halten, rief die Parteileitung sogar eine völkische Arbeitsgemeinschaft ins Leben, die in den Jahren von 1925 bis 1927 eine bemerkenswerte Aktivität entwickelte.[22]

In der Deutschen Volkspartei, die sich unter dem Einfluß Stresemanns offiziell vom Antisemitismus distanzierte, gab es einflußreiche Persönlichkeiten, die sich im Kaiserreich in dieser Hinsicht exponiert hatten und Repräsentanten von Interessengruppen, die Vorurteilen Rechnung trugen und auf jeden Fall der Meinung waren, daß Juden von verantwortlichen Stellungen in Staat und Wirtschaft ferngehalten werden sollten. Im Programm der Volkspartei hieß es – kaum mißverständlich: »Dagegen bekämpft die Deutsche Volkspartei alle Zersetzungsbestrebungen, die an Stelle des Bekenntnisses zum nationalen Staat und zum deutschen Volkstum das Weltbürgertum setzen wollen. Sie verwirft alle Bestrebungen, die unser deutsches Empfinden zurückdrängen wollen zugunsten internationaler uns wesensfremder Auffassungen. [...] Sie will das deutsche Volk deutsch erhalten und bekämpft daher insbesondere die seit der Revolution eingetretene Überflutung Deutschlands durch fremdstämmige Personen.« Der Hamburger Bankier Max M. Warburg, Mitglied der Partei seit ihrer Gründung, äußerte sich oft recht enttäuscht über die Grundstimmung in den Führungsgremien. Er harrte in diesen Jahren nur noch aus, um ein weiteres Überhandnehmen antisemitischer Strömungen zu verhindern.[23] Daß er bei diesem Bemühen erfolglos blieb, zeigt später der Widerstand, den Parteileitung und Fraktion ihrem Finanzminister Moldenhauer entgegensetzten, als dieser auf der Ernennung Hans Schäffers zum Staatssekretär in seinem Ministerium bestand. Die Aversionen gegen einen Juden in einer so verantwortungsvollen Position waren nur schwer zu überwinden, obwohl es nicht den geringsten Zweifel an den Fähigkeiten und der Arbeitskraft Schäffers gab.[24]

Das Zentrum hatte infolge seiner konfessionellen Geschlossenheit keine innerparteilichen Spannungen zu ertragen, und deshalb mußte es auch auf antisemitische Tendenzen in den Wählerschichten keine Rücksicht nehmen. Allerdings vermied es die Partei, zugunsten der Juden Position zu beziehen oder der Judenfeindschaft eine klare Absage zu erteilen. Hier wurde dann doch der antijüdischen Grundstimmung vieler frommer Katholiken Rechnung getragen.[25]

Die Deutsche Demokratische Partei, die die meisten jüdischen Mitglieder in ihren Reihen hatte und bevorzugt von Juden gewählt wurde, blieb ihren demokratischen Grundsätzen unverändert treu. Dennoch gab es Vorstandsmitglieder, die nach der Reichstagswahl 1928 bereits die Frage stellten, ob der Wählerverlust nicht darauf zurückzuführen sei, daß die DDP in der Öffentlichkeit »als Judenpartei angesehen« werde und deshalb zusehends die Gunst der Wähler verliere. Um dieses Odium abzuschütteln, wurde jüdischen Parteifreunden größere Zurückhaltung empfohlen. Freiherr von Richthofen riet sogar zu einer politischen Neuorientierung der Partei durch stärkere Annäherung an die Deutsche Volkspartei.[26] Noch wurde taktischen Erwägungen dieser Art kein Raum gegeben. Die Mehrheit der Demokraten blieb auf dem einmal eingeschlagenen Kurs und wehrte sich wie die Sozialdemokratie gegen jede Distanzierung von den Juden oder gar gegen deren Zurücksetzung. Allerdings haben gelegentlich auch Sozialdemokraten der Stimmung in bestimmten Wählerschichten Rechnung getragen und darauf geachtet, daß nicht zu viele jüdische Sozialdemokraten in Spitzenstellungen gelangten oder an exponierter Stelle in den Wahlvorschlägen auftauchten.[27]

Nach den turbulenten ersten Jahren der Republik, in denen antisemitische Funktionäre Massenleidenschaften aufputschten, durch Mord, Gewalttat, ständigen Terror und Verleumdung die Existenz der Juden in Deutschland gefährdeten und damit zugleich auch den Rechtsstaat in Frage stellten, bot die Periode von 1924 bis 1929 mehr Sicherheit und Normalität. Wenn deshalb im Blick auf diese Zeit von einem Rückgang des Antisemitismus gesprochen wird, bleibt jedoch stets die bewußte geistige und ideologische Distanzierung der Führungs- und Bildungsschicht von den Juden gerade in dieser Phase außer Anschlag, nicht minder die entschiedene, auf die Zukunft abzielende antijüdische Komponente im neuen, völkischen Nationalismus mit all seinen Folgen. Wer das Geschehen der 30er Jahre angemessen deuten will, der kann sich der Tatsache nicht verschließen, daß in dem Jahrzehnt davor Millionen in den Bann von Gedanken und Kampfmethoden gerieten, die sie später zu Aktionen antrieben oder Gewalttaten gegenüber lähmten.

Vor Beginn der ökonomischen Krise stießen die destabilisierenden Kräfte in der Republik aber noch auf Widerstand. Die Mehrheit der Bevölkerung fühlte sich durch den rabiaten Antisemitismus und den mit Totalitätsanspruch auftretenden Nationalismus herausgefordert.

Viele, insbesondere die Anhänger der »Linksparteien«, identifizierten sich zwar oft nur sehr bedingt mit dem bestehenden Staat, weil er die politische Modernisierung nicht energisch genug betrieb und der soziale Ausgleich ganz unzulänglich blieb. Gleichwohl war für die meisten, die im Kaiserreich benachteiligt und gedemütigt worden waren, die Weimarer Demokratie schätzenswert. Sie bot ihnen mehr Freiheiten zur Entfaltung im Berufsleben und vor allen Dingen die Voraussetzungen für künftige Reformen. Das motivierte Millionen, ihre Kräfte für die Erhaltung der Demokratie anzuspannen.

Allerdings war den staatstragenden Parteien sowie den Regierungen in Reich und Ländern auch jetzt nicht zureichend bewußt, daß alle Anschläge auf Existenz und Sicherheit der Juden in letzter Konsequenz auf den »Parlamentarismus, die Demokratie, die Republik in ihrer gegenwärtigen Form« abzielten.[28] Um diese Erkenntnis zu vermitteln, wurden die jüdischen Organisationen immer wieder bei den zuständigen Ministerien und den Führungsgremien der Parteien vorstellig.[29] Vor allem aber bemühten sich Juden innerhalb der demokratischen Parteien um die Vermittlung dieser Erkenntnis. Darüber hinaus reihten sich viele junge Juden in die Schutzformationen der Republik ein, an erster Stelle in das Reichsbanner Schwarz-Rot-Gold. Nicht unbeträchtlich war auch die Zahl der Aktivisten, denen die Sozialdemokratie zu kompromißbereit und unentschlossen erschien und die sich deshalb der KPD anschlossen, weil sie auf deren revolutionäre Kraft vertrauten und sich von ihr die konsequente Ausschaltung der einflußreichen Förderer und Trägerschichten des Antisemitismus erhofften. Um Gefährdung und drohender gesellschaftlicher Isolierung zu entgehen, ließen sich Juden, deren Bindung an die eigene Religion und Tradition gelockert war, unter dem Einfluß der kulturellen und geistigen Prägekraft der Umwelt in verstärktem Maß taufen oder sie schlossen Ehen mit nichtjüdischen Partnern. Nicht wenige erhofften sich davon mehr Rückhalt und größeren Schutz seitens der Gemeinschaft, in die sie sich zu integrieren versuchten.

Solange die Antisemiten außer den Juden und der organisierten Arbeiterbewegung auch das liberale Bürgertum und immer wieder die christlichen Kirchen wegen ihrer Schrifttreue angriffen, blieben ihnen dauerhafte politische Erfolge versagt. Sie lösten damit entschiedene Abwehr bei Christen und bürgerlichen Schichten aus, die sich trotz partieller Übereinstimmung dann doch existentiell getroffen oder gefährdet fühlten.

An diesem Punkt setzte Hitler 1925 bei der Wiedergründung der NSDAP an. Er verhinderte von vornherein, daß Richtungsstreitigkeiten und weltanschauliche Auseinandersetzungen innerhalb der Partei öffentlich ausgetragen wurden. Seine Bewegung sollte als geeinte politische Kraft in Erscheinung treten, in ihrer Programmatik und namentlich in den Alltagsforderungen so flexibel und anpassungsbereit sein, daß sich in ihr Menschen aller, sonst verfeindeter sozialer Schichten vereinen konnten.[30] Der Aufbau einer Massenpartei und insbesondere die Gewinnung breiter Wählerschichten – und um sie ging es nach den Erfahrungen des gescheiterten Putsches von 1923 – konnte nach Hitlers Überzeugung nur gelingen, wenn alles sozial Trennende hinter einen Grundbestand an politischer Gemeinsamkeit zurückgestellt wurde. Deshalb forderte der Parteiführer die Anhänger, die sich zur Wiedergründungsveranstaltung am 27. Februar 1925 zusammengefunden hatten, in seiner Rede auch sofort dazu auf, künftig aus »psychologischen Gründen« der Bevölkerung immer nur »einen Feind zu zeigen und gegen einen Feind zu marschieren«. Dies war für Hitler und seinen Anhang das Judentum. Um Zweifel in den eigenen Reihen auszuräumen, fügte er vieldeutig hinzu: »Man kann auch mit einem Feinde, wenn nötig, mehrere meinen.«[31]

Über die psychologischen Gründe für sein Vorgehen hat Hitler wiederholt gesprochen. Er fürchtete, seine Gefolgschaft zu demoralisieren, wenn er sie zum Kampf gegen mehrere an Zahl und Einfluß überlegene Gegner aufbot. Von großer politischer Tragweite aber waren die strategischen Überlegungen, von denen er sich leiten ließ. Er stellte das Judentum als den zentralen Feind heraus und subsumierte darunter ohne Mühe den Kapitalismus, den Marxismus und – weil er die Voraussetzung für deren Entfaltung geschaffen hatte – auch noch den Liberalismus. Diese Intention beherrschte Hitlers Denken und Handeln. Er erläuterte sie in seiner Rede zur Neugründung der Partei am 27. Februar 1925 wie folgt: »Es war derselbe Jude, der auf der einen Seite als kapitalistischer Tyrann die Massen zur Verzweiflung trieb, um auf der anderen diese Verzweiflung solange zu steigern, bis die Massen endlich [durch den ›Marxismus‹, W. J.] reif würden zum Instrument in seiner Faust.«[32]

Wenn nun nach dieser Auffassung Juden Schöpfer und Repräsentanten des Kapitalismus waren, dann konnten die Nationalsozialisten das kapitalistische System bekämpfen, ohne die Besitzver-

hältnisse zu verändern. Die Produktionsmittel und das Kapital mußten nur gemäß der Forderung »Gemeinnutz geht vor Eigennutz« in
den Dienst aller gestellt werden. Das aber sollte – so suggerierten
die Nationalsozialisten – nach der Ausschaltung der Juden und der
Beendigung ihrer internationalen Transaktionen ohne Klassenkampf vonstatten gehen. Damit ließen sich nicht organisierte Arbeiter, verarmte Mittelstandsschichten, Landarbeiter und kleine Bauern, die alle Opfer der kapitalistischen Wirtschaftsordnung waren,
für die NSDAP mobilisieren. Sie konnten ihre antikapitalistischen
und antibürgerlichen Ressentiments abreagieren, ohne sich mit dem
Proletariat zu solidarisieren. Hitler brauchte gerade diese Menschen, weil sie zur Aktion bereit waren und für ihn auf die Straße
gingen. Sie ließen sich auch indoktrinieren und begeistern und si-
cherten der Parteileitung damit zugleich die Distanz und Unabhän-
gigkeit von den alten Führungsschichten und dem Besitzbürgertum.
Hitler mißtraute beiden, hielt sie für politisch instinktlos und damit
in der Mehrheit für Führungsaufgaben ungeeignet.

Nun war dem nationalsozialistischen Parteiführer aber auch bewußt, daß die wichtigste Voraussetzung für seinen Erfolg die Unterstützung und Förderung seitens des Bürgertums war. Um es für
sich zu gewinnen oder wenigstens zum Stillhalten zu bewegen,
empfahl er sich als kompromißloser und konsequenter Gegner des
»Marxismus«. Indem er den »Marxismus« zum Instrument einer
jüdischen Weltverschwörung erklärte, konnte er im Gegensatz zu
den Parteien der bürgerlichen Rechten die Arbeiter selbst schonen
und den Kampf nur gegen ihre Führung vortragen, weil sie angeblich von Juden abhängig war oder deren Weisungen befolgte. So
hielt Hitler seine Partei stets offen für Abtrünnige und Enttäuschte
aus dem Lager der Arbeiterbewegung, die er nicht selten auch mit
den von seinen Anhängern praktizierten Kampfmethoden an-
sprach. Weil es ihm gelang, arbeitslose Jugendliche, versprengte
Kommunisten und Gewerkschafter, Landarbeiter und Bauernsöhne
für sich zu gewinnen, sahen die einflußreichen Kreise der Gesellschaft und das Gros der aktiven Christen im Führer der Braun-
hemden den Retter vor »Marxismus« und Revolution und den
Überwinder der Klassengegensätze.

Mit dieser politischen Strategie gelang es Hitler, in den Jahren von
1925 bis 1929 alle Antisemiten zu sammeln, die nach dem Zerfall ihrer
Parteien und Organisationen heimatlos waren. Dann zog er die

Mitglieder der nationalen Kampfbünde und Wehrformationen an, weil diese – einmal politisiert – keinen Anschluß an die Honoratiorenzirkel der Deutschnationalen im Lande fanden. Schließlich stießen auch mehr und mehr Bürger zur NSDAP, die aus unterschiedlichen Gründen das Vertrauen in die Demokratie verloren hatten und die deshalb die radikale Kritik Hitlers und seiner Anhänger am »System« beeindruckte. In dem Maße, in dem Parteien- und Staatsverdrossenheit um sich griffen, wurden schonungslose Kampfansagen, wie sie Hitler, Goebbels und andere Nationalsozialisten vortrugen, mit Beifall aufgenommen, selbst wenn sie als überspitzt angesehen wurden.

IV

Sobald die NSDAP mit über 100 000 Mitgliedern und einer großen Zahl von Mitläufern und Sympathisanten größeres politisches Gewicht bekommen hatte, suchten die Parteien und großen Organisationen des geistigen und politischen Umfeldes ihre Gunst und Unterstützung. Das Bündnis, das die durch Mitgliederverluste geschwächte Deutschnationale Volkspartei, der Stahlhelm und andere Gruppen mit der Partei Hitlers 1929 zur Durchführung eines Volksbegehrens gegen den Young-Plan schlossen, bot den Nationalsozialisten neue und außerordentliche Agitationsmöglichkeiten in den Provinzen und ländlichen Gebieten des Reiches. Damit trugen zahlreiche Konservative – auch wenn sie das später bestritten oder sogar bedauerten – zum neuerlichen Aufpeitschen der antisemitischen Leidenschaften bei, die dann in den folgenden Jahren nicht mehr zu beherrschen waren. Der Centralverein deutscher Staatsbürger jüdischen Glaubens hat, gestützt auf die Informationen aus seinen Mitgliederkreisen in allen Teilen des Landes, diese Entwicklung schon 1929 zutreffend eingeschätzt und auf die drohenden Gefahren für den Staat hingewiesen. Die Warnungen wurden nicht gehört, als übertrieben abgetan, galten sogar als leere Stimmungsmache.[33] Die Juden standen allein vor dem aufziehenden Unwetter.

Da die Nationalsozialisten mit ihrer Agitation für das Volksbegehren und den Volksentscheid gegen den Young-Plan gerade in einer Zeit hervortraten, in der die Wirtschaftskrise, namentlich in den Agrarregionen, spürbar wurde und die Bevölkerung zusehends erregte, konnten sie schnell Erfolge verbuchen. Jetzt zeigte sich die Überlegenheit der Hitlerschen Strategie und seiner extremen taktischen Beweglichkeit. Die NSDAP, und nicht die Deutschnationale Partei Hugenbergs, gewann das verarmte und gefährdete Landvolk, weil sie auf die Bauern statt auf die Gutsherren setzte und mit ihrer Kampfansage an den jüdischen Kapitalismus und die Ausbeutung durch die vielen angeblichen Nutznießer des »Systems«, vor allen Dingen die Banken und städtischen Zwischenhändler und Unternehmer, der Stimmung in den sozial benachteiligten Teilen der Bevölkerung Rechnung trug. So gaben bei der Reichstagswahl am 14. September 1930 über 18 Prozent der deutschen Wähler der NSDAP ihre Stimme. Sie zog mit 107 Abgeordneten in den neuen Reichstag ein und war beinahe aus dem Nichts zur zweitstärksten Fraktion des Parlaments geworden.

Die Erfolge der Hitler-Partei bei den Reichstagswahlen und den voraufgegangenen Abstimmungen in einzelnen Ländern und Gemeinden gaben dem Antisemitismus eine neue Qualität. Die Zahl der Antisemiten vermehrte sich damit sicher nicht, aber die Anpassungsbereitschaft der Bevölkerung nahm beachtliche Formen an. Dabei zeigte sich allerdings, wie weit antisemitische Vorurteile verbreitet, wenn auch aus unterschiedlichen Gründen lange zurückgehalten worden waren. Nun auf einmal äußerten sich viele »objektive« Staatsbürger mündlich oder schriftlich dahingehend, die »Judenfrage« werde wohl doch nicht grundlos diskutiert, ihre Lösung sei für die Deutschen eine zentrale Aufgabe.

Alle Deutschen, die mit weiteren Erfolgen der NSDAP oder sogar schon mit der Möglichkeit einer baldigen Regierungsbeteiligung rechneten – in der Landesregierung Thüringens amtierte seit dem 23. Januar 1930 bereits ein nationalsozialistischer Minister –, stellten sich auf kommende Ereignisse und Veränderungen ein. Unmerklich oft, gleichwohl aber sehr effektiv begann im gesamten Reichsgebiet ein Prozeß, den Hans Mayer überaus treffend als »freiwillige Arisierung« bezeichnet hat.[34] In Verlagshäusern, den Redaktionen vieler Provinzzeitungen, im Film und in der Unterhaltungsindustrie, bei mittelständischen Betrieben und Sparkassen wurde fortan darauf geachtet, daß keine Juden mehr angestellt wurden. Wo es Handhaben gab, trennten sich Unternehmen vorsorglich auch schon von jüdischen Mitarbeitern.[35] Gewerbebetriebe in Mittel- und Kleinstädten beugten sich dem Druck ihrer Kunden oder Geschäftspartner und beendeten vorteilhafte Verbindungen mit jüdischen Zulieferfirmen. Der Boykott kam nicht erst 1933 in Mode, er war schon vorher ein erprobtes Mittel der Antisemiten, um Einzelhändler, kleine Kaufleute, ja sogar Ärzte und Anwälte zur Aufgabe zu zwingen. Nicht selten bedrohten und terrorisierten auch verhetzte Belegschaften jüdische Kollegen so lange, bis sie von sich aus kündigten oder von der Betriebsleitung zur Wiederherstellung des Arbeitsfriedens entlassen wurden.[36] Schließlich setzte sogar in einigen großen Geldinstituten »eine stille, planmäßige Abwehr gegen jüdische Beamte« ein, und der ehemalige demokratische Minister und Parteivorsitzende Koch-Weser registrierte betrübt, daß in den Jahren 1931/32 »in viel geringerem Maße als früher Juden« an der Spitze großer Unternehmen in Deutschland standen.[37]

Besonders schnell und reibungslos paßte sich die Mehrheit der Intelligenz an die neuen Gegebenheiten an, wenn sie sich nicht gar dem neuen Zeitgeist verschrieb, ihn beflissen interpretierte und sich so ein Stück nach vorn tragen ließ. An den Hochschulen fühlten sich viele Professoren und Dozenten in ihren konservativen und nationalen Grundüberzeugungen bestätigt, die sie schon immer gegen das Eindringen von Juden in den Lehrkörper und den Einfluß »undeutschen Geistes« auf den Plan gerufen hatten. Nicht minder bedeutsam war aber, daß Hochschullehrer den Erfolg ihrer Arbeit an der Zustimmung ihrer Studenten und Hörer ablasen. Um sie zu gewinnen, stellte sich die Mehrheit der akademischen Lehrer auf das Zeit- und Problembewußtsein der Studenten ein. Zu Beginn der dreißiger Jahre sympathisierten die meisten Studenten schon mit dem Nationalsozialismus, und in noch weit größerer Zahl waren sie Antisemiten. Den Bildungsschichten fiel insgesamt eine erhebliche Mitverantwortung an der schnellen und wirksamen Verbreitung des antisemitischen Ungeistes zu. Sie gaben um ihrer Karriere oder der beruflichen Selbstverwirklichung willen sehr schnell die Grundsätze echter Wissenschaft und Rationalität preis. So ist es nur zu verständlich, daß der Bankier Max M. Warburg, einer der großen und selbstlosen Förderer der Wissenschaft seit Beginn des Jahrhunderts, nach den Septemberwahlen 1930 enttäuscht darüber war, wie schnell der Appell an die antisemitischen Instinkte gerade »bei Kreisen auf Resonanz gestoßen war, denen er es niemals zugetraut hätte«.[38] Das Ansehen der deutschen Wissenschaft erlitt schon in diesen Jahren vor 1933 einen schweren Stoß.

In dem Maße, in dem sich die Bevölkerung dem Nationalsozialismus zuwandte oder bei ihm für alle Fälle rückversicherte, vollzog sich auch ein Wandel in der Einstellung der Beamtenschaft in Reich, Ländern und Gemeinden. Sie blieb von der Politisierung und Radikalisierung der Bevölkerung nicht unberührt, war angesichts wachsender sozialer Not unsicher und daher nicht zum Widerstand gegen Verfassungsfeinde bereit. So unternahmen Staatsbeamte wenig, um Übergriffe gegen Juden zu unterbinden, Gewalttaten zu ahnden. In manchen Fällen wurde den Angegriffenen sogar größere Zurückhaltung nahegelegt. Die Polizei erschien nicht selten bei antisemitischen Ausschreitungen zu spät und handelte unangemessen, so etwa bei den Krawallen, die die Nationalsozialisten im September 1931 am Abend des jüdischen Neujahrsfestes am Berliner Kurfürstendamm auslösten.[39]

Obwohl jüdische Organisationen die zuständigen Behörden detailliert über Zwischenfälle unterrichteten, Beweise über Rechtsbrüche vorlegten und wertvolle Informationen über die Pläne der Antisemiten lieferten, verhielten sich die Sicherheitsorgane oft passiv. Mit Recht beklagte sich der Centralverein deutscher Staatsbürger jüdischen Glaubens darüber, daß seine »Warnungen leider allzu oft für unbegründet gehalten und die Gefahren [für die Juden und den Staat, W. J.] bagatellisiert« wurden.[40] Selbst Grzesinski, der sozialdemokratische Polizeipräsident von Berlin, empfahl den Repräsentanten der Berliner Juden in einer Besprechung nach den Ausschreitungen am Kurfürstendamm mehr Zurückhaltung und versuchte, den massiven und gesteuerten Terror der SA herunterzuspielen. Schließlich behauptete er sogar, festlich gekleidete jüdische Frauen würden auf »die verhetzten und arbeitslosen Leute aufreizend« wirken.[41] Daß immer Juden und nicht auch festlich gekleidete Mitglieder der Berliner Oberschicht zu Exzessen herausforderten, hat der Polizeipräsident offenbar nicht bedacht. Ein jüdischer Arzt aus Solingen, ehedem aktives Mitglied der Deutschen Demokratischen Partei, beschrieb im Dezember 1931 die Stimmung, die in weiten Kreisen des jüdischen Bürgertums herrschte. Sie wechsele zwischen Resignation und Empörung angesichts der Passivität der Beamtenschaft. »Die nationalsozialistische Welle steigt uns an den Hals«, fuhr er dann fort, und »es scheint mir, als ob die meisten Reichsstellen im Stillen ihren Frieden damit geschlossen hätten und sich jetzt darauf einrichten, bei dem Umschwung nicht zu fliegen.«[42]

Ende 1931 hatte ein nicht unbeträchtlicher Teil der Beamten schon das Mitgliedsbuch der NSDAP erworben oder sich ihr anderweitig verdingt. Sie waren nicht als Nationalsozialisten in den öffentlichen Dienst gekommen, sondern waren es dort geworden. Das war den Politikern und Ministern bekannt, und deshalb waren sie kaum noch in der Lage, dem Gesetz Geltung zu verschaffen. In einer Ministerbesprechung am 13. April 1932 mußte der Reichspostminister seine Ohnmacht eingestehen. In der Beamtenschaft seines Ressorts, so erklärte er, »werde von den Nationalsozialisten ein derartiger Terror ausgeübt, daß die verfassungsmäßig eingestellten Beamten vollkommen eingeschüchtert seien«. Nichts beleuchtet den Zustand der Rechtsordnung besser als die anschließende Forderung des Ministers nach Maßnahmen zum Schutz verfassungstreuer Beamter. Der Reichsfinanzminister bezweifelte sogar schon die Wirkung solcher Maßnahmen und die Durchsetzbarkeit strengerer Richtlinien, denn in der Zollverwaltung – die zu seinem Ressort gehörte – sei die Beamtenschaft »total nationalsozialistisch eingestellt«, später sprach er von ungefähr 90 Prozent.[43]

Sicherlich war diese Einschätzung der politischen Orientierung eines Teiles der Beamtenschaft durch den zuständigen Minister übertrieben. Sie zeigt aber doch, wie machtlos sich 1932 schon viele Behörden fühlten und wie wenig sie infolgedessen in der Lage waren, Juden und jüdischen Besitz angemessen zu schützen. Ein Beispiel mag diesen Vorgang noch einmal voll bewußt machen. Als das Pro-Palästina-Komitee für die zweite Jahreshälfte 1932 eine größere Veranstaltung plante, bemühte sich Staatssekretär Planck von der Reichskanzlei darum, sie möglichst eindrucksvoll zu gestalten und damit der Öffentlichkeit zu zeigen, daß die Regierung an der Seite der Juden stehe. Obwohl er die Autorität der Reichskanzlei einsetzte, ließ sich in Berlin kein geeigneter Raum für die Zusammenkunft finden. Der Staatssekretär sah sich schließlich zu der Empfehlung an die Veranstalter gezwungen, möglichst unauffällig in einem Privatgebäude zusammenzukommen. Die Reichsbehörden waren kaum noch in der Lage, einen störungsfreien Ablauf einer größeren Veranstaltung mit maßgeblicher Beteiligung jüdischer Persönlichkeiten aus allen Teilen des Reichs zu gewährleisten.[44]

Nicht minder schwerwiegende Folgen hatte die Rücksichtnahme der Ministerien in Reich und Ländern auf den antisemitischen Terror für die Personalpolitik. Die Reichsregierung verzichtete darauf, bewährte und sachkundige Experten in Verhandlungskommissionen oder Gremien zu berufen, weil sie Schwierigkeiten oder gar Widerstand fürchtete.[45] Als Reichsbankpräsident Luther infolge der extremen Belastungen in der Wirtschaftskrise, denen er sich nicht mehr gewachsen fühlte, um die Jahreswende 1931/32 an die Möglichkeit eines Rücktritts dachte, notierte er resigniert in sein Tagebuch: »Aber wer könnte nach mir kommen? Den an sich brauchbaren Schäffer nimmt man nicht, weil er Jude ist und kann es auch kaum.«[46] Auch in den Ländern, in denen noch demokratische Regierungen im Amt waren, sah es kaum besser aus. Als Ende 1932 und Anfang 1933 ein neuer Intendant für die Hamburger Oper gewählt werden mußte, erfolgte die Wahl nach dem Eingeständnis des zuständigen Senatsvertreters, des jüdischen Staatsrates Lippmann, gemäß der Weisung »es dürfe kein Jude und kein irgendwie politisch gefärbter« Mann sein.[47]

Welche Motive für solche Entscheidungen auch immer den Ausschlag gaben, Antisemitismus war es nur in den seltensten Fällen. Aber diese Beispiele – und sie stehen ja hier nur für viele andere – zeigen doch zur Genüge, wie es um das Bewußtsein des Volkes stand. Der Antisemitismus war eine Macht, die auch die Verfassungsorgane des Staates in Rechnung stellten. Um die Verwaltung vor Störungen zu bewahren, wurden Juden zurückgesetzt oder ausgeschlossen, damit die Selbstbehauptungskräfte des demokratischen Staates geschwächt und die Gegner zu immer radikalerem Vorgehen ermuntert. Daß auch einzelne Mitglieder des Reichskabinetts den Juden reserviert gegenüberstanden, darf dabei allerdings nicht übersehen werden. So hat der Demokrat Hermann Dietrich, als er 1930 das Reichsfinanzministerium übernahm, sofort damit begonnen, den angeblichen »jüdischen Einfluß im Ministerium« abzubauen. Er begründete die entsprechenden Entscheidungen mit der von den Antisemiten entlehnten Behauptung, er habe absolut nichts gegen den einzelnen Juden, ihn störe nur ihre Eigenschaft, sich immer sofort »wie ein Tintenfleck im Löschpapier auszudehnen«.[48] Auch Reichskanzler Brüning hatte starke Vorbehalte gegen Juden, wie sich an zahlreichen Beispielen nachweisen läßt.[49] Charakteristisch ist in diesem Zusammenhang, daß er den Wunsch der jüdischen Repräsentanten nicht erfüllte, auf dem Höhepunkt der antisemitischen Haßkampagne Ende 1931 und im Frühjahr 1932 in einer Rede oder öffentlichen Stellungnahme zugunsten der bedrohten Juden einzutreten. Er fand sich nicht einmal bereit, die gleicherweise gegen die Juden und die Republik gerichteten Angriffe und Gewalttaten entschieden zu verurteilen.[50]

Die Ursache für die Unsicherheit und Unentschlossenheit der

Reichs- und Landesregierungen bei der Verteidigung der Grund- und Menschenrechte der Juden lag jedoch auf anderem Gebiet. Ihr Zögern war in der politischen Instabilität begründet, denn die meisten Landesregierungen waren nur noch geschäftsführend im Amt; es fehlten tragfähige politische Mehrheiten in den Parlamenten, und die Parteien, die die Regierungen trugen oder tolerierten, waren in der Defensive. Sozialdemokraten, Staatspartei, Zentrum, Gewerkschaften, das Reichsbanner Schwarz-Rot-Gold und die 1932 gebildete »Eiserne Front« boten alle ihre Kräfte gegen den Nationalsozialismus auf und setzten beachtliche Reserven zur Rettung der Republik ein. Der Erfolg blieb ihnen aber versagt, weil die ständig wachsende wirtschaftliche und soziale Not, die zu lindern sie nicht in der Lage waren, immer mehr Menschen in Hitlers Arme trieb. Damit schwand beim staatstragenden Teil des Volkes die Hoffnung auf eine Entwicklung der Republik in Richtung auf mehr sozialen Ausgleich. Das schwächte das Selbstvertrauen der Republikaner und damit auch die Bereitschaft, sich für die Sicherheit und die Rechte anderer, besonders der Juden, einzusetzen.

Dieser Verlust der Hoffnung und die um sich greifenden Zweifel an der Fähigkeit der parlamentarischen Demokratie, die existenzgefährdende Krise der Wirtschaft zu meistern, haben nicht wenig zur Schwächung der Staatsautorität beigetragen und den Nationalsozialisten Vorteile verschafft. Es gab viele Menschen in Wirtschaft und Verwaltung, im geistigen und kulturellen Leben des Landes, die den Nationalsozialismus und ganz besonders den von ihm propagierten und praktizierten Antisemitismus ablehnten, sich aber doch auf eine Regierungsbeteiligung oder gar Machtübernahme Hitlers einstellten, weil sie sonst keinen Ausweg aus der Not mehr zu erkennen glaubten. Julius Bab hat 1931 in einer Aufzeichnung auf diesen Zusammenhang hingewiesen. Die staatsbürgerliche Stellung der Juden, so schrieb er, sei deshalb so gefährdet, weil sie nicht nur von Nationalsozialisten und anderen gesinnungsverwandten Gruppen und Parteien bedroht werde, sondern auch von vielen Kräften, die um politischer Vorteile und Ziele willen durchaus bereit seien, »das Recht der Juden preiszugeben«.[51] Diese Feststellung läßt sich ins Generelle erweitern. Viele von denen, die auf Hitler setzten oder sich ihm gegenüber kompromißbereit zeigten, wünschten keine Judenverfolgung, aber sie ordneten ihre Sorgen und Bedenken dem Ziel einer wirtschaftlichen »Erneuerung« oder »Rettung« unter.

Von solchen politischen Erwägungen aus war es nur ein kleiner Schritt bis zur – meist unbeabsichtigten – Beihilfe bei der Zurücksetzung und Verdrängung der Juden aus dem politischen und gesellschaftlichen Leben Deutschlands. Die Sozialdemokraten nahmen hin und wieder Rücksicht auf die Stimmung der Wähler und vermieden es, viele Juden als Spitzenkandidaten bei Wahlen herauszustellen oder jüdische Parteifreunde für exponierte politische Stellungen vorzuschlagen.[52] Erich Koch-Weser, der ehemalige Vorsitzende der DDP, räumte 1932 ein, seine eigene, aber auch andere demokratische Parteien hätten »die Mitwirkung von Juden« mit Rücksicht auf starke antisemitische Strömungen in der Bevölkerung und aus Furcht vor der erfolgreichen Ausbeutung dieser Tatsache durch die politischen Gegner oft vermieden.[53] Gerade dieses taktische Verhalten politisch und gesellschaftlich verantwortlicher Gruppen und Persönlichkeiten war es, was Max M. Warburg, der diese Entwicklung schon während des Ersten Weltkrieges bemerkt hatte, besonders tief enttäuschte. Er hatte von der Bildungs- und Führungsschicht mehr Einsicht in die Folgen eines solchen Verhaltens und größere Charakterfestigkeit erwartet. Schon Ende Mai 1931 zog er eine beklemmende Bilanz. »Das Beschämende in Deutschland ist, daß eine ritterliche Behandlung der Juden überhaupt nicht in Betracht gezogen wird. Ein Volk, das von den jüdischen Mitbürgern seit Jahrhunderten alles verlangt und der jüdischen Mitarbeit außerordentlich viel verdankt und dann duldet, daß in dieser rohen Weise Antisemitismus betrieben wird, indem jede Partei fürchtet, durch allzu scharfes Auftreten gegen diese Unritterlichkeit an Gefolgschaft zu verlieren, scheidet sich selbst aus der Reihe der Kulturvölker aus und ordnet sich in die Reihe der Pogromländer ein.«[54]

In den Diskussionen der letzten Jahre ist immer wieder darauf hingewiesen worden, daß Hitler vor seiner Ernennung zum Kanzler kaum noch antisemitische Drohreden gehalten habe. Das trifft mit Einschränkungen zu und gilt zudem auch schon für frühere Jahre. Eine solche Feststellung fördert die Erkenntnis aber wenig. Der nationalsozialistische Parteiführer hat sich stets auf Förderer und Wähler eingestellt. Wenn sie auf seinen radikalen Antisemitismus nicht ansprachen, wandte er sich gegen den Marxismus oder die demokratische Ordnung und meinte damit ja auch die Juden, die angeblich mit Hilfe dieser Kräfte das Volk versklaven wollten. Außerdem hatte er zu dieser Zeit die Mehrheit der Antisemiten längst hinter sich vereint oder durch Versprechungen an sich gebunden. Werben mußte er 1931/32 um andere Teile der Bevölkerung, und da mochte die extreme Judenfeindschaft partiell hinderlich sein. Zudem konnte er das Aufputschen antisemitischer Leidenschaften seinen Unterführern und den braunen Garden überlassen; sie sorgten durch herausforderndes Auftreten, Gewalttaten, Friedhofsschändungen und gezielten Terror dafür, daß der Haß nicht nachließ. Endlich konnte sich Hitler zu dieser Zeit auch schon auf das Anpassungsstreben derjenigen verlassen, die die »freiwillige Arisierung« betrieben.

Die Juden waren 1932 schon weitgehend ohne Rückhalt. Die großen staatstragenden Parteien und die Gewerkschaften waren mit ihren eigenen Problemen und Nöten beschäftigt und daher kaum noch in der Lage, sich für die Juden zu engagieren. Bei den christlichen Kirchen war es nicht anders, sie hatten sich zudem theologisch entschieden von den Juden abgegrenzt und von daher – bewußt oder unbewußt – dem Antisemitismus Vorschub geleistet. Es gab noch zahlreiche Staatsbürger – Christen und Nichtchristen – die jüdischen Kollegen, Freunden oder Nachbarn die Treue hielten, aber auch sie exponierten sich nur selten öffentlich. Gerade darauf zielte Franz Böhm ab, als er sagte: »Für den Antisemitismus waren Hunderttausende bereit, auf die Barrikaden zu steigen, Saalschlachten auszufechten, auf den Straßen zu demonstrieren; gegen den Antisemitismus rührte sich kaum eine Hand; soweit damals Parolen gegen Hitler aufgestellt wurden, rückten sie andere Dinge in den Vordergrund, aber nicht den Abscheu gegen den Antisemitismus.«[55]

Hitler registrierte sehr sorgfältig, wie die Bevölkerung mit der Abwendung von der Weimarer Demokratie auch die Rechte der Juden preisgab. Weil er nicht die Arbeiterschaft, sondern den »Marxismus« bekämpfte, nicht den Unternehmern und Kapitaleignern, sondern dem »Kapitalismus« den Untergang androhte, die Intellektuellen ebenso umwarb wie die bedrohten Mittelstandsschichten, setzten so viele Hoffnungen auf ihn. Sogar zahlreiche politische Gegner erwarteten, sich in einem NS-Regime arrangieren zu können, und um diese Eingliederung nicht zu gefährden, traten sie nicht einmal für ihre jüdischen politischen Mitstreiter oder Freunde ein, viel weniger für das Existenzrecht der gesamten Minderheit. Wie weit selbst viele von denjenigen, die aus Gründen der Selbstachtung oder der intellektuellen Redlichkeit zu ihren jüdischen Freunden standen, für den Fall der Hitlerschen Machtübernahme vorgesorgt hatten, zeigte sich sofort nach dem 30. Januar 1933. Da zerbrachen von einem Tag zum anderen Freundschaften, endeten Geschäftsverbindungen, wurden gesellschaftliche und berufliche Kontakte abrupt abgebrochen. Der jüdische Student, der schon am 30. Januar 1933 von den Kommilitonen, mit denen er eng zusammengearbeitet und sogar gefeiert hatte, demonstrativ geschnitten und zurückgestoßen wurde, ist kein Einzelfall.[56]

Hannah Arendt zeigte sich von den Verfolgungsmaßnahmen, die 1933 begannen, in keiner Weise überrascht, weil sie die Intentionen Hitlers und seiner Anhänger illusionslos und zutreffend eingeschätzt hatte. Da sie nicht als Staatsbürgerin zweiter Klasse leben wollte, leitete sie die Vorbereitungen für die Auswanderung aus Deutschland ein. Was sie vor dem Verlassen des Landes aber ganz unerwartet traf, war die Bereitschaft zur freiwilligen Gleichschaltung bei vielen geschätzten Kollegen und Freunden. Sie vollzog sich ohne Druck oder gar Terror, aus einer wie immer gearteten inneren Bereitschaft heraus. Sie wurde sichtbar in dem, was allen diesen klugen Akademikern 1933 auf einmal zum Thema Hitler und Nationalsozialismus einfiel. Dabei wurde offenbar, wie lange sie sich schon mit diesen Problemen beschäftigt und damit auf die Veränderungen eingestellt hatten. Es war ihnen nicht gelungen, in der Auseinandersetzung mit dem Nationalsozialismus Abwehrkräfte gegen den Antisemitismus zu entwickeln und eine feste christliche, politische oder weltanschauliche Gegenposition zu beziehen. Hannah Arendt bezeugt, wie sehr sie diese Erfahrung niedergedrückt und ihr den Eindruck vermittelt habe, um sie sei »ein leerer Raum« entstanden.[57]

Diese Erfahrung kann – das zeigen unzählige Dokumente und Briefe – verallgemeinert werden, wenn es auch bemerkenswerte Ausnahmen gab. Die Juden lähmte kurz vor und dann unmittelbar nach dem 30. Januar 1933 die Gleichgültigkeit und Teilnahmslosigkeit der Mitmenschen, das Gefühl, in ihrer Bedrängnis und Not alleingelassen zu sein, von Christen wie von der Mehrheit der Nichtchristen. Das lenkt den Blick auf die Stellung und Gefährdung des Menschen in der modernen Gesellschaft. So wichtig es auch immer ist, über Hitler und das nationalsozialistische Herrschaftssystem nachzudenken, zentraler ist doch – und das zeigt gerade der Blick auf die destruktive Kraft des Antisemitismus – die Frage nach den Selbstbehauptungskräften des Individuums gegenüber kollektiven Leidenschaften, Ideologien und säkularen Heilslehren. Weil seit dem späten 19. Jahrhundert und besonders mit dem Ersten Weltkrieg alle religiösen, geistigen und kulturellen Traditionen und Werte in den Dienst des Staates gestellt wurden, sie nur dann Rang und Geltung behielten, wenn sie Größe und Zukunft der Nation oder des Volkes förderten, war die Kraft erlahmt, den Ansprüchen oder Forderungen der Gemeinschaft zu trotzen, als die ethischen und moralischen Grundlagen menschlichen Zusammenlebens verletzt oder mißachtet wurden.

Anmerkungen

* Veröffentlicht in: Werner Jochmann, Gesellschafts-Krise und Judenfeindschaft in Deutschland 1870–1945, Hamburg 1988, S. 171–194.

1 Vgl. dazu meinen Aufsatz: Die Ausbreitung des Antisemitismus in Deutschland 1914–1923, S. 99–170.

2 Denkschrift von Prof. Dr. Otto Hoetzsch über die Zukunftsaufgaben konservativer Politik vom 5. 11. 1918; DZA Potsdam, NL Westarp, veröffentlicht von Peter-Christian Witt in den Vierteljahresheften für Zeitgeschichte 21, 1973, S. 337 ff., hier 341 f.

3 Vgl. dazu die Dokumentation von Ernst Deuerlein, Hitlers Eintritt in die Politik und in die Reichswehr. Vierteljahreshefte für Zeitgeschichte 7, 1959, S. 197 ff.

4 So u. a. im 28. Jahresbericht des Ortsausschusses Groß-Hamburg des ADGB, Geschäftsjahr 1924, S. 17.

5 Vossische Zeitung 6. 11. 1923 »Krawalle im Berliner Zentrum«; Bericht der Nachrichtenstelle der Polizeidirektion Bremen an den Polizeipräsidenten vom 27. Mai 1924. Dort heißt es: »Die Juden benutzten vor allem das Organ des Deutschen Republikanischen Reichsbundes ... um der antisemitischen Propaganda entgegenzuwirken und taten dies mehrfach in solcher Schärfe, daß weniger von einer Abwehr, als von Angriffen der Juden auf die völkische Bewegung gesprochen werden kann.« Arnold Paucker, Documents of the Fight of Jewish Organizations against Right-Wing Extremism. Michael. The Diaspora Research Institute Tel-Aviv University, Vol. II, 1973, S. 226.

6 Helene Lange beschwor als Alterspräsidentin der Hamburger Bürgerschaft in der Eröffnungssitzung am 24. März 1919 die »überzeugende und überwindende Kraft«, die von jedem Streben nach »politischer Kraft und sozialem Geist« ausgehe. Vgl. dazu Ursula Büttner, Politische Gerechtigkeit und sozialer Geist. Hamburg zur Zeit der Weimarer Republik. Hamburg 1985, S. 67 ff.

7 Aus der Fülle der Dokumente sei hier nur auf das Protokoll der Sitzung des Geschäftsführenden Ausschusses des Alldeutschen Verbandes vom 4. u. 5. Juli 1925 hingewiesen. Dort wird über die Mißstimmung in den einzelnen

deutschen Ländern und Provinzen berichtet und an erster Stelle die Arbeit der eigenen, deutschnationalen Volkspartei scharf kritisiert. Archiv der Forschungsstelle 412.

8 Vietinghoff-Scheel, Grundzüge des völkischen Staatsgedankens. Veröffentlicht vom Alldeutschen Verband. Gekürzte Wiedergabe: Hans-Adolf Jacobsen u. Werner Jochmann, Ausgewählte Dokumente zur Geschichte des Nationalsozialismus 1933–1945. Bielefeld 1961–1966.

9 Max Wundt, Was heißt völkisch? Langensalza 1924, S. 6.

10 ebenda S. 13.

11 Wilhelm Stapel, Volk. Untersuchungen über Volkheit und Volkstum. Hamburg 1942, S. 19. Es handelte sich um die 4. Auflage der »Volksbürgerlichen Erziehung«, die 1917 in der ersten, 1920 in einer zweiten und bereits 1927 in der dritten Auflage erschien. Stapel trat nach eigenem Bekenntnis mit der ersten Auflage in Opposition gegen die »Omnipotenz des Staates«, mit der dritten gegen dessen »Impotenz«. Vorwort zur dritten Aufl. S. 13.

12 Friedrich Gogarten, Religion und Volkstum, Tat-Flugschrift 5, schrieb schon 1915: »Uns ist das Volkstum mehr als der Staat, wie uns der Inhalt mehr ist als die Form. Und ein religiöses Leben ohne den Hintergrund des Volkstums ist uns ein Unding.« S. 14; Gogarten hat sich dann in der Folgezeit immer wieder mit dieser Problematik beschäftigt. 1933 erschien in Hamburg seine kleine Schrift »Einheit von Evangelium und Volkstum?«; Gerhard Kittel, Die Judenfrage, Stuttgart 1933; vgl. dazu: Wolfgang Tilgner, Volksnomostheologie und Schöpfungsglaube. Ein Beitrag zur Geschichte des Kirchenkampfes. Göttingen 1966.

13 Ernst Jünger, Über Nationalismus und Judenfrage. Süddeutsche Monatshefte 27. Jg., Heft 12, September 1930, S. 843. Das ganze Heft ist der »Judenfrage« gewidmet.

14 Theodor W. Adorno, Zur Bekämpfung des Antisemitismus heute. Das Argument Nr. 29, 1964, S. 104.

15 Vgl. dazu die nicht gesondert verzeichneten Fälle in dem Band: Emigration. Deutsche Wissenschaftler nach 1933. Entlassung und Vertreibung. Hrsg. von Herbert A. Strauss, Tilmann Buddensieg, Kurt Düwell. Berlin 1987; viel Material enthalten die zahlreichen Arbeiten über die deutschen Universitäten oder zur Geschichte einzelner Institute, so u. a. Uwe Dietrich Adam, Hochschule und Nationalsozialismus. Die Universität Tübingen im Dritten Reich. Tübingen 1977, bes. S. 4 ff. Dort auch die Literaturhinweise; Fritz Stern, Einstein und die Deutschen. Die Zeit Nr.15, 5. April 1985, S. 41–45; auf die weite Verbreitung antisemitischer Gedanken in den verschiedenen Universitätsdisziplinen während der Weimarer Republik weist auch Helmut Heiber hin: Walter Frank und sein Reichsinstitut für die Geschichte des neuen Deutschlands. Stuttgart 1966, S. 478. Für die Forschungsabt. »Judenfrage« ließen sich Gelehrte aus ganz unterschiedlichen Arbeitsgebieten gewinnen, weil sie sich schon lange in diese Fragen eingearbeitet hatten.

16 Aufzeichnung von Max M. Warburg, der nach diesem Beschluß sofort die Gesellschaft verließ. Privatbesitz.

17 Brief von Löwe an Alexander Rüstow vom 3. März 1929; Bundesarchiv

Nachlaß Rüstow 6; vgl. auch Claus-Dieter Krohn, Wirtschaftstheorien als politische Interessen. Die akademische Nationalökonomie in Deutschland 1918–1933. Frankfurt, New York 1981, S. 134.

18 Hans-Jürgen Döscher, Das Auswärtige Amt im Dritten Reich. Diplomatie im Schatten der »Endlösung«, Berlin 1987, S. 57.

19 »Generalkonsul Schlesinger ... klagt über die Zurückdrängung der Juden in den Ministerien, im A. A. [ist] er der einzige ... « Ernst Feder, Heute sprach ich mit ... Tagebücher eines Berliner Publizisten 1926–1932. Hrsg. von Cécile Lowenthal-Hensel und Arnold Paucker, Stuttgart 1971, S. 127 (13. 6. 1927); ähnlich auch später, 23. 4. 1930, S. 257.

20 Dr. Martin Carbe, Generalbevollmächtigter des Mosse-Verlages konstatierte am 6. Februar 1928 »die Zurückdrängung der Juden aus allen wichtigen Posten in Staat und Wirtschaft ... « Am 25. Jan. 1929 berichtet Ernst Feder über ein Gespräch mit Dr. Immanuel, der darüber klagte, daß er dort »als einziger Jude und Republikaner« einen schweren Stand habe. Ernst Feder, Heute sprach ich mit ... S. 155 und S. 208; in den Tagebüchern des Staatssekretärs Hans Schäffer findet sich die Notiz über ein Gespräch mit Geheimrat Bücher, in dem dieser auf antisemitische Attaken gegen die AEG hinweist. Institut für Zeitgeschichte, ED 93, Bd. 7 a S. 373.

21 Frauenarzt Dr. Schöne über seine Erfahrungen in Salzwedel und anderen Städten, 13. 11. 1926. Ernst Feder, Heute sprach ich mit ... S. 84 f.

22 Jan Striesow, Die Deutschnationale Volkspartei und die Völkisch-Radikalen 1918–1922. Phil. Diss. Hamburg 1981; Druck Frankfurt 1981, S. 421 ff.

23 Warburg erklärte im März 1927 resigniert: »Eigentlich gibt es ja nur Parteien, aus denen man austreten müßte.« Kurze Zeit später gesteht er ein, daß er im Gegensatz zu den anderen drei Firmeninhabern, die Mitglieder der DDP seien, bei der DVP bleibe, »weil er so dem Antisemitismus entgegentreten könne«. Ernst Feder, Heute sprach ich mit ... S. 115 (28. 3. 1927) und S. 122 (22. 4. 1927).

24 Moldenhauer, Erinnerungen. Bundesarchiv Nachlaß Moldenhauer 3, S. 22 ff.

25 Der sächsische Abgeordnete Paul Hesslein beklagte sich 1926 über die Rücksichten, die in der Partei auf antijüdische Ressentiments genommen wurden. Ernst Feder, Heute sprach ich mit ... S. 62 (3. 7. 1926); vgl. dazu grundsätzlich: Hermann Greive, Theologie und Ideologie. Katholizismus und Judentum in Deutschland und Österreich 1918–1935. Heidelberg 1969, S. 100 ff.

26 Vorstandssitzung der DDP am 14. 6. 1928. Bundesarchiv Koblenz, R 45 III/20.

27 Beispielhaft dafür die Äußerungen von Landsberg am 20. 11. 1928 und am 1. 12. 1929 bei Ernst Feder, Heute sprach ich mit ... S. 202 und 230 f.

28 Arnold Paucker, Der jüdische Abwehrkampf gegen Antisemitismus und Nationalsozialismus in den letzten Jahren der Weimarer Republik. 2. Aufl. Hamburg 1969, bes. das Kapitel »Der drohende Sturm« S. 15 ff.; Paucker, Documents of the Fight ... S. 229. Vertrauliches Rundschreiben des Centralvereins deutscher Staatsbürger jüdischen Glaubens.

29 Paucker, Documents of the Fight … Vertrauliches Rundschreiben S. 230.

30 Gerald Fleming, Hitler und die Endlösung. Wiesbaden und München 1982, S. 41 f.

31 Die Rede Adolf Hitlers in der ersten großen Massenversammlung bei der Wiederaufrichtung der NSDAP. Separatdruck S. 10.

32 ebenda S. 5.

33 C. V.-Zeitung IX. Jg., 1930, S. 370: »Wir standen mitten im Sturmwind, als in den Parteien, in der großen politischen Presse noch kein Lüftchen verspürt wurde.« 11. 7. 1930. Paucker, Der jüdische Abwehrkampf, S. 14, bes. 22. Vgl. dort auch den Artikel »Gefahr in Sicht« vom 6. Dez. 1929, S. 166 ff.

34 Hans Mayer, Ein Deutscher auf Widerruf. Erinnerungen I, Frankfurt/Main 1982, S. 129.

35 Hans Schäffer, Tagebuch 30. 7. 1931, S. 489 f.; 6. 9. 1932, S. 835. Institut für Zeitgeschichte ED 93, Bd. 22 a.

36 Paucker, Der jüdische Abwehrkampf, Dok. 47, S. 216. In einem Aufruf des Centralvereins deutscher Staatsbürger jüdischen Glaubens vom Jahresbeginn 1932 heißt es: »Politische und wirtschaftliche Vernichtung wird uns angedroht. Boykott wird in Groß- und Kleinstädten, auf dem Land gegen uns ausgerufen.« Dok. 39, S. 204.

37 Das Schwarzbuch. Tatsachen und Dokumente. Die Lage der Juden in Deutschland 1933. Herausgegeben vom Comité des Delegations Juives. Paris 1934, S. 279; Erich Koch-Weser, Und dennoch aufwärts. Eine deutsche Nachkriegs-Bilanz, Berlin 1933, S. 265.

38 Ursula Büttner, Hamburg in der Staats- und Wirtschaftskrise 1928–1931. Hamburg 1982, S. 365.

39 Besonders aufschlußreich ist in diesem Zusammenhang der Bericht des pensionierten Polizeiobersten Hans Lange in der Zeitschrift »Die Menschenrechte« Jg. VI, Nr. 10 vom 5. Nov. 1931, S. 189–192.

40 Paucker, Documents of the Fight … S. 242.

41 ebenda S. 245.

42 Dr. E. Kronenberg, Solingen, an A. Erkelenz am 22. 12. 1931, Bundesarchiv Koblenz, Nachlaß Erkelenz 62.

43 Ministerbesprechung am 13. 4. 1932, Bundesarchiv Koblenz R 43I/1455.

44 Kurt Blumenfeld, Erlebte Judenfrage. Ein Vierteljahrhundert deutscher Zionismus. Stuttgart 1962, S. 204.

45 Hans Schäffer, Tagebuch 17. 7. 1931, Institut für Zeitgeschichte ED 93, Bd. 12 a, S. 382.

46 Tagebuchvermerk Luthers vom 2. 12. 1931, Bundesarchiv Koblenz, NL Luther 425.

47 Leo Lippmann, Mein Leben und meine amtliche Tätigkeit. Erinnerungen und ein Beitrag zur Finanzgeschichte Hamburgs. Hrsg. von Werner Jochmann, Hamburg 1964, S. 590.

48 Eckhard Wandel, Hans Schäffer. Steuermann in wirtschaftlichen und politischen Krisen. Stuttgart 1974, S. 136. Über die antisemitischen Ressentiments Dietrichs empörte sich auch sein Staatssekretär Schäffer wiederholt. Tagebuch vom 17. 7. 1931. Institut für Zeitgeschichte ED 93, Bd. 12 a, S. 382.

49 Als am 19. September 1931 im Reichskabinett über eine Verordnung über harte Freiheitsstrafen bei Kapitalflucht gesprochen wird, weist Staatssekretär Trendelenburg den Kanzler darauf hin, daß der Erlaß tunlichst nicht am Versöhnungstag der Juden herauskommen sollte, weil leicht der Eindruck entstehen könne, er sei bewußt gegen sie gerichtet. Brüning reagierte mit einer Bemerkung, die erkennen ließ, daß er gerade sie im Verdacht habe, ihr Geld ins Ausland zu bringen, Schäffer-Tagebuch 19. 9. 1931, Inst. für Zeitgeschichte ED 93, Band 14 a, S. 804; auch in den Briefen und Tagebüchern Brünings finden sich zahlreiche Beispiele für seine Vorbehalte gegen Juden.

50 Paucker, Der jüdische Abwehrkampf S. 131 ff., besonders die Dokumente 53 bis 62, S. 223 ff.

51 Julius Bab, Skizze für eine Entgegnung zu dem Grundgedanken von Herrn Stern. Archiv des Leo Baeck Instituts New York, Bab Collection.

52 Die Deutsche Demokratische Partei hat durch ihre Vereinigung mit dem Jungdeutschen Orden zur Staatspartei viele jüdische Mitglieder verloren. Ernst Feder sprach am 30. Dezember 1930 sogar von einer »Entjudung der Staatspartei«. Ernst Feder, Heute sprach ich mit … S. 281 (30. 12. 930). Die Haltung Hermann Dietrichs und anderer Mitglieder hat dann nicht wenig zur Distanzierung von jüdischen Mitgliedern beigetragen. Das führte dazu, daß sich prominente Mitglieder zurückzogen. In den Augen einiger Vorstandsmitglieder war das dann wiederum »Verrat«. In einer Sitzung des Geschäftsführenden Vorstandes der Staatspartei am 28. April 1932 erhob ein Mitglied den Vorwurf, die Juden hätten die Partei »in einer schäbigen Weise im Stich gelassen«. Bundesarchiv R 45 III/52.
In der SPD wurde Rechtsanwalt Marum, der sozialdemokratische Fraktionsführer im Badischen Landtag, schon 1930 nicht Spitzenkandidat seiner Partei für die Reichstagswahl, weil man den Nationalsozialisten keinen Angriffspunkt im Wahlkampf bieten wollte. Hugo Marx, Werdegang eines jüdischen Staatsanwalts und Richters in Baden. Villingen 1965, S. 220; kurze Zeit später lehnten es die Führungsgremien der SPD Badens ab, den Richter Hugo Marx für die Wahl zum Landeskommissar Mannheim vorzuschlagen, weil es »unter den bestehenden Verhältnissen für die Partei schlechthin untragbar sei, einen Juden für das Amt … in Vorschlag zu bringen«, ebenda S. 222.

53 Erich Koch-Weser, Und dennoch aufwärts! S. 263 f.

54 Max M. Warburg an Heinrich v. Gleichen, 28. 5. 1931; Privatbesitz.

55 Franz Böhm, Antisemitismus. Vortrag gehalten am 12. 3. 1958, S. 2 f.

56 Herbert Liffmann, Auf der Suche nach meiner Identität. Aufzeichnungen eines australischen, in Deutschland geborenen Juden. Frankfurter Rundschau Nr. 22, 27. Januar 1987.

57 Was bleibt? Es bleibt die Muttersprache. Ein Gespräch mit Günter Gaus [1964]. In: Gespräche mit Hannah Arendt, hrsg. von Adelbert Reif. München 1976, S. 20 f.

Hans Mommsen

Die Funktion des Antisemitismus im »Dritten Reich«

Das Beispiel des Novemberpogroms

I

Die Ereignisse, die sich überall in Deutschland am 9. und am 10., teilweise noch am 11. November 1938 abspielten, lösen auch heute, fünfzig Jahre danach, Erschrecken und Betroffenheit aus. Der Absturz einer zivilisierten Gesellschaft in barbarische Gewaltanwendung gegen wehrlose Mitbürger steht einzigartig dar. Die Brandstiftungen, Plünderungen, Mißhandlungen, Demütigungen vollzogen sich inmitten der Städte und Gemeinden, vor aller Augen, und jeder, der sich kritischen Sinn bewahrt und sich der systematischen antisemitischen Indoktrination der Goebbels'schen Propaganda entzogen hatte, konnte erkennen, welches Schicksal die jüdischen Mitbürger auf mittlere Sicht bedrohte, so wenig das Regime Ende 1938 bereits die spätere systematische Liquidierung der jüdischen Bevölkerungsgruppen für denkbar und anwendbar hielt. Wenngleich die nationalsozialistischen Medien das Ausmaß der Gewaltanwendung während des Pogroms vom 9. und 10. November verschwiegen, so war es doch ein Leichtes, sich die nötigen Informationen davon zu verschaffen.[1]

Die Diskussion darüber, ob die zeitgenössische Bezeichnung der Aktionen des 9. und 10. November mit dem eher spöttisch gemeinten Wort von der »Reichskristallnacht« als harmonisierend abzulehnen und ob der Begriff des Pogroms angemessener sei, ist wenig ergiebig. Die Vorgänge vom November 1938 haben mit den historischen Pogromen in Ostmittel- und Osteuropa kaum etwas gemeinsam. Denn ihnen fehlte das Moment der Spontaneität, der überwiegend emotionalen Triebkräfte, die zu gewaltsamen Angriffen auf die jüdischen Gemeinden führten, und ebenso die regionale Begrenzung. Es handelte sich vielmehr um eine zentral angeordnete und systematisch durchgeführte Maßnahme, die im gesamten Reichsgebiet zur Anwendung kam und keinen Ort aussparte, in dem jüdische Mitbürger lebten.[2]

So wenig es sich um eine spontane Aktion der lokalen NSDAP, SA und SS-Formationen handelte, so wenig war es eine von langer Hand geplante Aktion, die Goebbels am Abend des 9. November, nach dem offenbar bewußt verzögerten Eintreffen der Nachricht vom Tode des Legationsrats Ernst vom Rath, mit seiner antisemitischen Hetzrede vor den am Abend des 9. November in München versammelten NS-Führern auslöste.[3] Goebbels berief sich in seinen Ausführungen auf antisemitische Vorfälle in Kurhessen, die seit dem 7. November in Gang gesetzt worden waren, zweifellos unter dem Einfluß der Hetzpropaganda, die er seit dem Zwischenfall in Paris angefacht hatte. Anders als im Fall der Ermordung Wilhelm Gustloffs, die 1936 aus Rücksicht auf die Olympiade nicht mit antijüdischen Aktionen beantwortet worden war, wollte Goebbels die Gelegenheit nutzen, um die geforderte Ausschaltung der Juden aus dem wirtschaftlichen und gesellschaftlichen Leben entscheidend voranzutreiben.

Gleichwohl ist die Vermutung, in Kurhessen hätte getestet werden sollen, wie die Bevölkerung auf Pogromaktionen, die von der Partei ausgelöst waren, reagierte, unzutreffend. Das Vorprellen in dieser Region, desgleichen in einigen anderen Orten,[4] steht vielmehr im Zusammenhang mit der dort anzutreffenden starken regionalen Verwurzelung des Antisemitismus, die in das 19. Jahrhundert zurückreichte. Die Herbeiführung derartiger Aktionen lag nicht in der Zuständigkeit von Goebbels, der nicht vor dem 9. November die treibende Kraft war. Dem Reichspropagandaminister ist vielmehr zu unterstellen, daß er, wie im Fall des April-Boykotts 1933, an dem sich die Bevölkerung nicht beteiligte, der Illusion erlag, als wäre es möglich, eine Mobilisierung der Bevölkerung gegen die Juden herbeizuführen. Was den Novemberpogrom anging, geschah dies nicht einmal ansatzweise. Wenngleich bei regionalen Abweichungen im einzelnen kleinere Teile der Bevölkerung die Zerstörungen jüdischen Eigentums und die Mißhandlungen und Demütigungen jüdischer Bürger vornehmlich passiv ansahen, reagierte die überwiegende Mehrheit eindeutig ablehnend auf das terroristische Vorgehen von SA und SS.

Allerdings überwog dabei das Motiv, daß die mutwillige Zerstörung von Volksvermögen und die Durchbrechung der öffentlichen Ordnung mit den bürgerlichen Moralbegriffen nicht in Einklang gebracht werden konnten.[5] Das Schicksal der jüdischen Bürger kümmerte nur wenige, zumal infolge der weitgehenden Ausschaltungsmaßnahmen, die dem Novemberpogrom vorausgegangen waren, die soziale Verbindung des jüdischen Bevölkerungsteils zu den nichtjüdischen Nachbarn weitgehend abgerissen war. Für die an der formalen Aufrechterhaltung von Recht und Ordnung ausgerichtete Mentalität der nicht primär nationalsozialistisch oder antisemitisch eingestellten Bevölkerungsgruppen war kennzeichnend, daß die Befehle, die Goebbels, übrigens gutenteils ohne Wirkung, seit dem Vormittag des 10. November herausgab, wonach die Abrechnung mit den Juden vollzogen und weitere Aktionen unverzüglich einzustellen seien und alles weitere auf gesetzlichem Wege erfolgen werde,[6] mit Erleichterung aufgenommen wurden. Die parallel zu den Ausschreitungen gegen jüdische Einrichtungen, Geschäfte und Wohnungen von Heydrich eingeleitete Verhaftungsaktion von wohlhabenden männlichen Juden – es wurden insgesamt 26 000 Juden in die Konzentrationslager verbracht, wo viele von ihnen Mißhandlungen schlimmster Art ausgesetzt waren, eine nenneswerte Zahl nicht überlebte, die Mehrheit nach der Zusicherung, sofort auszuwandern, nach Wochen und Monaten wieder frei kam – stieß daher weit weniger auf Widerstand, da sie unter der Fiktion eines legalen Vorgehens der Staatsmacht erfolgte. Der Abscheu, den die Zerstörungen der Pogromtage ausgelöst hatten, wurde daher weitgehend durch die Zusicherungen der Reichsregierung neutralisiert, in Zukunft derartige Vorgänge zu unterbinden und von nun an auf gesetzlicher Grundlage vorzugehen.

Gerade im Rückblick auf diese Ereignisse überrascht, daß die gegen die jüdischen Mitbürger gerichtete systematische Ausschaltung, die nach dem Novemberpogrom mit der faktischen wirtschaftlichen Enteignung einem vorläufigen Höhepunkt entgegentrieb, in der öffentlichen Meinung nahezu widerspruchslos hingenommen wurde. Denn es kann keineswegs davon ausgegangen werden, daß die antisemitistische Propaganda die Breitenwirkung besaß, die sich Goebbels einzureden versuchte. Selbst das antisemitische Hetzblatt Julius Streichers, *Der Stürmer*, mußte im Dezember 1938 einräumen, daß Teile der Bevölkerung für den »gerechten Zorn des Volkes« kein Verständnis aufgebracht hätten.[7] Große Teile der Bevölkerung nahmen zum Antisemitismus eine eher indifferente Haltung ein. Vielfach standen sie unter dem Eindruck der nationalsozialistischen Indoktrination, die das Klischee vom fremdartigen Ostjuden der Gesamtheit der jüdischen Mitbürger aufzuprägen versuchte. In dem Maße, in dem direkte Kontakte mit jüdischen Mitbürgern zurücktraten, tat dies Klischee seine Wirkung und erhöhte es die Gleichgültigkeit gegenüber dem Schicksal der jüdischen Mitbürger.

II

Trotz des Tatbestands, daß die Virulenz antisemitischer Strömungen im und nach dem Ersten Weltkrieg beständig zunahm, waren extreme antisemitische Strömungen in Deutschland vor 1933 quantitativ von untergeordneter Bedeutung. Der Deutschvölkische Schutz- und Trutz-Bund, die wichtigste Interessenvertretung des organisierten Antisemitismus in Deutschland, zählte bis zu dessen 1922 ausgesprochenen Verbot nicht mehr als 200 000 Mitglieder.[8] Die NSDAP trat die Nachfolge der völkischen Antisemitenvereinigungen an. Zur engeren Führungsgruppe gehörten neben Hitler zahlreiche Persönlichkeiten, die vom Deutschvölkischen Schutz- und Trutz-Bund herkamen und einen fanatischen Antisemitismus propagierten. Indessen scheiterte der Plan des Alldeutschen Verbandes, der bei der Gründung des Schutz- und Trutz-Bundes Pate gestanden hatte, mit der Mobilisierung des Antisemitismus eine gegen die sozialistische Arbeiterschaft gerichtete Massenbewegung zu erzeugen.[9] Selbst die NSDAP erkannte in den entscheidenden Wahlkämpfen der Jahre 1930 bis 1932, daß mit antisemitischen Parolen keine weiteren Wähler gewonnen werden konnten, so daß sie die gewohnten antisemitischen Ausfälle etwas zurücknahm; es kam deshalb vor, daß die deutschnationale Agitation stärker antisemitische Züge trug als die NS-Propaganda.[10] Zweifellos waren es nicht Sympathien für den notorischen Judenhaß der Nationalsozialisten, die ihren Massenanhang begründeten.

Was das offiziell auch nach 1933 gültige Programm der 25 Punkte anging, so unterschied es sich inhaltlich nicht grundlegend von gleichartigen Positionen der nationalen Rechten. Neben der Forderung, eine weitere jüdische Einwanderung zu unterbinden und die Auswanderung möglichst zu intensivieren, war daran gedacht, den Juden die Staatsangehörigkeit zu entziehen und sie unter Fremdenrecht zu stellen. Desgleichen verlangten beide Richtungen, das angebliche Übergewicht an Juden in bestimmten Berufssparten zu beseitigen, obwohl der soziale Angleichungsprozeß zwischen der jüdischen Bevölkerung und der »arischen« Mehrheit ohnehin in vollem Gange war, und das weitgehend unabhängig von antisemitischen Strömungen. Der konservative Antisemitismus, der schon im Tivoli-Programm der Deutschkonservativen Partei von 1893 enthalten war,[11] zielte auf rassische Dissimilation und nahm häufig assimilierte einheimische Juden vom antisemitischen Verdikt aus. Nach 1933 hatte diese namentlich in der deutschen Oberschicht verbreitete antisemitische Einstellung fatale Rückwirkungen. Sie verhinderte, daß die überwiegend konservativ eingestellten Funktionseliten, die sich nach der Machtergreifung mit der NSDAP arrangierten, eine klare Frontstellung gegen deren antisemitische Politik einnahmen und daß diese sich auch noch nach den Nürnberger Gesetzen vielfach des Schlagwortes von der rassischen Dissimilation bedienen konnte, um ihre weit radikaleren Zielsetzungen damit zu tarnen.

In den Mittelschichten war militanter Antisemitismus in erster Linie bei kleineren Gewerbetreibenden anzutreffen, welche die jüdische Konkurrenz sowie das Vordringen der häufig in jüdischer Hand befindlichen Warenhäuser fürchteten. Die Bauernschaft verhielt sich namentlich in katholischen Gebieten vielfach indifferent. Es kostete den Reichsnährstand einige Mühe, die bayerischen Landwirte davon abzubringen, weiterhin mit jüdischen Viehhändlern zu verkehren.[12] Bei der Arbeiterschaft, insbesondere, wenn sie mit SPD oder KPD in Verbindung stand, spielte der Antisemitismus nahezu keine Rolle. In der Form eines unaufgeklärten Antijudaismus wurde er insbesondere von den protestantischen und katholischen Kirchen vertreten; auch wenn es sich nicht um aktiven Antisemitismus handelte, bewirkten diese Einflüsse ein wachsendes Maß von Gleichgültigkeit gegenüber dem Schicksal der jüdischen Mitbürger. Die Bewegung der Deutschen Christen hatte nicht ohne Erfolg die ausgeprägt antisemitische und antibolschewistische Stimmung bei großen Teilen der protestantischen Geistlichkeit aktiviert.

Trotz ihrer eindeutig antisemitischen Ausrichtung war der Anteil extremer Antisemiten an der Mitgliedschaft der NSDAP überraschend gering. Die große Mehrheit der Parteimitglieder sprach die antisemitischen Parolen nach, ohne ihnen konkreten Inhalt beizulegen. Aus zeitgenössischen Umfragen und anderen Materialien läßt sich der Schluß ziehen, daß von den nationalsozialistischen Funktionären kaum mehr als 20% der Gruppe der fanatischen Judenhasser zuzuordnen sind, die antisemitischen Parolen Taten folgen lassen wollten.[13] Eine zeitgenössische Umfrage des Soziologen Müller-Claudius ergab eine breite Ablehnung des Novemberpogroms auch bei Parteimitgliedern, von denen sich ein im zeitlichen Verlauf variierender Anteil gegen die rassische Verfolgung aussprach.[14] Nach diesen Angaben gehörten nur 5% der Parteimitglieder zu den aktivistischen Antisemiten, wie sie in den Novembertagen 1938 freie Hand erhielten. Die Frage, warum es diesem vergleichsweise kleinen Kern der NSDAP-Anhängerschaft gelang, sich letztenendes durchzusetzen, ist mit den folgenden Erwägungen zu beantworten.

Der Antisemitismus bildete das konsistenteste Element innerhalb der eklektisch zusammengefügten und in sich widerspruchsvollen nationalsozialistischen »Weltanschauung« und hatte unter anderem die Funktion, antagonistische Bestandteile der NS-Ideologie, so den Anti-Bolschewismus und den verbalen Anti-Kapitalismus, miteinander zu verknüpfen. Die in der Mitte der zwanziger Jahre zur NSDAP gestoßenen Funktionäre waren in hohem Maße antisemitisch motiviert. Die ständige Eskalation antijüdischer Maßnahmen fand bei ihnen und bei Adolf Hitler nachdrückliche Unterstützung. Obwohl Hitler keineswegs der spiritus rector der im einzelnen eingeschlagenen antisemitischen Aktionen war, trug er entscheidend zur Eskalation der Judenverfolgung bei, und zwar vor allem dadurch, daß er jedwede Sanktion gegen ungesetzliche antisemitische Übergriffe zu unterbinden pflegte und einen Freibrief für Radikalismus auf diesem Gebiet ausstellte.

Die ideologische Ausrichtung stellt jedoch nur einen der Faktoren dafür dar, daß es zu einer ständigen Verschärfung des antijüdischen Vorgehens kam. Nicht weniger wichtig war die Abdrängung der NSDAP auf dieses Gebiet. Als Massenorganisation sah sich die NSDAP nach der Gleichschaltung um die eigentlichen Früchte ihres Kampfes gebracht. Regelmäßig fungierte Rudolf Heß am Ende der Reichsparteitage als Adressat der bitteren Beschwerden der politischen Leiter darüber, daß die Macht nach wie vor bei der verhaßten Bürokratie liege. In der Tat war es der öffentlichen Verwaltung gelungen, den Zugriff der NSDAP auf die Wahrnehmung staatlicher Funktionen im allgemeinen zu begrenzen. Auch auf der kommunalpolitischen Ebene erwies sich der Einbruch der Partei in die Gemeindeverfassung als Pyrrhussieg, da gleichzeitig das staatliche Aufsichtsrecht ausgeweitet wurde. Somit waren gerade die aktivistischen Elemente in der NSDAP, die nicht im Zuge der gigantischen Ämterpatronage nach dem März 1933 zu Rang und Würden gekommen waren, politisch ohne effektiven Einfluß. Es handelte sich bei ihnen vor allem um jene »Alten Kämpfer«, die die rassenantisemitische Kerntruppe der Partei ausmachten.[15] Die überwiegend konservativ geprägte Ministerialbürokratie zeigte sich bereit, auf dem Gebiet der sogenannten »Judenfrage« entgegenzukommen und es gleichsam zur Spielwiese der Partei werden zu lassen. Dies geschah aus der fragwürdigen Erwartung, daß die antisemitischen »Kinderkrankheiten« nach einiger Zeit überwunden sein würden und die von ihr als notwendig erachtete rassische Dissimilation auf gesetzlichem Wege durchgeführt werden könnte. Durch diesen Mechanismus wurden die nichtintegrierten extremistischen Potentiale innerhalb der NSDAP zusätzlich auf den Weg verschärfter Judenverfolgung abgelenkt. Zwar suchte die Ministerialbürokratie, die »wilden« Übergriffe durch SA und NSDAP auf Juden nach Möglichkeit durch ein gesetzgebungsförmiges Vorgehen abzufangen. Aber dadurch begab sie sich selbst auf eine schiefe Ebene, von der sie schließlich nicht mehr herunter kam. Vielmehr verstrickten sich die Verwaltungsbehörden zunehmend in die gegen die Juden ergriffenen Maßnahmen, die bis zur Durchführung der Deportationen reichten.

Der preußische Finanzminister Johannes Popitz, der später im Widerstand hervortrat, hatte 1935 in einer interministeriellen Besprechung gefordert: »Einen Grenzpfahl setzen! Dann aber Schluß!«[16] Es erwies sich jedoch, daß die einmal entfesselte Dynamik mit der Erzwingung eines rechtsförmigen Vorgehens in keiner Weise abgefangen werden konnte. Dabei spielte eine wichtige Rolle, daß die Rückendeckung, die fanatische Antisemiten, trotz vieler Kritik, die auch innerhalb der NSDAP gegen sie geäußert wurde, bei Hitler und den führenden Satrapen des Regimes erhielten, jegliche Sanktionen gegen offene Rechtsbrüche unmöglich machte. Schon in den ersten Jahren des Regimes wurde Gewaltanwendung gegen Juden, ja selbst sadistisches Vorgehen, entweder toleriert oder mit äußerster Milde verfolgt. Nirgendwo konnte ein Täter so fest damit rechnen, straffrei auszugehen, wie bei antisemitischen Delikten. Dies bewirkte, daß es gerade im Bereich der »Judenpolitik« zu einer kumulativen Radikalisierung kam.

Die im Gefolge des Novemberpogroms durchgeführten Maßnahmen zur wirtschaftlichen Ausschaltung der Juden waren größerenteils schon 1936, im Zusammenhang mit dem Vierjahresplan, erwogen worden. Hitler selbst hatte den Gedanken eines »Judengarantieverbandes« aufgeworfen. Es gab Pläne für die Einführung einer Judensondersteuer, die Kennzeichnung jüdischer Gewerbebetriebe und andere ökonomische Verdrängungsmaßnahmen. Sie hatten ursprünglich in Zusammenhang mit der Wilhelm Gustloff-Affäre durchgeführt werden sollen, doch hatte sich Hjalmar Schacht mit dem Standpunkt behauptet, daß dies schwere außenwirtschaftliche Nachteile haben werde. Die relative Schonfrist für die deutschen Juden blieb trotz zahlreicher beruflicher Diskriminierungsmaßnahmen noch 1937 bestehen. Seit dem Frühjahr 1938 änderte sich das grundlegend. Verordnungen gegen die »Tarnung jüdischer Gewerbebetriebe« und zur »Anmeldung jüdischen Vermögens« legten zusammen mit zahlreichen flankierenden gesetzlichen Vorschriften die Voraussetzungen für die systematische Ausschaltung von Juden aus der deutschen Wirtschaft.[17]

Der im März 1938 vollzogene »Anschluß« Österreichs stellte ein zusätzlich beschleunigendes Moment dar. Vor allem in Wien war es zu einem riesigen Beutezug der »Alten Kämpfer« gekommen, die sich an jüdischem Vermögen schadlos hielten und insbesondere tausende jüdischer Einzelhandelsbetriebe übernahmen oder ausschlachteten.[18] Dies mußte die materielle Begehrlichkeit der Gauleiter des Altreichs, die hofften, durch den Zugriff auf jüdisches Eigentum die finanzielle Lage ihrer Partei-Gaue zu sanieren, verstärken.[19] Zugleich entfielen in den Augen vieler NSDAP-Führer nach der »Lösung« der Sudetenfrage und der Münchener Konferenz bis dahin zu beachtende außenpolitische Rücksichtnahmen. Von entscheidender Bedeutung war die nach München vollzogene Umstellung der Propaganda auf die unmittelbare Kriegsvorbereitung.[20] Es war wohl ein bereits internalisierter psychologischer Mechanismus, daß die Parteielite diese eindeutig unpopulären Schritte durch eine neuerliche Aktivierung antisemitischer Stimmungen zu überdecken und einen drohenden Stimmungseinbruch dadurch zu unterbinden suchte.

Dazu traten konkurrierende wirtschaftliche Interessen, wobei neben dem Vierjahresplan, der durch den Einsatz des jüdischen Vermögens die katastrophale Haushalts- und Devisenlage zu verbessern hoffte, die SS als Interessent fungierte, da sie nach dem Vorbild der von Adolf Eichmann geschaffenen Auswanderungszentrale in Wien jüdische Vermögenswerte zur Finanzierung der Auswanderung benötigte. Der Entschluß, sich des jüdischen Eigentums zu bemächtigen, stand daher längst fest, bevor Goebbels den Pariser Vorfall zur Inszenierung des Pogroms benützte.[21] In den Augen Himmlers und Heydrichs stellte Goebbels' Initiative ein völlig überflüssiges und der Sache abträgliches Vorgehen dar, das zwar den politischen Entscheidungsprozeß, der im Dickicht konkurrierender Ressortinteressen hängengeblieben war, abrupt beschleunigte, die Auswanderung keineswegs erleichterte. Desgleichen äußerte sich Göring äußerst abschätzig über Goebbels' Vorstoß, der zu großen materiellen Einbußen und einem unnötigen Prestigeverlust im Ausland geführt hatte. Das änderte jedoch nichts daran, daß beide die durch den Pogrom geschaffenen vollendeten Tatsachen zur Wahrnehmung ihrer spezifischen Interessen ausnutzten. Die Verhaftungsaktion, die Heydrich noch in der Nacht zum 10. November anordnete und in deren Verlauf 26 000 Juden in Konzentrationslager verbracht wurden, gehörte ebenso dazu wie die der jüdischen Bevölkerungsgruppe auferlegte »Sühneleistung« in Höhe von 1 Milliarde Reichsmark.

III

Der Novemberpogrom zielte auf die öffentliche Degradierung der jüdischen Mitbürger.[22] Mißhandlungen und Demütigungen jüdischer Bürger, desgleichen der Transport jüdischer Inhaftierter, vollzogen sich in aller Öffentlichkeit. Nur in Ausnahmefällen solidarisierte sich die Bevölkerung mit den Gewaltaktionen, aber es gab auch nur vereinzelt Bekundungen öffentlichen Widerstands. Das Ausmaß der Intimidisierung der Öffentlichkeit zeigte sich darin, daß fast nirgendwo die kommunalen Amtsträger, Landräte oder Regierungspräsidenten den Mut hatten, sich gegen die Aktion zu wenden. Bezeichnend war die klägliche Rolle, die Reichsjustizminister Franz Gürtner und die Rechtsprechung während des Pogroms spielte.[23] Gürtner erfuhr von der Anweisung Himmlers an die Gestapo, gegen Brandstiftung und Sachbeschädigung nicht vorzugehen, sondern nur Plünderung, Vergewaltigung und ähnliche Verbrechen zu verfolgen, nicht vor dem Vormittag des 10. November. Er sah sich notgedrungen veranlaßt, die Staatsanwaltschaften im gleichen Sinne zu instruieren und insbesondere die Verfolgung den Gestapoleitstellen zu überlassen. Damit lag es ausschließlich in der Zuständigkeit der Gestapo, ob gegen einschlägige Delikte Anklage erhoben wurde oder nicht. Gürtner mußte hinnehmen, daß von den 91 Fällen, in denen jüdische Mitbürger in unmittelbarem Zusammenhang mit dem Pogrom zu Tode kamen, nur ein kleiner Teil vor dem Obersten Parteigericht zur Verhandlung kam und die Zuständigkeit der ordentlichen Justiz umgangen wurde. Gürtners Rolle wurde schließlich darauf beschränkt, beim Reichskanzler um die Niederschlagung der Verfahren zu ersuchen. Der Novemberpogrom stellte eine schwere Niederlage des Justizapparats dar, der bis dahin seine Zuständigkeit zu behaupten versucht hatte. Indirekt stellte die Ausschaltung der Gerichtsbarkeit und die weitgehende Niederschlagung der in den Pogromtagen begangenen Verbrechen eine Ermunterung für die Befürworter der Gewaltanwendung gegen Juden dar, sich keinerlei Hemmungen aufzuerlegen, wenngleich das Regime von nun an vermied, derartige Aktionen zu begünstigen. Im Spätherbst 1939 wurde ausdrücklich darauf hingewiesen, daß Übergriffe gegen Juden unterbleiben sollten.

Der Reichsjustizminister wußte ebensogut wie das Oberste Parteigericht, daß die Ausschreitungen auf höchste Anordnung hin erfolgt waren. Er erblickte daher keine Möglichkeit, gegen Straftäter vorzugehen, wenn er nicht die Autorität des Staates selbst in Frage stellen wollte. Aus diesem Grunde veranlaßte er, daß Heimtücke-Verfahren, die im Zusammenhang mit dem Novemberpogrom standen, ausnahmslos niedergeschlagen werden sollten, um zu verhindern, daß die Hintergründe des Pogroms vor Gericht verhandelt wurden. Diesem Vorgehen entsprach die nationalsozialistische Presselenkung, die ausdrücklich anordnete, nur zurückhaltend von den Vorgängen zu berichten, im wesentlichen die lokalen Vorgänge wiederzugeben und sich jeder systematisch vergleichenden Schilderung zu enthalten. Ebenso war es symptomatisch, daß Hitler auf seinem Abendempfang für die deutsche Presse am 10. November in München, in der er sich für eine umfassende psychologische Kriegsvorbereitung einsetzte, die Pogromereignisse bewußt nicht erwähnte.[24] Auch Goebbels mußte sich eingestehen, daß seine Propagandakampagne nicht erfolgreich war und daß sie gerade gegenüber dem Ausland in die Defensive gedrängt war.[25] Alles in allem handelte es sich keineswegs um ein Datum, auf das die NS-Elite selbstzufrieden zurückblickte, und es ging daher nur unter dem illegalen Namen der »Reichskristallnacht« in die Geschichte ein.

Die an dem Pogrom beteiligten SA- und SS-Leute handelten aus einer merkwürdigen Kameraderie heraus, die an die frühen dreißiger

Jahre erinnerte, in denen die Vorstellung weit verbreitet war, die Organisationen von KPD und SPD in einer gewaltsamen Bartholomäusnacht zu zerschlagen.[26] Von den einzelnen SA-Standarten wurde das gewaltsame Vorgehen gegen Juden zu einer Art Bewährung stilisiert, an der jeder teilnehmen mußte, wenn er sich nicht völlig in Mißkredit bringen wollte.[27] Die Unterführer sorgten in aller Regel dafür, daß sich niemand der Aktion entzog oder im Hintergrund blieb. Desgleichen wurden die Parteiorganisationen in den Orten, in denen bis zum Nachmittag des 10. November noch nichts geschehen war, förmlich dazu gezwungen, die Zerstörungsaktionen nachzuholen, obwohl zu diesem Zeitpunkt entsprechende Gegenbefehle bereits vorlagen. Das wies auf ein verbreitetes Unrechtsbewußtsein hin, das auf eine möglichst umfassende Komplizenschaft hinarbeitete. Charakteristisch war zugleich, daß die randalierenden SA-Trupps in aller Regel Nachbarn und Zuschauer dazu zwangen, ihre Fensterläden zu schließen oder zu verschwinden, um nicht durch Dritte beobachtet zu werden. Antisemitische Motive waren keineswegs für alle beteiligten SA-Männer dominant; Männlichkeitsrituale und Männerbundphantasien spielten eine wesentliche Rolle.

IV

Schon während der Pogrom-Tage konnte jeder kritische Beobachter die Erfahrung machen, daß Juden unter den Bedingungen des NS-Regimes »vogelfrei« waren, daß sie nicht erwarten konnten, Rechtsschutz zu finden.[28] Die überwiegende Mehrheit der Bevölkerung lehnte den Pogrom ab. Das geschah jedoch nicht aus Sympathie mit der jüdischen Bevölkerung, nicht einmal aus der Überlegung heraus, daß die angewandten Gewaltmethoden auch andere soziale Gruppen treffen könnten. Es überwog die Kritik an der Zerstörung von Sachwerten und Übergriffen auf das Eigentum. Die Ankündigungen des Regimes, künftig nur auf gesetzlicher Grundlage vorzugehen, wurden mit Befriedigung aufgenommen. Sie verhinderten, daß es zu öffentlichen Protesten kam. Dazu wären am ehesten die beiden christlichen Kirchen in der Lage gewesen. Aber mit Ausnahme weniger einzelner Pfarrer und Priester, die das Risiko von Repressalien der Gestapo bewußt eingingen, schwiegen Vertreter der Kirche. Es führt kein direkter Weg vom Novemberpogrom 1938 zum

Holocaust. Aber grundlegende Weichenstellungen vollzogen sich im Zusammenhang mit der »Kristallnacht«. Die endgültige Expropriierung der Juden vollendete nicht nur die soziale Segregierung, die die Gleichgültigkeit der Mehrheitsbevölkerung unterstützte; sie machte die jüdischen Mitbürger im Grunde bereits jetzt zu einer Außenseitergruppe, deren Probleme zunehmend in die Zuständigkeit der Gestapo fielen. Zwar wurden radikale Vorschläge der Kennzeichnung von Juden und ihrer Unterbringung in Ghettos in der skandalösen Konferenz, die Göring am 12. November 1938 im Reichsluftfahrtministerium abhielt, nicht angenommen.[29] Der extreme Zynismus, mit dem die NS-Führer zur »Judenfrage« Stellung nahmen, verhieß schon jetzt das Schlimmste. Er fand in zahllosen konkurrierenden Rechtsverordnungen gegen Juden einen Niederschlag.[30] In diesem Sog antisemitischer »Maßnahmen« verstummten selbst die Äußerungen eines »gemäßigten« Antisemitismus.

Es ist angemessen, den Novemberpogrom und den Holocaust in einem unteilbaren Zusammenhang zu sehen. Während viele Deutsche die systematische Liquidierung des europäischen Judentums nicht wahrnahmen und alle Indikatoren dafür bewußt verdrängten, gab es niemanden im »Dritten Reich«, der über die Vorgänge des Novemberpogroms und die anschließende Ausschaltungspolitik nicht informiert war oder sich doch informieren konnte. Die Frage der moralischen Mitverantwortung der einzelnen stellt sich bereits für den November 1938. Gewiß wäre es verfehlt, vom Durchschnittsbürger offene Proteste in einer Situation zu fordern, in der die Drohung mit dem Konzentrationslager alles andere als fiktiv war. Hingegen können die Mitglieder der Funktionseliten nicht von dem Vorwurf ausgenommen werden, gegenüber offenkundigen Verbrechen aus einer zunehmenden moralischen Indifferenz heraus geschwiegen zu haben. Gewiß hätten öffentliche Proteste von dieser Seite den Lauf der Dinge nicht abrupt verändert. Aber das widerstandslose Hineingleiten in eine Herrschaft des Verbrechens ohne Grenzen wäre der Nation dadurch vermutlich erspart geblieben.

Anmerkungen

1 P. Loewenberg, The Kristallnacht as an Public Degradation Ritual, in: Leo Baeck Year Book XXXII (1987), S. 323.

2 Das Oberste Parteigericht stellte im Februar 1939 fest, daß die Öffentlichkeit »bis auf den letzten Mann« wisse, daß der Pogrom von der Partei organisiert gewesen sei, vgl. Bericht des Sondersenats des Obersten Parteigerichts an Göring vom 13. Februar 1939, IMT XXXII, S. 20 ff.

3 Vgl. das Affidavit von L. Schallermeier, IMT XLXX, S. 510 ff, bei: W. Scheffler, Ausgewählte Dokumente zur Geschichte des Novemberpogroms 1938, in: Aus Politik und Zeitgeschichte, B 44/78 vom 4. 11. 1978, S. 8 f.

4 Vgl. W. Benz, Der Rückfall in die Barbarei, in: W. Pehle (Hg.), Der Judenpogrom 1938. Von der »Reichskristallnacht« zum Völkermord, Frankfurt 1988, S. 17 f sowie H. J. Döscher: »Reichskristallnacht«. Die Novemberpogrome 1938, Frankfurt 1988, S. 77 f.

5 Vgl. W. S. Allen, Die deutsche Öffentlichkeit und die »Reichskristallnacht«. Konflikte zwischen Werthierarchie und Propaganda im Dritten Reich, in: D. Peukert/J. Reulecke (Hg.), Die Reihen fast geschlossen. Beiträge zur Geschichte des Alltags unterm Nationalsozialismus, Wuppertal 1981, S. 397–412.

6 Vgl. Döscher, a. a. O., S. 108 ff.

7 Zit. nach H. Lauber, Judenpogrom – »Reichskristallnacht«, November 1938 in Großdeutschland, Gerlingen 1981, S. 141.

8 Vgl. U. Lohalm, Völkischer Radikalismus. Die Geschichte des deutschvölkischen Schutz- und Trutzbundes 1919–1923, Hamburg 1970, S. 90.

9 Ebd.

10 Vgl. D. Griesewelle, Propaganda der Friedlosigkeit. Eine Studie zu Hitlers Rhetorik 1920–1930, Stuttgart 1972.

11 W. Mommsen, Deutsche Parteiprogramme, München ³1960, S. 78 ff.

12 Vgl. I. Kershaw, The Persecution of Jews and German Public opinion in the Third Reich, in: Leo Baeck Year Book XVII (1981), S. 86 ff.

13 Vgl. P. Merkl, The Making of a Stormtropper, Princeton 1980, S. 222 f.

14 M. Müller-Claudius, Der Antisemitismus und das deutsche Verhängnis, Frankfurt 1948, S. 169 ff.

15 Vgl. M. Kater, The Nazi Party. A Social Profile of Members and Leaders 1919–1945, Cambridge 1983, S. 230 f.

16 Vgl. das Protokoll der Chefbesprechung im Reichswirtschaftsministerium vom 20. 8. 1935, in: H. Mommsen/S. Willems (Hg.), Herrschaftsalltag im Dritten Reich. Studien und Texte, Düsseldorf 1988, S. 444, (die Wendung von Popitz im handschriftlichen Entwurf Löseners).

17 Vgl. H. Genschel, Die Verdrängung der Juden aus der Wirtschaft im Dritten Reich, Göttingen 1966, S. 144 ff.

18 G. Botz, Wien vom »Anschluß« zum Krieg. Nationalsozialistische Machtübernahme und politisch-soziale Umgestaltung am Beispiel der Stadt Wien 1938/39, Wien 1978, S. 93 ff.

19 Vgl. Adam, a. a. O., S. 205.

20 W. Wette, Ideologien, Propaganda und Innenpolitik als Voraussetzungen der deutschen Kriegspolitik des Dritten Reiches, in: W. Deist u. a. (Hg.), Ursachen und Voraussetzungen der deutschen Kriegspolitik (= Das Deutsche Reich und der Zweite Weltkrieg, Bd. 1), Stuttgart 1979, S. 133 f sowie J. Sywottek, Mobilmachung für den totalen Krieg. Die propagandistische Vorbereitung der deutschen Bevölkerung auf den zweiten Weltkrieg, Opladen 1976, S. 166 f.

21 Zu den Hintergründen des Attentats vgl. Döscher, a. a. O., S. 62 ff.

22 Loewenberg, a. a. O., S. 309 ff.

23 Vgl. dazu und zum folgenden die grundlegende Darstellung des Sachverhaltes bei L. Gruchmann, Justiz im Dritten Reich 1933–1940. Anpassung und Unterwerfung in der Ära Gürtner (= Quellen und Darstellungen zur Zeitgeschichte, Bd. 28), München 1988, S. 487 ff.

24 Vgl. W. Treue, Rede Hitlers vor der deutschen Presse (10. November 1938), in: VfZ 6 (1958), S. 175–191.

25 Vgl. E. Fröhlich (Hg.), Die Tagebücher von Joseph Goebbels. Sämtliche Fragmente, T. 1, Bd. 3, München 1987, S. 533.

26 Vgl. die Aufzeichnung durch von Bredow über die Unterredung mit Göring und Röhm am 26. 7. 1932, in: T. Vogelsang, Reichswehr, Staat und NSDAP. Beiträge zur deutschen Geschichte 1930–1932, Stuttgart 1962, S. 475 f; vgl. R. Bessel, Political Violence and the Rise of Nazism. The Storm Troopers in Eastern Germany 1925–1934, New Haven 1984, S. 99 ff.

27 Dazu und zum folgenden vgl. die Dissertation von D. Obst, »Reichskristallnacht«. Reaktionen der Bevölkerung auf den Novemberpogrom, Phil. Diss., Universität Bochum 1989.

28 Vgl. H. Mommsen, Hannah Arendt und der Prozeß gegen Adolf Eichmann, in: H. Arendt, Eichmann in Jerusalem. Ein Bericht von der Banalität des Bösen, Neuausgabe München 1986, S. XIII f.

29 Vgl. Döscher, Reichskristallnacht, a. a. O., S. 122 ff, ferner S. 113 f.

30 Vgl. K. Kwiet, Nach dem Pogrom. Stufen der Ausgrenzung, in: W. Benz (Hg.), Die Juden in Deutschland 1933–1945. Leben unter nationalsozialistischer Herrschaft, München 1988, S. 545 ff.

Rita Thalmann

Der 9. November 1938

I

Im Rahmen dieser Vortragsreihe der Evangelischen Stadtakademie, des Stadtarchivs und des Vereins zur Erforschung der Kirchen- und Religionsgeschichte des Ruhrgebiets zum Thema Wurzeln, Formen, Funktionen des Antisemitismus möchte ich zuerst der ehemaligen demokratischen Stadtabgeordneten (DDP) von Bochum, Ottilie Schoenewald gedenken, die ab 1933 als Präsidentin des Bundes Jüdischer Frauenvereine in Deutschland und Gattin des Vorsitzenden der jüdischen Gemeinde Bochum ihren verfolgten Glaubensgenossen tatkräftig beistand. Insbesondere anläßlich der Ausweisung der polnischen Juden, die in der Nacht vom 28. zum 29. Oktober 1938, d. h. elf Tage vor dem Pogrom der sogenannten »Kristallnacht«, stattfand. Was diese Frau noch lange nach diesem Ereignis bei der Niederschrift des Erlebten empfand, sei hier kurz durch ihre einleitenden Sätze veranschaulicht:

»Warum nur habe ich Angst auch nur zu schreiben, warum klopft mir das Herz so atembedrückend noch heute, wenn ich nur daran denke? Ereignisse, die mein eigenes Schicksal und Leben unmittelbar bedrohten, sind vorausgegangen und gefolgt, aber dieser Tag lebt in meiner Erinnerung wie ein Abgrund, ein Riß, der sich nie schließen, eine Wunde, die nie heilen wird. Und es ging doch alles so ruhig, so ›geregelt‹ vor sich, kein Mord, kein Totschlag, keine Folter, hätte ich beinahe geschrieben. Aber das war es gerade, eine langausgedehnte, kalte, grausame Folter. Man braucht keine Dichterfantasie zu haben, kein Dante zu sein, um dabei an einen Höllenabgrund zu denken!«[1]

Am Tag, an dem noch alles so ruhig und ›geregelt‹ vor sich ging, erfolgte die erste massive Ausweisung polnischer Juden, die man zumeist im ersten Weltkrieg als Ersatz der eingezogenen deutschen Arbeitskräfte hatte nach Deutschland kommen lassen und die man nun mit Frau und Kindern unvorbereitet aus ihrem Heim holte, mit je einem Koffer und zehn Mark in der kalten Oktobernacht – obendrein an einem Schabbat – zur polnischen Grenze brachte und dort meistens mit Kolbenschlägen hinübertrieb. In Anbetracht dieser ersten massiven Judenvertreibung aus Deutschland, die bereits in ihrer Ausführung einer Art Vorprobe den künftigen Deportationen sowie des elf Tage später einsetzenden Pogroms glich, bildet das »Schicksalsjahr 1938«, wie es im bombastischen Stil des NS-Regimes bezeichnet wurde, eine entscheidende Zäsur in der Judenpolitik des Dritten Reichs. »Es ist wohl kein Zufall«, heißt es in einem Rundschreiben des Auswärtigen Amtes vom 25. Januar 1939, »daß das Schicksalsjahr 1938 zugleich mit der Verwirklichung des Großdeutschen Gedankens die Judenfrage ihrer Lösung nähergebracht hat«.[2] Diese Feststellung einer offiziellen Instanz des Dritten Reichs weist auf zwei wesentliche Punkte hin: 1.) den engen Zusammenhang zwischen Außenpolitik und Judenpolitik des Dritten Reichs, 2.) die Rolle des Novemberpogroms und die dadurch für das NS-Regime geschaffenen neuen Möglickeiten zur Lösung der Judenfrage. Um jeglichem Mißverständnis vorzubeugen, sei hier betont, daß die Lösung zu diesem Zeitpunkt noch darin bestand, durch Zwang zur Auswanderung ein »Judenreines Reich« zu schaffen. Da aber zwischen 1933 und Anfang 1938 trotz zahlreicher antijüdischer Maßnahmen – wie Ausschluß aus vielen Berufen, Diskriminierung im Alltag, Nürnberger »Rassengesetze« – ca. 75% der 525.000 Juden, die 1933 in Deutschland lebten – ungeachtet der Getauften und »Mischlinge«, die laut Rassengesetzgebung den Juden ganz oder teilweise gleichgestellt waren – sich nicht entschlossen hatten, ein Land, das sie als ihre Heimat betrachteten, samt Haus und Habe aufzugeben, lag die Radikalisierung auf der Hand. Zumal infolge des Anschlusses die 192.000 Juden Österreichs hinzugekommen waren. Kennzeichnend für die bis Anfang 1938 währenden Illusionen – auch derjenigen, die seit 1933 ausgewandert waren – ist die Tatsache, daß die meisten höchstens in benachbarten Ländern wie der Tschechoslowakei, Holland, Belgien, Frankreich eine Zuflucht suchten, in der stillen Hoffnung, daß das NS Regime sich nicht an der Macht halten würde und sie dann wieder normal in Deutschland leben könnten.

Der Gedanke, durch Terror bei den Juden eine Panikstimmung auszulösen, die sie veranlassen würde, fluchtartig um jeden Preis auszuwandern, entstand wahrscheinlich infolge der spektakulären Ergebnisse des wilden Pogroms, der nach dem Anschluß in Österreich entfacht wurde. Während sich die österreichischen Nationalsozialisten brüsteten, in fünf Wochen vollbracht zu haben, was ihre deutschen Genossen innerhalb fünf Jahren nicht erreicht hatten, sahen die NS-Machthaber darin den Anstoß, die totale Ausschaltung der Juden und deren Enteignung vorzunehmen. Denn für sie hieß es nicht nur, sich der Juden zu entledigen, sondern auch gegen die Raubgier der Parteigenossen einzugreifen, die sich willkürlich jüdischen Besitz aneigneten, den die wirtschaftliche Kriegsvorbereitung nicht entbehren konnte. So ist es kein Zufall, daß Göring in seiner Eigenschaft als Beauftragter für den Vierjahresplan anläßlich einer Kundgebung in Wien die am 26. April 1938 veröffentlichte »Verordnung über die Anmeldung des Vermögens von Juden« ankündigte.[3] Laut §7 dieser Verordnung konnte der Beauftragte für den Vierjahresplan Maßnahmen treffen, um den Einsatz des anmeldepflichtigen Vermögens »im Interesse der deutschen Wirtschaft sicherzustellen«, was Göring u.a. im November 1938 erlaubte, eine der sieben von den Juden angemeldeten Milliarden RM als »Sühne« für den Mord des Botschaftssekretärs vom Rath einzukassieren. In der Tat war diese Verordnung nur ein Punkt des Planes zur völligen Enteignung der Juden, der seit Ende 1936 von den zuständigen Instanzen des Innen- und des Finanzministeriums ausgearbeitet worden war.[4] Zwischen März und Oktober 1938 erschienen mehrere diesbezügliche Verordnungen. Bereits im März 1938 war den jüdischen Gemeinden die Anerkennung als »Körperschaft des öffentlichen Rechts« entzogen worden, die sie wie die Kirchen nicht nur rechtlich schützte, sondern auch von der Besteuerung ihrer Einkünfte befreite. Anläßlich einer Besprechung am 14. Oktober 1938 erörterte Göring, daß zur intensiven Vorbereitung eines bevorstehenden Krieges die Wirtschaft schnellstens der unsicheren Elemente, d.h. der Juden, entledigt werden müsse. Doch solle ihre totale Ausschaltung zugunsten des Staates erfolgen und nicht in anarchischer Weise wie dies in Österreich der Fall war. Da diese »Anarchie«, d. h. Korruption und Raub auf eigene Faust, aber auch im Altreich grassierte, setzte Göring eine »Prüfungskommission« ein, die einen geheimen Bericht über die verheerende Praxis der »Arisierung« jüdischen Besitzes in Franken, dem Bereich des sinistren Gauleiters Streicher, erstattete.[5]

Neben den erwähnten innenpolitischen Faktoren spielten beim Entschluß zur Radikalisierung der Judenpolitik drei Momente der Außenpolitik eine gewichtige Rolle:

1. Stellte Hitler fest, daß die Vertreter und Beobachter von 35 Staaten, die sich auf Anregung von Präsident Roosevelt im Juli 1938 zur Lösung des Problems der Aufnahme von Emigranten des »Dritten Reichs« in Evian trafen, zu keinem konkreten Ergebnis gekommen waren.[6]

2. Veranlaßte ihn die Kapitulation Großbritanniens und Frankreichs anläßlich des Münchener Abkommens im September 1938, für die Judenpolitik dieselbe Gewaltmethode anzuwenden, die sich mit den westlichen Demokratien auf anderen Gebieten so bewährt hatte;

3. Wurde diese Absicht schließlich bekräftigt durch eine Denkschrift vom 24. Oktober 1938 an das Auswärtige Amt, worin die Regierung Daladier versicherte, daß keiner der an der Konferenz von Evian beteiligten Staaten »der deutschen Regierung das uneingeschränkte Recht abstreite, gegen bestimmte Staatsbürger Maßnahmen zu ergreifen, die allein von ihrer Souveränität anhängen«.[7]

II

Während 1936 der Anschlag des jüdischen Medizinstudenten David Frankfurter auf den NS Führer Wilhelm Gustloff in der Schweiz ohne merkliche Folgen für die Juden im Reich geblieben war, weil es zu dieser Zeit galt, die Chancen der Olympiade in Berlin als Aushängeschild des Regimes und eine für das Reich notwendige Devisenquelle zu wahren, bot das Attentat des siebzehnjährigen Herschel Grynszpan vom 7. November 1938 auf den Botschaftssekretär vom Rath in Paris, mit dem dieser die Welt auf das unmenschliche Schicksal der vetriebenen polnischen Juden – darunter seine eigene Familie – aufmerksam machen wollte, einen willkommenen Vorwand. Daß der Pogrom[8] nicht der »berechtigten und verständlichen Empörung des deutschen Volkes über den feigen Meuchelmord an einem deutschen Diplomaten« entsprach, wie es Goebbels darstellte, kann durch mindestens vier Tatsachen belegt werden:

1. Schon am 8. November 1938 kündigte die von der NS-Propaganda gelenkte deutsche Presse die schwersten Folgen auf das Attentat an. Der Völkische Beobachter erwähnte bereits in seinem Leitartikel die totale Ausschaltung der Juden des Reichs aus der Wirtschaft, aus den öffentlichen Stätten, ja sogar aus ihren Häusern. Ferner fanden schon am Abend desselben Tages in manchen Ortschaften durch die Partei

inszenierte antijüdische Kundgebungen statt, die alle nach demselben Muster verliefen.

2. Die Anweisungen, die sowohl von den Gauleitern, den SA-Führern, im Fernschreiben des Chefs des Sicherheitsdienstes Heydrich durchgegeben wurden, nachdem am Abend des 9. November erst gegen 21 Uhr das Ableben des tödlich verwundeten Diplomaten bekanntgegeben wurde, d. h. ca. 6 Stunden nach seinem Ableben in Paris.

3. Der Bericht vom 13. Februar 1939 des obersten Parteirichters Walter Buch an Göring, wonach »die Partei nach außen nicht als Urheber der Demonstration in Erscheinung treten, sie in Wirklichkeit aber organisieren und durchführen sollte«.[9]

4. Die Aussagen im Nürnberger Prozeß 1946[10] von Baldur von Schirach, des Gauleiters Niepolt, des SA Führers Obernitz sowie die Memoiren von Otto Dietrich ›Zwölf Jahre mit Hitler‹.[11] Mit Ausnahme des letzteren waren alle anderen am Abend des 9. November zur alljährlichen Feier des Münchener Putsches von 1923 anwesend und bestätigten, daß Goebbels die Regieführung der von Hitler angeordneten Aktion übernahm.

Gegen 1 Uhr morgens begann der Pogrom in allen Städten, selbst in den kleinsten Ortschaften des Reichs, wo noch Juden lebten. Überall verlief er nach demselben Muster, das je nach örtlichen Bedingungen und den besonderen Einzelfällen der Teilnehmenden ausgeführt wurde. SA- und SS-Männer, meistens in Zivil, Hitlerjugend und Parteimitglieder brachen mit Hämmern, Äxten, Eisenstangen, manchmal auch Sprengbomben das Portal der Gotteshäuser auf, schlugen die Einrichtungen zusammen. Da, wo es eine Orgel gab, wurde sie über die Brüstung geworfen. Thorarollen, Gebetbücher, Talare wurden zerrissen oder zerschnitten bevor alles in Brand gesteckt wurde. Anschließend erfolgte der Ansturm auf jüdische Spitäler, Waisenhäuser, Altersheime. Im jüdischen Waisenhaus Dinslaken kamen um 5 Uhr 45 morgens erst Gestapo- und Polizeibeamte und erklärten, sie müßten eine Durchsuchung nach Waffen vornehmen. Im Büro wurde die Telefonleitung durchschnitten und nach Bargeld gesucht. Der Leiter Dr. Herz[12] konnte anschließend wenigstens noch die 46 Anwesenden – darunter 32 Kinder von 6 bis 16 Jahren – im Speisesaal versammeln und ihnen Mut zusprechen: »Vertrauet zu Gott! Wir werden auch diese schwere Zeit überstehen«. Etwas später stürmten ca. 50 Mann in das Haus und begannen mit »wissenschaftlicher« Gründlichkeit ihr Zerstörungswerk. Angstschreie der Kinder hallten durch das Haus. Gegen den Befehl der Gestapo rief sie Dr. Herz auf die Straße und führte sie zum Rathausplatz, um sie unter den Schutz der Polizei zu stellen: »Die Juden bekommen von uns keinen Schutz«, schreit der Hauptwachtmeister. Schließlich wird die Gruppe, die sich in Reih und Glied aufstellen mußte, durch ein Spalier neugieriger Zuschauer bis zum Schulhof neben der abgebrannten Synagoge geführt, wo noch andere Dinslakener Juden von SA-Männern hingetrieben werden. Die jüdischen Männer werden bald danach aufgerufen und ins Gefängnis gebracht, vor dem Abtransport nach Dachau. Dr. Herz darf als Sprecher der älteren Männer, Frauen und Kinder für die Zurückgebliebenen sorgen. Es gelingt ihm, in einem Kuvert etwas Wasser aus der Leitung für einen alten, am Kopf verwundeten Mann buchstäblich zu stehlen. Am 10. November gegen 18 Uhr 30 wird der »Judenzug« wieder durch ein Spalier Neugieriger zur Übernachtung in einen Gasthaussaal getrieben. Die alten Männer und Jungen über 15 Jahre kommen in den Pferdestall. Um 22 Uhr heißt es, die Waisenkinder in Anwesenheit von 40 uniformierten und bewaffneten SA- und SS-Leuten zum Schlafen zu bringen. Dr. Herz ist der Ansicht, daß gerade an diesem Abend die religiös erzogenen Kinder nicht auf das Nachtgebet verzichten sollen. Daher betet er es ihnen mit laut vernehmbarer Stimme vor, und die Kinder sprechen jedes Wort im Chor nach. Sichtbar erstaunt ziehen sich die Uniformierten aus dem Saal zurück mit Ausnahme von drei zur Wache befohlenen. Am 11. November muß Dr. Herz die Schlüssel des Waisenhauses dem Kreisleiter übergeben. Am 15. November muß der Saal des Gasthauses geräumt werden, weil abends ein Boxkampf dort stattfinden soll. Da niemand den Juden helfen darf, müssen sie selbst ihre Habseligkeiten auf einem Leiterwagen in eine abgelegene Villa fahren, wo ihnen zwei Zimmer für 50 Personen angewiesen werden. Am 16. November nimmt die von Dr. Herz verständigte jüdische Gemeinde Köln die Waisenkinder vorübergehend auf, bis sie Ende Januar 1939 noch nach Belgien und Holland transportiert werden konnten. Ob sie ihre Verfolger dort wieder eingeholt haben, nach der Besetzung beider Länder, ist nicht bekannt.

In vielen Ortschaften werden auch die Wohnungen erstürmt, verwüstet und beraubt. Die Insassen, auch Kranke, Frauen mit Kindern – in Fürth sogar mit Säuglingen – werden aus dem Bett gerissen, auf die Straße gejagt, angepöbelt und mißhandelt. Einige Stunden später werden ca. 30 000 Männer von 16 bis 60 Jahren – oft auch siebzig- und achtzigjährige – laut Heydrichs Anweisungen festgenommen und in die Konzentrationslager Buchenwald, Sachsenhausen, Dachau abtransportiert. Laut Bericht des amerikanischen Konsuls in Leipzig, David H. Buffum,[13] wurde in einem jüdischen Viertel der Stadt ein achtzehnjähriger Junge aus einem Fenster im zweiten Stock geschleudert und landete mit gebrochenen Beinen auf der Straße, die mit brennenden Betten und Effekten bedeckt war. Zehn Leichen der infolge des Pogroms dort umgekommenen Menschen blieben eine Woche unbeerdigt auf dem entweihten jüdischen Friedhof liegen, weil die jüdischen Angestellten mit ihren Glaubensgenossen verhaftet worden waren. In Lesum bei Bremen wurden die drei noch dort lebenden alten Juden, u. a. das Ehepaar Goldberg, von SA-Männern mit der Pistole erschossen. Der amerikanische Generalkonsul in Stuttgart, Samuel W. Honacker, berichtete am 12. November 1938[14] nicht minder empört als seine Kollegen in Mittel- und Norddeutschland an den US-Botschafter in Berlin: »Ich gestatte mir Ihnen mitzuteilen, daß die Juden Süddeutschlands während der drei letzten Tage Verfolgungen ausgesetzt waren, die einer in einem zivilisierten Land lebenden Person unglaubhaft erscheinen würden, wäre sie nicht selbst Zeuge der schrecklichen Ereignisse gewesen oder hätte sie nicht von mehreren Personen absoluter Verläßlichkeit Bestätigung davon erhalten«. Unter den 91 offiziell vermerkten Opfern des Pogroms – ungeachtet der ca. 2 000 sogenannten »Aktionsjuden«, die während oder infolge der Inhaftierung im Konzentrationslager umkamen – befanden sich neben den bereits erwähnten: Paul Marcus, Inhaber eines Café-Restaurants in Düsseldorf, fünf Einwohner der benachbarten Kleinstadt Hilden, u. a. Frau Willner und ihr Sohn Carl, sowie der 68-jährige Dr. Sommer, der mit seiner Frau und dem alten Dienstmädchen – beide nicht jüdisch – in ihren Garten flüchteten, wo sie sich das Leben nahmen. In diese makabre Aufzählung gehört auch Emil Kramer, Mitinhaber der Bank Aufhäuser in München, die seit Generationen das Vermögen der königlichen Familie Bayerns verwaltete. Als die Polizei an der Tür klopfte, um ihn zu verhaften, stürzte er sich mit seiner Frau aus einem Fenster des dritten Stocks. In Nürnberg, einer seit Jahrhunderten bekannten Hochburg des Antisemitismus, verzeichnete man neun Morde unter oft unbeschreiblichen Umständen und zehn Selbstmorde – davon waren die Hälfte Frauen. In Stuttgart, wo der *Nationalsozialistische Kurier* vom 12. und 13.

November die »Gefühlsduselei« eines Teils der Bevölkerung anprangerte, verzeichnet die Stadtchronik des Tages den Selbstmord des 29-jährigen Lehrers Felix David, seiner Frau Ruth und ihrer beiden Söhne Benjamin, 2 Jahre alt und Gideon, 1938 geboren.

Nachdem die Berliner Presse als erste am 10. November um 17 Uhr, danach alle Sender des Reichs um 20 Uhr, das Ende der »spontanen Phase« des Pogroms verkündet hatten, lagen 267 Synagogen und Gemeindehäuser in Trümmern und Asche. Die 7 500 Geschäfte, die sich nach der ersten Arisierungswelle noch in jüdischen Händen befanden, waren zerstört und ausgeplündert. Allein für das berühmte Juweliergeschäft Markgraf – Unter den Linden in Berlin – wurde ein Schaden von 1,7 Millionen Reichsmark von der Versicherungsgesellschaft angemeldet. Göring, der am 12. November die Vertreter der diversen Ministerien sowie Reichsbankdirektor Karl Blessing, den Chef des SD, Heydrich, Polizeigeneral Daluege, Ministerialrat Fischboeck für Österreich, und Gauleiter Bürckel für das Sudetenland zur Bilanz des Pogroms und Besprechung weiterer Maßnahmen eingeladen hatte, äußerte wütend: »Mir wäre lieber gewesen, ihr hättet zweihundert Juden erschlagen und hättet nicht solche Werte vernichtet.«[15]

III

Es würde den Rahmen dieser Ausführung überschreiten, ausführlich die Einzelheiten des Novemberpogroms und der darauffolgenden Maßnahmen zu erörtern. Festgestellt sei hier nur, daß die NS-Machthaber zum Teil ihr Ziel erreichten. Die dadurch entstandene Panik veranlaßte ca. 120 000 Juden, d. h. fast soviel wie in den fünf ersten Jahren des Regimes, Deutschland unter oft dramatischen Umständen zu verlassen. Ferner führten die auf den Pogrom folgenden Verordnungen zur totalen Isolierung und Verarmung der zurückbleibenden Juden. Was den alten Leuten, den alleinstehenden Frauen, den Kranken, all denjenigen, die nicht auswandern konnten, auch den Verantwortlichen der jüdischen Gemeinden, die sie nicht ihrem Schicksal hilflos überlassen wollten, bevorstand, den Frauen und Kindern in Mischehen, die noch glaubten, der christliche Gatte und Vater wie dessen einflußreiche Freunde würden sie schützen, verlautbarte kaum zwei Wochen nach dem Pogrom das *Schwarze Korps*. Es sei der Wille des Führers, »die Judenfrage endgültig zu lösen«, indem man sie aus dem wirtschaftlichen Leben ausschaltete, sie in Ghettos absonderte, um sie in Elend und Verbrechen zu treiben. »In dieser Phase der Entwicklung«, folgerte mit gelassener Logik das Sprachrohr der SS, stehe das »Dritte Reich« vor der Notwendigkeit, den jüdischen Pöbel genauso zu vernichten wie der auf Ordnung beruhende Staat die Verbrecher vernichtet, d.h. durch Feuer und Schwert. Dies werde zum effektiven und endgültigen Ende des Judentums in Deutschland und zu seiner totalen Vernichtung führen.

Es ist m. E. ein Fehler, das Augenmerk, wie dies meistens geschieht, fast ausschließlich auf die »Endlösung« zu lenken. Denn dadurch wird die Besinnung auf die jahrelang nicht wahrgenommene Ausgrenzung der Juden, die nicht mal mehr wie andere Volksgruppen als Feinde oder Untermenschen galten, sondern als Ungeziefer, Bazillen, Schädlinge bezeichnet wurden, verhindert. Die progressive Eskalation der Verfolgung wird dabei ausgeschaltet und es entsteht der Eindruck, daß der nationalsozialistische Massenmord der Juden gewissermaßen einer unaufhaltsamen Fatalität entsprach. Wir wissen heute aber, daß in mindestens zwei Fällen, nämlich der Austreibung der polnischen Juden im Oktober 1938 und während des Krieges sowie der Tötung nichtjüdischer deutscher Geisteskranker, die Aktion von den NS-Machthabern eingestellt wurde. Im ersten Fall, weil die polnische Regierung mit der Austreibung der in Polen lebenden Deutschen drohte. Im Fall der deutschen nichtjüdischen Geisteskranken nach dem Protest der Kirchen. Diese beiden Fälle werfen die Frage auf, warum sich, als es noch Zeit und möglich war, so wenig Menschen und Institutionen um das Schicksal der verfolgten Juden kümmerten. Für die Kirchen in Deutschland liefert der evangelische Theologe Dietrich Bonhoeffer, der im Rahmen der Anti-Hitler-Verschwörung vom 20. Juli 1944 im KZ erhängt wurde, bereits am 14. April 1933, d. h. zwei Wochen nach dem ersten großen Judenboykott, eine Erklärung: »Die Judenfrage«, schreibt er seinem Schweizer Kollegen und Freund Erwin Sutz, »macht der Kirche sehr zu schaffen und hier haben die verständigsten Leute ihren Kopf und ihre Bibel gänzlich verloren.«[16] Ähnliche Bemerkungen findet man im Tagebuch des lutherischen Schriftstellers Jochen Klepper ab 1933 bis zu dessen Selbstmord mit seiner jüdischen, 1938 konvertierten Frau Hanni und deren jüngsten Tochter Renate im Dezember 1942 in Berlin-Nikolassee. Die Frage der mangelnden Solidarität mit den verfolgten Juden betrifft aber auch die anderen Länder, in denen zwar Protest und Sympathiekundgebungen nicht ausblieben, doch die Bereitschaft, die Verfolgten aufzunehmen – insbesondere seitens der großen westlichen Demokratien – spärlich bemessen blieb. Die Warnung des Schwarzen Korps, die am 23. November in der New York Times veröffentlicht wurde, ist ebenso wenig wahrgenommen worden wie die darauffolgenden Maßnahmen und Drohungen der NS-Machthaber, die Juden, die ihnen unterstanden, im Kriegsfall restlos zu vernichten.

Heute der damaligen Ereignisse zu gedenken, sollte vor allem dazu anleiten, keinerlei Form der Verharmlosung des Geschehenen, auch keinerlei Form der Ausgrenzung von Mitmenschen unter irgendwelchem Vorwand zu dulden. Nur auf diese Weise hat Gedenken einen Sinn. Nur auf diese Weise können den gegenwärtigen und kommenden Generationen die unsagbaren Folgen einer tödlichen Weltanschauung des Rassenwahns und des Judenhasses, die wir in diesem Jahrhundert erlebten, in der Zukunft erspart bleiben. Der an der zerstörten Essener Synagoge stehengebliebene Bibelvers »Du sollst lieben deinen Mitmenschen wie dich selbst« klang damals wie ein bitterer Hohn. Er bedeutet in der Gegenwart und für die Zukunft die größte Herausforderung an die Menschheit.

Anmerkungen

1 Wiener Library, London, Doc. PIII c, Nr. 646.
2 Auswärtiges Amt 83–26 19/1, in IMT, Bd. XXXII, Doc. PS 3358.
3 Reichsgesetzblatt 1938 I, S. 414 ff.
4 A. Barkai, Vom Boykott zur »Entjudung«. Der wirtschaftliche Existenzkampf der Juden im »Dritten Reich« 1933–1943, Frankfurt/M. 1988.
5 IMT, Bd. XXVIII, Doc. PS 1757, S. 55–253.
6 Actes du Comité intergouvernemental pour les réfugiés-Evian 6.–15. 7. 1938, Paris, 1938.
7 Denkschrift vom 24. 10. 1938 – Inland II A/B, Juden ausw. AA – Bonn.
8 R. Thalmann, E. Feinermann, La Nuit de Cristal, Paris, 1972, deutsche Fassung: Die Kristallnacht, Frankfurt/Main 1987 und 1988.
9 IMT, Bd. XXXII, Doc. PS 3063, S. 20–29.
10 IMT, Bd. XIV, S. 422, ibidem Bd. XX, S. 293 und Bd. XII, S. 236.
11 O. Dietrich, Zwölf Jahre mit Hitler, München 1955, S. 55–56.
12 Die Niederschrift von Dr. Herz, Ein Leben in Deutschland, wurde nach

seiner Emigration nach Australien 1940 von der Universität Harvard preisgekrönt.

13 Report D. H. Buffum 21. 11. 1938, Doc. L 202, Office of US Chief of Council.
14 Report S. W. Honacker, IMT Doc. PS 2604.
15 Stenographische Niederschrift eines Teils der Besprechung über die Judenfrage im RLM am 12. 11. 1938, IMT Bd. XXXVIII Doc. PS 1816, S. 499–540.
16 Dietrich Bonhoeffer »Gesammelte Schriften«, Bd. 1, Oekumene, München 1958, S. 37.

Edwin H. Robertson

Dietrich Bonhoeffer

Leben und Verkündigung.
Mit einer Einführung von Renate Bethge.
Aus dem Englischen von Marianne Mühlenberg.
1989. 335 Seiten, kartoniert

Bonhoeffers Wirkung auf die Generationen seit dem Krieg reicht weit über die Grenzen Deutschlands hinaus. Seine Prägung durch die Jahre des Ersten Weltkriegs, den Versailler Vertrag, der Eindruck, den die schwarzen Kirchen Amerikas, das Aufkommen des Nationalsozialismus und die Diskriminierung und Verfolgung der Juden auf ihn gemacht haben, seine Beteiligung am kirchlichen Widerstand und an der Verschwörung gegen Hitler treten als ein zusammenhängendes Ganzes hervor.

Er begegnet dem Leser als wirklicher Mensch, voller Zweifel und Rätsel und doch auch seines Weges und seiner Berufung gewiß, ein Mensch, dessen Leben und Denken eng miteinander verflochten sind.

Vandenhoeck & Ruprecht · Göttingen